The Foundation
of BigData
and
Intelligent   Accounting

东北财经大学
国家级一流本科专业建设系列教材·会计学专业

大数据
与智能会计

甄阜铭 编著

东北财经大学出版社　大连
Donghei University of Finance & Economics Press

图书在版编目（CIP）数据

大数据与智能会计/甄阜铭编著. —大连：东北财经大学出版社，
2023.3（2023.10重印）
（东北财经大学国家级一流本科专业建设系列教材·会计学专业）
ISBN 978-7-5654-4771-6

Ⅰ.大… Ⅱ.甄… Ⅲ.数据管理-应用-会计信息-财务管理系统-高等学校-教
材 Ⅳ.F232-39

中国国家版本馆 CIP 数据核字（2023）第 021814 号

东北财经大学出版社出版
（大连市黑石礁尖山街 217 号 邮政编码 116025）
网 址：http：//www.dufep.cn
读者信箱：dufep@dufe.edu.cn
大连日升彩色印刷有限公司印刷 东北财经大学出版社发行
幅面尺寸：185mm×260mm 字数：322 千字 印张：13.75 插页：1
2023 年 3 月第 1 版 2023 年 10 月第 2 次印刷
责任编辑：王 丽 赵 楠 徐 群 责任校对：贺 力
封面设计：冀贵收 版式设计：原 皓
定价：39.00 元

教学支持 售后服务 联系电话：（0411）84710309
版权所有 侵权必究 举报电话：（0411）84710523
如有印装质量问题，请联系营销部：（0411）84710711

东北财经大学国家级一流本科专业建设系列教材编审委员会

主任委员：

方红星

委员（按姓氏拼音排序）：

常　丽　　陈克兢　　陈　艳　　陈艳利　　耿云江　　姜英兵

梁　爽　　刘　行　　刘凌冰　　祁　渊　　任翠玉　　孙光国

王景升　　王　满　　许浩然　　张晓东

总　序

　　当前，世界正处于百年未有之大变局。从纷繁复杂的国际政治经济局势，到大数据、人工智能、物联网和云计算等创新技术与经济社会生活各领域的全面深度融合，不仅催生出前所未有的新产业、新业态和新模式，也对会计学专业人才的培养提出了全新的挑战。习近平总书记在全国高校思想政治工作会议上明确指出，要坚持把立德树人作为中心环节，把思想政治工作贯穿教育教学全过程，实现全程育人、全方位育人，并着重指出了"培养什么样的人、如何培养人以及为谁培养人"的问题。面对变革的时代与培养人才的更高要求，东北财经大学第六套"会计学系列教材"应运而生。

　　20世纪90年代初，我们编写了东北财经大学第一套会计学系列教材，其奉行的理念是：积数十年教材编写之经验，融十几位教授之心血，编系列精品教材。在随后的30多年间，我们在此理念的指引下，前后共出版过5套系列教材，每一套系列教材都经过多次修订和再版，总销量过千万册，得到了广大读者的厚爱和专家学者的肯定，为许多高等院校所广泛选用，并多次入选国家级规划教材。本套全新的系列教材，既是30余年来对教材精益求精、不断自我革新的优良传统的继承和发扬，也是我们为新时代如何培养优秀会计人才交出的答卷。

　　基于此，本套会计学专业系列教材在第五套基础上进行了全面升级，以崭新的形式呈现在读者面前。新的教材适于会计学普会方向、注会方向、国际会计方向以及财务管理、审计、资产评估、管理学等相关专业方向教学选用。本套教材包括《会计学》《基础会计》《中级财务会计》《高级财务会计》《成本与管理会计》《成本会计》《管理会计》《审计学》《财务管理》《税务会计与纳税筹划》《会计信息系统》《会计职业道德》《大数据与智能会计》等13部。与第五套会计学专业系列教材相比，本套教材呈现以下五大主要特点：

　　1.落实立德树人的根本任务，强化课程思政对于人才培养的引领。全面贯彻党的二十大精神，落实立德树人根本任务，"坚定学生理想信念，教育学生爱党、爱国、爱社会主义、爱人民、爱集体"是本套教材编写的指导精神，体现思政有关职业伦理道德内容，根据每章内容做"盐溶于水"的自然融入，注重价值塑造、知识传授与能力培养相统一，通过教材内容引导学生建立核心价值取向，坚定文化自信，建立正确的执业操守，树立正确的世界观、人生观、价值观。

　　2.结合新技术变革的趋势，体现新技术对于会计学教学的影响。科技变化对专业人才培养具有促进作用，为了适应这一变革，本套教材在内容上注重增加技术变革对专业内容的影响，同时通过"二维码"等技术手段丰富教材资源，从而拓展教材的应用场景。利用新技术能够摆脱传统的课堂教学对于教学空间和教学条件的约束，在更为广阔的空间内开展教学活动。同时，新技术的引入也提升了教材资源体系的更新速度和更新频率，通过及时更新配套的网络教学资源，避免教材与实务的脱节，实现教学与实践更为紧密的结合。

3. 体现业财融合的特点，更加突出会计实践的中国特色。会计学专业的实践性较强，大部分本科生均走向社会从事实务工作。本套教材的目标就是为会计学、财务管理、资产评估、审计学、工商管理等专业的学生以及实务人员（不同单位、不同岗位）而编写，培养既懂会计又懂管理、既懂专业知识又有正确价值观的管理人才。本套教材加大本土案例的比重，增强读者对于中国国情和实践的了解，从而更为有效地利用专业技能解决中国实际问题。通过对现实企业案例的分析，使学生能够发现会计的潜在价值，深入分析发生的每一项经济业务特点以及对企业未来经营和发展战略所产生的重要影响，更好地体现"如何运用会计"的理念。

4. 教材结构体例新颖，知识体系更加合理。每一部教材不仅列出了本章学习目标、学习要点和主要概念，归纳和总结了主要知识点之间的相互联系，而且大幅度地更新习题与案例，供教师教学和学生自学使用。本套教材没有沿袭一般会计学教材过分注重程序和规则的编写体例，而是从不同信息使用者的视角，从培养和提高他们在管理实践中使用会计信息的能力的角度来阐述，构建了一整套完整的会计学专业课程用书。同时，更新了专业知识体系，使得知识体系更加合理，符合当前社会对于会计学专业人才的最新要求。

5. 教材资源结构立体化，体现简明、易懂、有趣、有料的特点。本套教材资源力争丰富和立体化。同时，引用大家耳熟能详的企业的经济业务，从企业案例、社会现象入手，使学生更容易理解，且学习兴趣益然。同时，教材配套丰富翔实的习题与案例、视频资源和音频资源等，使得学习途径更加多元、学习资料更加丰富、学习趣味更加浓厚。

东北财经大学会计学专业系列教材是东北财经大学会计学院全体教师的共同劳动结晶，依托会计学国家级一流本科专业建设点，以财务管理、资产评估和审计学科作为支撑，集合了学院内众多优秀师资和一线教师共同讨论、编撰、修订、完善，尤其凝聚了众多资深教授和专家多年的经验和心血。新系列教材的建设工作才刚刚起步，本套初版教材仅仅是一个新的起点，我们将秉承编写精品教材的理念和初心，致力于教材资源和内容的不断修订、更新和完善，将时代特色、技术变革与学科发展前沿持续融入教材之中，使东北财经大学会计学专业系列教材保持与时代同频，为广大读者提供丰富、多元的系列化专业学习资源。

由于我们的经验与能力有限，本套教材中难免存在不足乃至疏漏，还恳请广大读者批评指正！

东北财经大学国家级一流本科专业建设系列教材·会计学专业编审委员会

前　言

在各行各业数字化转型的大背景下，大数据和人工智能渗透到了各个领域。为顺应时代发展，会计学专业教育也需要内容变革，在会计学专业开展大数据和人工智能知识教学非常必要。经过两年多的思考和努力，笔者编写了这本教材。

在会计学专业人才培养中，本教材想达到两个目的：

1.用信息技术专业思想去思考会计系统，培养学生的数据科学思维；

2.通过基础工具软件的学习和使用，培养学生掌握数据分析技能，应用人工智能和大数据的能力。

本教材内容属于交叉学科知识，不可避免地涉及内容过多，所以做了以下技术性处理：尽可能把"一般性阐述"和"过于专业的技术知识"区分开来。在学习过程中，建议以问题的理解为主，而不是掌握所有理论和概念。

由于涉猎领域过于广泛，因此使用本教材开展教学活动不会很容易，教师可以根据学生的具体情况，有选择地选用具体内容。

本教材主要内容如下：

1.人工智能基础知识：知识表示和数字逻辑推理；

2.企业财务与会计智能化基础：企业数字化技术；

3.程序设计基础：Python函数式编程与面向对象程序设计；

4.数据处理基础：Pandas数据处理基础应用；

5.大数据与人工智能基础应用：会计数据与会计规则知识表示，会计信息处理智能化实现途径和方法。

本教材能够支持36~72学时的教学，并附加部分学生实践。如果教学任务为36学时，建议教授本教材的一半内容。在具体的教学活动中，建议理论学习和技术实践相结合，参考本教材各章节内容次序灵活安排教学。如果学生没有掌握Python等技术，建议优先安排技术基础内容的学习。

本教材的图形规范分别为UML和BPMN，由于受篇幅限制，我们把这部分内容作为电子资源文件通过二维码提供给大家（详见文后二维码）。本教材的Python编码文件，作为电子资源文件免费提供，教师可登录东北财经大学出版社的网站下载使用。

本教材落实立德树人根本任务，认真贯彻党的二十大精神，将思政元素有机融入专业教育中，引导学生建立社会主义核心价值观，坚定"四个自信"，培养学生实事求是、全面看问题的求知态度，从我国实际出发，努力成为实现中华民族伟大复兴中国梦的拔尖创新人才。

笔者在会计学专业开展大数据和人工智能领域教学，得到了东北财经大学孙光国教授的大力支持。本教材在写作过程中，刘永泽教授提供了宝贵的意见和建议。在这里一并表示真诚的感谢！

UML 类图

系统方法工具 BPMN

甄阜铭

2023 年 10 月

于东北财经大学　师圣居

课程思政内容设置表

主题	页码	关键词	内容概要
坚持实事求是原则	10	数据 大数据 实事求是	真实和完整的数据反映事物的本质，因此我们要坚持实事求是原则。党的二十大报告指出，我们必须坚持解放思想、实事求是……作出符合中国实际和时代要求的正确回答，得出符合客观规律的科学认识，形成与时俱进的理论成果，更好指导中国实践。
全局思维 全局观念	12	数据 大数据 全局思维	我们要坚持做到最好，但是同时也要允许犯错误，要全面、本质地看问题，体现了"有容乃大"思想的伟大。
如何学习才能成为对社会有用的人才	17	机器学习 人的学习 人才强国战略	我们的学习过程也是反复练习的过程，要接触更多的人，向更有经验的人虚心学习，只有这样才能成长为对社会有用的人才。
坚持本质追求	19	机器学习 学习态度	我们的学习要坚持适合自己的，要从事物本身出发，不追风，不盲从。
身份认同 专业伦理	29	会计专业 信息技术 人工智能	没有财务和会计专业知识的支持，人工智能和机器学习在我们的领域可能"一无是处"。因此，我们的首要任务是学好专业知识！
知识认知 学习方法	34	知识分类 知识作用	我们学习知识，不能死记硬背事实类知识，也不能把自己固化在原则和规律之中，要从事物本身规律出发强化自己的创造性思维。
沟通方式 沟通方法	38	知识表示 信息与沟通	现实世界中信息与沟通非常重要，可解决生活中90%的冲突。这个百分比我们无从考证，但是要认同信息与沟通的重要性，无论是在现实生活中，还是在技术领域。
国家政策 个人贡献	200	智能制造	我们国家要夯实基础，创新驱动，加快实现智能制造高质量发展。我们每个人都应为此做好准备。
自立自强	201	国家战略	"制造业强，国家强；制造业弱，国家弱；制造业空，国家衰"。党的二十大报告指出，要"加快建设制造强国、质量强国……推动制造业高端化、智能化、绿色化发展。"目前，我国制造业规模稳居世界第一。

目　录

第一章

大数据与智能会计概述

【本章知识结构】

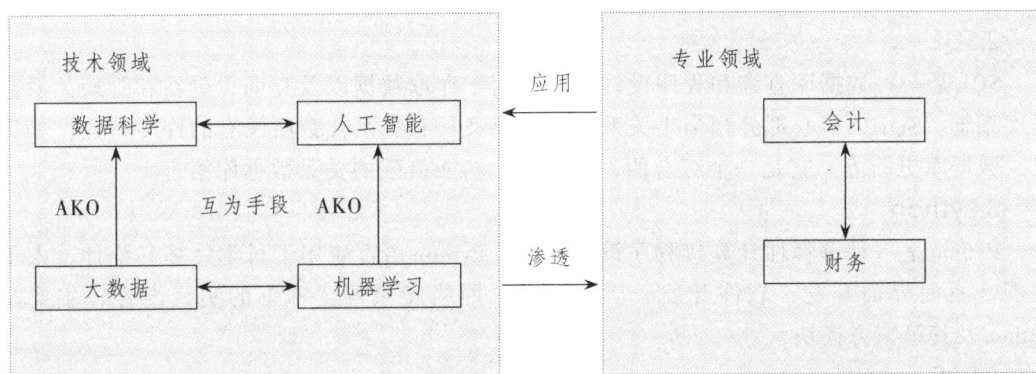

技术领域		专业领域	
数据科学 ←→ 人工智能	应用 →	会计	
AKO 互为手段 AKO		↕	
大数据 ←→ 机器学习	渗透 →	财务	

第一节 数据科学

一、数据科学概述

图灵奖获得者 Peter Naur 于 1974 年明确提出了数据科学（data science）的概念，"数据科学是一门基于数据处理的科学"。

人们提出和重视数据科学，归因于现代信息技术发展，使得数据成为现代社会的核心资源。人们的生活和工作离不开数据处理，会计每日的工作就是数据处理。

1.数据科学研究的问题

数据科学是将"现实世界"映射到"数据世界"之后，在"数据层次"上研究"现实世界"的问题，并根据"数据世界"的分析结果，对"现实世界"进行预测、洞见、解释或决策。

2.数据科学研究的对象

数据科学是以"数据"，尤其是"大数据"为研究对象，并以统计学、机器学习、数据可视化等为理论基础，主要研究数据加工与准备、数据分析、数据管理、数据计算、数据产品开发等活动。

3.数据科学研究的目的

数据科学以实现"从数据到信息"、"从数据到知识"和（或）"从数据到智慧"的转化为主要研究目的，以"数据驱动"、"数据业务化"、"数据洞见"、"数据产品研发"和（或）"数据生态系统的建设"为主要研究任务。

二、数据科学工具

我们简单了解一下数据科学常用的工具，作为常识性知识。

1.R语言

R语言是一套完整的数据处理、计算和制图软件系统。其包括数据存储和处理系统，数组运算工具（其在向量、矩阵运算方面功能尤其强大），完整的统计分析工具，统计制图功能，简便而强大的编程语言等。

2.SQL

SQL是一种数据库查询和程序设计语言，用于存取数据以及查询、更新和管理关系数据库系统。SQL的核心部分相当于关系代数，但又具有关系代数所没有的许多特点，如聚集、数据库更新等。它是一个综合的、通用的、功能极强的关系数据库语言。

3.Python

Python是一种解释性计算机程序设计语言。Python语言应用于科学计算和统计、人工智能、桌面界面开发、软件开发、后端开发、网络爬虫等。本书的实践内容，主要是Python及其第三方模块。

4.SAS

SAS（Statistical Analysis System）是一个模块化、集成化的大型应用软件系统。SAS把数据存取、管理、分析和展现有机地融为一体。

5.Java

Java是一门面向对象的编程语言，用于开发桌面应用程序、Web应用程序、分布式系统和嵌入式系统应用程序等。

6.MATLAB

MATLAB是一个商业数学软件，用于算法开发、数据可视化、数据分析以及数值计算的高级技术计算语言和交互式环境，主要包括MATLAB和Simulink两大部分，主要应用于科学计算。

三、数据科学工具包Anaconda

1. Anaconda简介

Anaconda在英文中是"蟒蛇"的意思。Anaconda是一个安装、管理Python相关包的软件，还自带Python、Jupyter Notebook、Spyder，有管理包的conda工具。Anaconda包含conda、Python在内的超过180个科学包及其依赖项，其主要内容如图1-1所示。

Anaconda3对应的就是Python3.x的版本，Python3.x的默认编码方式是UTF-8。Anaconda具有开源、安装过程简单、高性能使用Python和R语言、免费的社区支持等特点。

2. Anaconda下载

（1）访问Anaconda开源网站

Anaconda（官方网站）可以便捷获取包且对包能够进行管理，同时对环境可以统一管理（网址：https://www.anaconda.com/products/distribution）。Anaconda开源网站如图1-2所示。

图1-1　Anaconda软件包主要模块

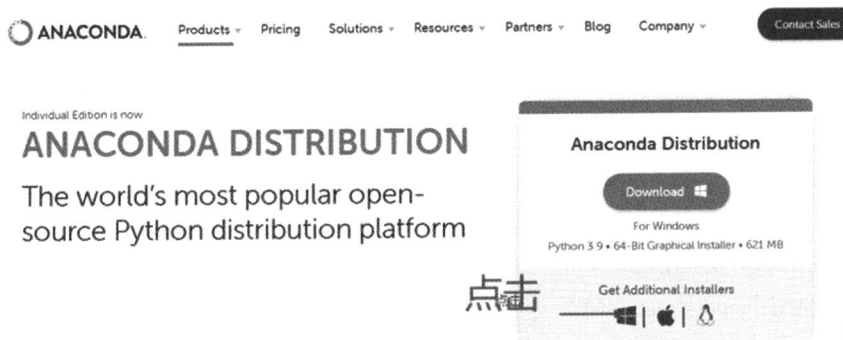

图1-2　Anaconda开源网站

（2）清华大学开源软件镜像网站

其由清华大学信息化技术中心支持创办，为国内用户提供开源软件镜像，方便获取开源软件（网址：https://mirrors.tuna.tsinghua.edu.cn/anaconda/archive/）。

从"Index of /anaconda/archive/"选择你要安装的版本。注意，Anaconda针对不同的操作系统、不同操作系统版本、不同位数的计算机，有不同的安装包。

3. Anaconda安装①

（1）执行下载的安装文件，显示安装版本信息，点击Next按钮。

（2）显示软件许可等信息，点击I Agree。

（3）选择用户类型：该用户自己或所有用户。如在此选择All Users（所有用户均可用，）之后点击Next。

（4）选择安装路径，尽量不要装入系统盘。输入文件路径后点击Next。

（5）高级选项配置，建议两个方框均勾选之后点击Install，如图1-3所示；接下来系统会按照用户的选项进行简单配置，最后显示安装成功。

4. conda命令

conda命令的常见操作主要可以分为以下几种：

---

① 如果已经安装，需要彻底删除，否则会出错。

图1-3　Anaconda自动配置环境变量

（1）查看当前环境下的包信息

conda list　#使用list命令可以获取当前环境中已经安装的包信息

（2）查找包

conda search --full-name #使用search命令可以查找可供安装的包

（3）安装包

使用install命令可以安装包。如果希望在指定的环境中进行安装，则可以在install命令的后面显示指定环境名称，命令格式如下。

conda install --name env_name package_name

若无法使用conda install命令进行安装时，则可以使用pip命令进行安装。pip命令格式如下：

pip install package_name

（4）更新包

更新当前环境下所有的包，可使用如下命令完成：

conda update --all

如果只想更新某个包或某些包：

conda update numpy # 更新numpy包

conda update pandas numpy matplotlib

第二节　数字化

一、数据与数字

1.数据

在很多会计人的印象中，数据就是数字，或者由数字构成的，其实不然，数据的范畴比数字大得多。数据本质是事物描述，是符号化，包括文字、图片、视频等。

数据（data）是指对客观事件进行记录并可以鉴别的符号，是对事物的性质、状态以及相互关系等进行记载的物理符号或这些物理符号的组合。在第二章第二节将我们讨论本体表示的意义三角形，其中的一角为符号，也就是数据，是可识别的、抽象的符号。

通常用数据表示客观事物的未经加工的原始素材——我们认知的事物需要抽象表示，即事物的属性、数量、位置及其相互关系等。例如，数量用"1，2，…"表示，天气用"阴、雨、晴"表示，用表格表示"学生的档案记录、货物的运输情况"等。

数据的表现形式还不能完全表达其内容，需要经过解释，数据和关于数据的解释是不可分的。例如，100万元可以是企业收到的货款，也可能是银行存款，或者是某固定资产的账面价值等。也就是说，数据的解释是指对数据含义的说明，数据的含义称为数据的语义，数据与其语义是不可分的。

2.数字

在计算机科学中，数据是指所有能输入计算机并被计算机程序处理的符号的介质总称，是用于输入电子计算机进行处理，具有一定意义的数字、字母、符号和模拟量等的通称。现在计算机存储和处理的对象十分广泛，表示这些对象的数据也随之变得越来越复杂。

数据可以是连续的值，比如声音、图像，称为模拟数据；也可以是不连续（离散）的，如符号、文字，称为数字数据。表示任何信息的数据，从表现形式上可归结为：模拟和数字两类。模拟信号与数字信号的区别可根据幅度取值是否离散来确定。

（1）模拟数据

模拟数据（analog data）也称为模拟量，相对于数字量而言，指的是取值范围是连续的变量或者数值。模拟信号是指在某个区间连续变化的物理量，如声音的大小和温度的变化等。模拟信号指幅度的取值是连续的（幅值可由无限个数值表示）。

（2）数字数据

数字数据（digital data）也称为数字量，相对于模拟量而言，指的是取值范围是离散的变量或者数值。数字信号指幅度的取值是离散的，幅值表示被限制在有限个数值之内。二进制码就是一种数字信号。二进制码受噪声的影响小，易于有数字电路进行处理，所以得到了广泛的应用。

计算机中，以位（0或1）表示数据。数据的最小的寻址单位称为字节（通常是8位）。机器码指令处理的单位，称作字长。计算机在数据输入、处理、存储和输出过程中要进行多次模拟（A）/数字（D）、数字（D）/模拟（A）转换。

信号处理的一般化过程如图1-4所示。首先对模拟信号进行采样量化，经过编码转换成为数字信号，这些数字信号经过数字计算机进行数据处理得到新的信号序列，最终传给用户，再经过变换，输出为模拟信号。

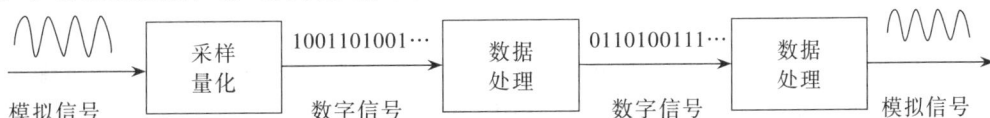

图1-4　模拟信号与数字信号

相对于模拟信号，数字化信号的优势很多，包括：

➤ 数字信号传送稳定性好、可靠性高；

> 数字信号使用集成电路（IC）和大规模集成电路（LSI），易于计算机处理；
> 数字信号处理电路简单；
> 数字信号易于传输；
> 数字信号丰富的编码体系，能够进行复杂处理；
> 数字信号易于进行压缩等。

计算机顾名思义就是可以做数学计算的机器，因此，计算机程序理所当然地可以处理各种数值。但是，计算机能处理的远不止数值，还可以处理文本、图形、音频、视频、网页等各种各样的数据。例如，因为计算机只能处理数字，如果要处理文本，就必须先把文本转换为数字。

二、数字化的含义

在数字信号处理领域，H.奈奎斯特（Nyquist）在1928年提出采样定理。采样定理是连续时间信号（模拟信号）和离散时间信号（数字信号）之间的基本桥梁。该定理说明采样频率与信号频谱之间的关系，是连续信号离散化的基本依据。在采样率足够的条件下，采样率允许离散采样序列从有限带宽的连续时间信号中捕获所有信息。

就实质而言，采样定理为数字化技术奠定了重要基础。香农证明了采样定理（采样如何），即在一定条件下，用离散的序列可以完全代表一个连续函数。如图1-4所示的通信技术可以将任何连续变化的输入（如图画的线条）转化为一串分离的单元，在计算机中用0和1表示。

数字化（digitization），其狭义的定义是将模拟信号转变为数字信号的过程。这个定义是通信技术术语。数字化的基本过程：将信号（或符号）转变为可以度量的数据，再以这些数据建立适当的数字化模型，把它们转变为一系列二进制代码，引入计算机内部，进行统一处理。

在现代社会，由于数字化渗透到社会的方方面面，人们谈论的数字化具有更广泛的含义。广义上的数字化，强调的是数字技术对商业的重塑，信息技术能力（或称数字技术能力）不再只是单纯地解决企业的技术问题，而应该成为赋能企业商业模式创新和突破的核心力量。广义的数字化给出了另一个英文词汇digitalization，是通过数字技术改变商业模式，提供新的营收点与价值创造机会。

三、数据分析工具Jupyter Notebook

1. Jupyter Notebook

Jupyter Notebook是基于网页的用于交互计算的应用程序。其是以网页的形式打开，直接编写代码和运行代码，且代码的运行结果也会直接显示在代码块下的程序中。用户在编程过程中如果需要编写说明，可在同一个页面中直接编写，便于及时说明和解释。

编辑的文档是保存为后缀名为.ipynb的JSON格式文件，便于版本控制，也方便与他人共享。文档还可以导出HTML、LaTeX、PDF、PY等格式。

2. Jupyter Notebook安装

安装了Anaconda时已经自动安装了Jupyter Notebook。也可以在"Anaconda Prompt"中输入以下命令安装：

conda install jupyter notebook

或

pip install jupyter

3. 运行 Jupyter Notebook

执行命令之后，在终端中将会显示一系列 notebook 的服务器信息，同时浏览器将会自动启动 Jupyter Notebook。浏览器地址栏中默认地将会显示：http：//localhost：8888。其中，"localhost"指的是本机，"8888"则是端口号。

4. Jupyter Notebook 的基本使用

Jupyter Notebook 有两种模式。

（1）命令模式

命令模式将键盘命令与 Jupyter Notebook 命令相结合，可以通过键盘不同键的组合运行命令。按 Esc 键进入命令模式。命令模式下，单元格边框为灰色，且左侧边框线为蓝色粗线条，如图 1-5 所示。

图 1-5　Jupyter Notebook 命令模式

（2）编辑模式

编辑模式使用户可以在单元格内编辑代码或文档。按 Enter 或 Return 键进入编辑模式。编辑模式下，单元格边框和左侧边框线均为绿色，如图 1-6 所示。

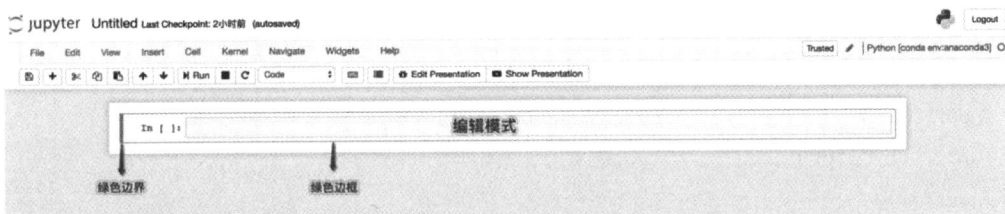

图 1-6　Jupyter Notebook 编辑模式

有关 Jupyter Notebook 的具体使用，请查阅有关资料，并勤于练习。

四、Python 字符与编码

1. 字符编码

比特（BIT）是 Binary digit（二进制数）位的缩写。二进制数系统中，每个 0 或 1 就是一个位（bit），位是数据存储的最小单位。其中 8bit 就称为一个字节（Byte）。64 位计算机的 CPU 一次最多能处理 64 位数据。

因为计算机只能处理数字，如果要处理文本，就必须先把文本转换为数字。一个字节能表示的最大的整数就是 255（二进制 11111111 = 十进制 255），如果要表示更大的整数，就必须用更多的字节。比如两个字节可以表示的最大整数是 65535。

最早只有127个字符被编码到计算机里，也就是大小写英文字母、数字和一些符号，这个编码表被称为ASCII编码，比如大写字母A的编码是65，小写字母z的编码是122。但是要处理中文显然一个字节是不够的，至少需要两个字节，而且还不能和ASCII编码冲突，所以，中国制定了GB2312编码，用来把中文编进去。

全世界有上多种语言，日本把日文编到Shift_JIS里，韩国把韩文编到Euc-kr里，各国有各国的标准，就会不可避免地出现冲突，显示出来会有乱码。因此，Unicode字符集应运而生。

ASCII编码是1个字节，而Unicode编码通常是2个字节。Unicode编码可转化为"可变长编码"的UTF-8编码。多网页的源码上会有类似<meta charset="UTF-8" />的信息，表示该网页正是用的UTF-8编码。UTF-8编码把一个Unicode字符根据不同的数字大小编码成1~6个字节，常用的英文字母被编码成1个字节，汉字通常是3个字节，只有很生僻的字符才会被编码成4~6个字节。如果传输的文本包含大量英文字符，用UTF-8编码就能节省空间。下面分别看看这三种编码的区别，见表1-1。

表1-1　　　　　　　　　　　　　　　三种编码举例

字符	ASCII	Unicode	UTF-8
A	01000001	00000000 01000001	01000001
中		01001110 00101101	11100100 10111000 10101101

2. Python的字符串

Python中字符串是以Unicode编码的，因此Python的字符串支持多语种。

对于单个字符的编码，Python提供了ord（）函数获取字符的整数表示，chr（）函数把编码转换为对应的字符：

```
[in]   ord("a")
[out]  97
[in]   chr("80")
[out]  'P'
[in]   chr(2500)
[out]  '憄'
```

Python的字符串类型是str，在内存中以Unicode表示，一个字符对应若干个字节。

如果要在网络上传输或者保存到磁盘上，就需要把str变为以字节为单位的bytes。Python对bytes类型的数据用带b前缀的引号表示。

注意区分'ABC'和b'ABC'，虽然内容显示得和前者一样，但bytes的每个字符都只占用一个字节。以Unicode表示的str通过encode（）方法可以编码为指定的bytes，例如：

```
[in]    'abc'.encode('ascii')
[out]   b'abc'
[in]    '东北财经大学'.encode("gb2312")
[out]   b'\xb6\xab\xb1\xb1\xb2\xc6\xbe\xad\xb4\xf3\xd1\xa7'
[in]    '东北财经大学'.encode("utf-8")
[out]   b'\xe4\xb8\x9c\xe5\x8c\x97\xe8\...\xe5\xa4\xa7\xe5\xad\xa6'
```

［in］　　　'东北财经大学'.encode("ascii")

［out］　--

UnicodeEncodeError　　Traceback(most recent call last)

<ipython-input-57-aced9e8ad286> in <module>

----> 1 '东北财经大学'.encode("ascii")

UnicodeEncodeError：'ascii' codec can't encode characters in position 0-5：ordinal not in range(128)

　　纯英文的str可以用ASCII编码为bytes，内容是一样的，含有中文的str可以用UTF-8编码为bytes。含有中文的str无法用ASCII编码，因为中文编码的范围超过了ASCII编码的范围，Python会报错。

　　在bytes中，无法显示为ASCII字符的字节，用\x##显示。

　　反过来，如果网络或磁盘上读取了字节流，那么读到的数据就是bytes。要把bytes变为str，就需要用decode（）方法：

［in］　　　b'abc'.decode('ascii')

［out］　　'abc'

［in］　　　b'\xb6\xab\xb1\xb1\xb2\xc6\xbe\xad\xb4\xf3\xd1\xa7'.decode("gb2312")

［out］　　'东北财经大学'

　　1个中文字符经过UTF-8编码后通常会占用3个字节，而1个英文字符只占用1个字节。由于Python源代码也是一个文本文件，所以，源代码中包含中文的时候，在保存源代码时，就需要务必指定保存为UTF-8编码。当Python解释器读取源代码时，为了让它按UTF-8编码读取，我们通常在文件开头写上这两行注释：

#! /usr/bin/env python3

-*- coding：utf-8 -*-

　　第一行注释是为了告诉Linux/OS X系统，这是一个Python可执行程序，Windows系统会忽略这个注释；

　　第二行注释是为了告诉Python解释器，按照UTF-8编码读取源代码，否则，源代码中写的中文输出可能会有乱码。

第三节　大数据技术

一、大数据概述

1.大数据产生的原因

　　在认知上人们往往把大数据与云计算、海量互联网数据、非结构化数据等等联系起来。人们重视大数据的原因在于：

　　（1）全社会都在数字化转型，数字化成为社会发展的一个方向。这相当于数据的产出端，"疯狂"扩大再生产。

（2）数据分析、处理技术得到长足发展，由于机器学习（尤其是深度学习）应用普及，需要大量数据满足需要，而且大量数据经过证实也确实能够得到较高的价值。

（3）云计算等现代信息技术提升了计算机数据处理能力，使得一般环境下大规模数据处理成为可能。

2.大数据的概念

近年来，人们提到太多大数据的概念，但是大数据没有很确切的定义。一般来说，大数据是指无法在一定时间范围内用常规软件工具进行捕捉、管理和处理的数据集合，但是其蕴含海量、多样化的信息。

麦肯锡全球研究所给出的大数据定义强调其具有海量的数据规模、快速的数据流转、多样的数据类型和价值密度低四大特征。

维克托·迈尔–舍恩伯格（Viktor Mayer-Schönberger）在所著的《大数据时代》一书中指出，大数据指不用随机分析法（抽样调查）这种捷径，而采用所有数据进行分析处理。

IBM提出大数据具有5V特点：Volume（大量）、Velocity（高速）、Variety（多样）、Value（低价值密度）、Veracity（真实性）。

很多定义都或多或少有不够清晰之处，如"新处理模式"本身如何界定？什么工具才是"常规软件工具"？怎样是"大大超出传统数据库"？是不是所有的大数据分析都是脱离传统的统计方法等？这些定义本身价值不大，但是其共同说明一个问题：传统的数据分析更重视特定用户的结构化数据，现代信息技术同样重视，而且能够处理海量的非结构化数据。

对于专业领域针对数据分析和处理，区分大数据并没有意义。本书重在培养学生财务数据处理能力，不在这里区分一般数据和大数据。**因此，本书所定义的大数据是一个比较宽泛的包容概念，是指以分析为对象的所有结构化数据、半结构化数据或非结构化数据。**

我们应该重视的是结构化、半结构化、非结构化这些问题的讨论和理解。数据的本质是反映事物属性和事物之间的联系，是信息系统的"原材料"。我们要理解，不同的系统需要不同形式和结构的"原材料"。真实和完整的数据反映事物的本质，因此我们要坚持实事求是原则。党的二十大报告也指出，我们必须坚持解放思想、实事求是、与时俱进、求真务实，一切从实际出发，着眼解决新时代改革开放和社会主义现代化建设的实际问题，不断回答中国之问、世界之问、人民之问、时代之问，作出符合中国实际和时代要求的正确回答，得出符合客观规律的科学认识，形成与时俱进的理论成果，更好指导中国实践。

二、数据结构化

结构化数据和非结构化数据是大数据的两种类型。对用户而言，并不是基于某种结构就是好数据，而是基于所使用的应用程序。如关系数据库应用需要结构化数据，而大多数其他类型的应用程序用于半结构化或非结构化数据。

1.结构化数据

结构化数据，可以从名称中看出，是高度组织和整齐格式化的数据。它是可以放入表格和电子表格中的数据类型。结构化数据相对于非结构化数据是"小量"数据，更容易使用，处理起来简便。

结构化数据往往是被定量数据，是能够用数据或统一的结构加以表示的信息，如数字、符号。保存和管理这些数据的一般为关系数据库，使用结构化查询语言或SQL[①]获取和查询。但是这些数据的处理方法具有一般性，人们很难得到更具有商业上的可挖掘价值。典型的结构化数据是企业财务数据、销售数据等。

2.非结构化数据

非结构化数据本质上是结构化数据之外的一切数据。它不符合任何预定义的模型，因此它存储在非关系数据库中，并使用NoSQL[②]进行查询。它可能是文本的或非文本的，也可能是人为的或机器生成的。简单地说，非结构化数据就是字段可变的数据。

非结构化数据不是那么容易组织或格式化的。把非结构化数据处理为结构化数据往往需要费时费力，有时也未必得当。

非结构化数据构成了网络上绝大多数可用数据，并且其每年都在增长。随着更多信息在网络上可用，并且大部分信息都是非结构化的，找到使用它们的方法已成为许多企业的重要战略。更传统的数据分析工具和方法还不足以完成这项工作。

典型的非结构化数据包括文本文件、电子邮件、社交媒体、移动数据、卫星图像、数字监控、传感器数据等。

3.结构化数据与非结构化数据的区别

除了存储在关系数据库和存储在非关系数据库之外的明显区别之外，结构化数据与非结构化数据最大的区别在于分析的便利性。针对结构化数据存在成熟的分析工具，但用于挖掘非结构化数据的分析工具正处于萌芽和发展阶段。

并且非结构化数据要比结构化数据多得多。近年来的统计表明，非结构化数据占企业数据的80%以上，并且以每年55%~65%的速度增长。如果没有工具来分析这些海量数据，企业数据的巨大价值将无法发挥。现实情况是，物联网、工业4.0、视频直播产生了更多的非结构化数据。随着储存成本的下降以及新兴技术的发展，行业对非结构化数据的重视程度得到提高。人工智能、机器学习、语义分析、图像识别等的技术方向就是处理非结构化数据。

三、大数据思维

其实很难说哪个领域不能应用大数据，如果没有应用，可能也是时机未到。大数据已经成为一种商业资本，一项重要的经济投入，可以创造新的经济利益。但是获取大数据的价值也并不容易。

在以云计算为代表的技术创新背景下，原本看起来很难收集和使用的数据开始容易被利用起来。企业组织利用相关数据和分析可以帮助其降低成本、提高效率、开发新产品、进行业务决策等。研究人员分析认为，当"数据资产是企业核心资产"的概念深入人心之后，数据管理成为核心竞争力，直接影响企业财务表现。数据的资源化，可能成为会计学术界一个重要的研究课题。

大数据思维的主要观点：

---

　　① 结构化查询语言（Structured Query Language，SQL），是一种特殊目的的编程语言，是一种数据库查询和程序设计语言，用于存取数据以及查询、更新和管理关系数据库系统。
　　② NoSQL最常见的解释是"non-relational"。NoSQL仅仅是一个概念，并没有一个明确的范围和定义。

1.大量思维

大量思维,即提供越多描述性的信息,其内在规律是更接近完全揭示。不仅会计数据、销售数据这些客观标准可以形成大数据,甚至情绪、色彩感知等都可以测得,大数据内容丰富。

2.全样思维

大数据一般分析全体数据,而不是随机样本。以前受技术和成本约束,我们通常把随机采样看成理所应当的限制,但这其实是一种基于数字技术发展的人为限制。基于日趋成熟的大数据分析技术可以处理和某个特别现象相关的所有数据,而不再依赖随机采样。

3.容错思维

一般来说,全样的样本数量是抽样样本数量的很多倍,因此抽样的一丁点错误,就容易导致结论的"失之毫厘谬以千里"。为保证抽样得出的结论相对靠谱,人们对抽样的数据精益求精,容不得半点差错。这样就极大地增加了数据预处理的风险,如数据清洗算法和模型。

在现实中数据不完美、不完全是正常的,存在异常、纰漏、疏忽,甚至错误。将抽样数据做了极致清洗后,很可能导致结论反而不符合客观事实。这也反映我们的现实世界,我们要坚持做到最好,但是同时也要允许犯错误,要全面、本质看问题,体现了"有容乃大"思想的伟大。

这有助于大家理解机器学习解决过拟合与欠拟合①问题,解决的方案包括增加训练数据样本与增加数据特征范围。这些问题随着深入学习,大家会有更深理解。

大数据采集了全样数据,而不是一部分数据,数据中的异常、纰漏、疏忽、错误都是数据的实际情况,其结果往往最接近客观事实的。

4.相关思维

在大数据年代,我们不追求抽样,而追求全样。当全部数据都加入分析的时候,由于只要有一个反例,因果关系就不成立,所以在大数据时代,因果关系变得几乎不可能。

在大数据时代,我们不仅挖掘事物之间的因果关系,更应该寻找事物之间的相关关系。相关关系也许不能准确地告诉我们某件事情为何会发生,但是它会提醒我们这件事情正在发生。

四、Python 数据读入

1.文件储存

我们首先打开"总账初始余额"这个文件,之后点击菜单"另存为",我们在下拉列表中可以发现有多个选项,如图 1-7 所示。

我们分别把"总账初始余额"的 excel 文件存储为:

➢ "总账初始余额 .xlsb" excel 工作表字节流文件。
➢ "总账初始余额 .csv" excel 工作表逗号分隔符文件。
➢ "总账初始余额 .xlsx" excel 工作表文件。
➢ "总账初始余额 .txt" 文本文件。

---

①　过拟合(overfitting)和欠拟合(underfitting)是导致模型泛化能力不高的两种常见原因。这里不深入讨论,感兴趣的同学可以深入研究。

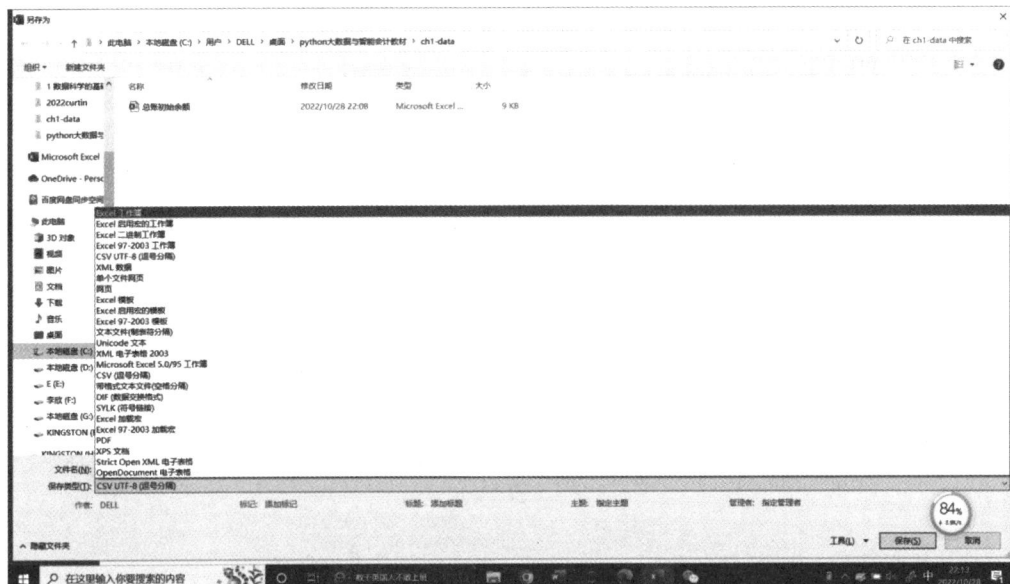

图1-7　"总账初始余额"文件存储为不同的编码形式

我们把刚刚存储的文件列示如下，见表1-2。

表1-2　"总账初始余额"文件存储的不同格式

名称	修改日期	类型	大小
总账初始余额	2022/10/28 22:08	Microsoft Excel 逗号分隔值文件	9 KB
总账初始余额	2022/10/28 22:09	文本文档	7 KB
总账初始余额	2022/10/28 22:08	Microsoft Excel 二进制工作表	15 KB
总账初始余额	2022/10/28 22:07	Microsoft Excel 工作表	18 KB

我们尝试把这些文件读入，并显示出来。

（1）.txt文件

[in]
```
data_file = "总账初始余额 .txt"
with open(data_file) as f:
data1 = f.read( )
print(data1)
```

[out]

科目代码	科目名称	方向	期初余额
1001	库存现金	借	90 000
1002	银行存款	借	13 541 215.8
1002.01	人民币存款	借	12 049 675.8
1002.01.01	中行高新区支行	借	8 000 000
1002.01.02	工商银行城东支行	借	2 000 000

（2）.csv文件

[in]
```
import pandas as pd        #导入pandas模块
#解决数据输出时列名不对齐的问题
pd.set_option('display.unicode.east_asian_width',True)
# 使用read_csv读取文件
```

```
        data = pd.read_csv('总账初始余额.csv').head(3)
        print(data)
```
[out]

	科目代码	科目名称	方向	期初余额
0	1001	库存现金	借	90 000.0
1	1002	银行存款	借	13 541 215.8
2	1002.01	人民币存款	借	12 049 675.8

（3）.xlsx 文件

[in]
```
        import pandas as pd
        pd.set_option('display.unicode.east_asian_width',True)
        df=pd.read_excel('总账初始余额.xlsx')#读取Excel文件
        print(df.head())       #显示前5条数据
```
[out]

	科目代码	科目名称	方向	期初余额
0	1001	库存现金	借	90 000.0
1	1002	银行存款	借	13 541 215.8
2	1002.01	人民币存款	借	12 049 675.8
3	1002.01.01	中行高新区支行	借	8 000 000.0
4	1002.01.02	工商银行城东支行	借	2 000 000.0

（4）.xlsb 文件

直接运行如下指令会出错，我们回到 anaconda 提示符，安装第三方模块 pyxsb。

pip install pyxlsb

系统会下载，安装 pyxlsb 成功之后，我们再运行如下命令：

[in]
```
        import pandas as pd
        df = pd.read_excel('总账初始余额.xlsb',engine='pyxlsb')
        df
```
[out]

	科目代码	科目名称	方向	期初余额
0	1001	库存现金	借	90 000.0
1	1002	银行存款	借	13 541 215.8
2	1002.01	人民币存款	借	12 049 675.8

第四节　人工智能

一、人工智能的发展

在人工智能诞生之前，一些著名科学家就已经创立了数理逻辑、神经网络模型和控制论，并发明了通用电子数字计算机，为人工智能的诞生准备了必要的思想、理论和物质技术条件。麦克洛奇（W.McCulloch）和皮兹（W.Pitts）于1943年建成了第一个神经网络模型（MP模型）。维纳（N.Wiener，1874—1956），控制论创始人，1948年创立了控制论。控制论向人工智能的渗透，形成了行为主义学派。图灵于1950年发表题为《计算机能思维吗?》的著名论文，明确提出了"机器能思维"的观点。

人工智能（Artificial Intelligence，AI）是由麦卡赛（John McCarthy）、明斯基（Marvin Lee Minsky）、罗切斯特（Nathaniel Rochester）和申农（Claude Shannon）等在1956年美国达特茅斯会议（Dartmouth Conference）上第一次被提出来。**人工智能只是一个抽象概念，它不是任何具体的机器或算法，任何类似于人的智能或高于人的智能的机器或算法都可以称为人工智能。让机器能像人那样认知、思考和学习，即用计算机模拟人的智能。**

1965年，鲁宾逊（J.A.Robinson）提出了归结（消解）原理。

1965年，费根鲍姆（E.A.Feigenbaum）开始研究化学专家系统DENDRAL。

1972年，费根鲍姆开始研究MYCIN专家系统，并于1976年研制成功。MYCIN系统是一种帮助医生对住院的血液感染患者进行诊断和选用抗菌素类药物进行治疗的人工智能。其是一种使用了人工智能的早期模拟决策系统，用来进行严重感染时的感染菌诊断以及抗生素给药推荐系统。

1976年，斯坦福大学的杜达（R.D.Duda）等人开始研制地质勘探专家系统PROSPECTOR。这一时期，与专家系统同时发展的重要领域还有计算机视觉和机器人，自然语言理解与机器翻译等。

从技术角度看，专家系统解决了知识表示、不精确推理、搜索策略、人机联系、知识获取及专家系统基本结构等一系列重大技术问题。专家系统实现了人工智能从理论研究走向实际应用，从一般思维规律探讨走向专门知识运用的重大突破，是AI发展史上的一次重要转折。

专家系统本身所存在的应用领域狭窄、缺乏常识性知识、知识获取困难、推理方法单一、没有分布式功能、不能访问现存数据库等问题被逐渐暴露出来。

1987年，首届国际人工神经网络学术大会在美国的圣选戈举行，掀起了人工神经网络的第二次高潮。继鲁梅尔哈特研制出BP网络之后，随着模糊逻辑和进化计算的逐步成熟，又形成了"计算智能"这个学科范畴。

1991年，麻省理工学院的布鲁克教授在行为模拟方面，研制成功了能在未知的动态环境中漫游的有6条腿的机器虫。

1995年，Corinna Cortes和Vapnik提出了软间隔的非线性支持向量机（SVM）并将其应用于手写字符识别问题，这份研究在发表后得到了关注和引用，为SVM在各领域的应用提供了参考。

2005年，波士顿动力公司的专家创造了4条腿机器人大狗。这个项目是由美国国防高级研究计划局资助的，源自国防部为军队开发新技术的任务。2012年，大狗机器人升级，可跟随主人行进20英里。2015年，美军开始测试这种具有高机动能力的四足仿生机器人，试验这款机器人与士兵协同作战的性能。

2012年，谷歌发布知识图谱用于浏览器搜索，解释了图谱的准确程度以及它如何影响搜索特定术语时获得的结果。

几十年间，神经网络（NN）得到长足发展，出现了卷积神经网络（CNN）、循环神经网络（RNN）、长短期记忆网络（LSTM）、对抗网络（GAN）等，使机器学习走向深度学习，应用领域也越来越宽。

目前，随着计算机技术的进步，人工智能将融入每个人的生活，变得无处不在。

二、人工智能的三大学派

人工智能研究形成了符号主义、连接主义和行为主义三大学派。随着研究和应用的深入，三个学派应相互结合、取长补短，综合集成。

1.符号主义学派（逻辑主义）

符号主义（symbolicism）的观点：AI起源于数理逻辑，人类认知的基元是符号，认知过程是符号表示上的一种运算。

符号主义是指基于符号运算的人工智能学派，其认为知识可以用符号来表示，认知可以通过符号运算来实现。例如，专家系统等，通过功能模拟，构造能够模拟大脑功能的智能系统。

智能的基础是知识，其核心是知识表示和知识推理；知识可用符号表示，也可用符号进行推理，因而可以建立基于知识的人类智能和机器智能的统一的理论体系。

2.连接主义学派（仿生学派）

连接主义（connectionism）的观点：AI起源于仿生学，特别是人脑模型，人类认知的基元是神经元，认知过程是神经元的联结活动过程。

连接主义是一种结构模拟，构造模拟大脑结构的神经网络系统，尤其是神经网络学派。思维的基元是神经元，而不是符号；思维过程是神经元的联结活动过程，而不是符号运算过程；反对符号主义关于物理符号系统的假设。例如，由麦克洛奇和皮兹创立的脑模型，即MP模型。

3.行为主义学派（进化主义、控制论学派）

行为主义（actionism）的观点：AI起源于控制论，智能取决于感知和行为，于对外界复杂环境的适应，而不是推理。

行为主义是一种行为模拟，构造具有进化能力的智能系统。例如，1991年麻省理工学院研制的在未知的动态环境中漫游的有6条腿的机器虫。智能取决于感知和行动，提出了智能行为的"感知—动作"模型；智能不需要知识、不需要表示、不需要推理；人工智能可以像人类智能那样逐步进化。

第五节 机器学习

一、机器学习的概念

符号主义需要基于人类认知的规则，连接主义基于数据处理的物理模型假设空间，而行为主义需要行为结果与行为环境的交互。这些AI认知领域，本质都是数据到规则的映射、方法或进化。

但是，在现有的人类认知领域，人们没有办法设计出足够复杂的规则来精确描述世界，所以 AI 系统需要具备自我学习的能力，即从原始数据中获取有用的知识。这种能力被称为机器学习（machine learning）。人工智能是抽象的概念，而机器学习是具体的可以落地的算法。机器学习不是一个算法，而是一大类具体智能算法的统称。从集合论的观点，机器学习可以覆盖所有 AI 领域的一个子集。

机器学习有如下的定义：

1.机器学习是一门人工智能的科学，该领域的主要研究对象是人工智能，特别是如何在经验学习中改善具体算法的性能。

2.机器学习是对能通过经验自动改进的计算机算法的研究。

3.机器学习是用数据或以往的经验，以此优化计算机程序的性能标准。

这些定义有一个共同的特点，都是强调经验。

人类善于从以往的经验中总结规律，当遇到新的问题时，可以根据之前的经验来预测未来的结果，从而做出决策。机器学习与人类思维的对比，如图 1-8 所示，机器学习基于人类的假设空间，使用历史数据来训练模型，得到相对优秀的模型后，再放入新的（测试）数据，模型就可以对新的数据进行分析预测。

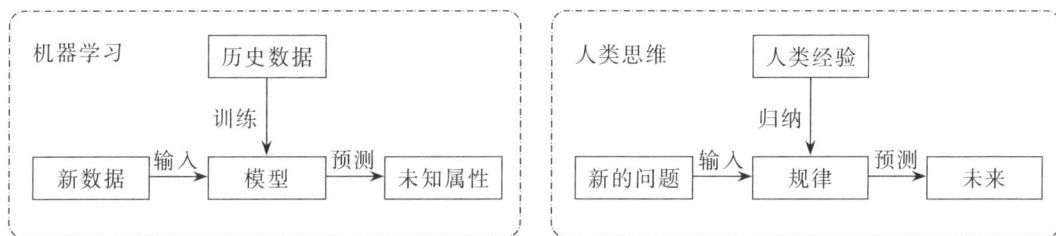

图 1-8　机器学习与人类思维的对比

这里补充一点，在现代机器学习理论中，有自学习等概念，机器可以自己得到"经验"，这些理论还在发展中。通过机器学习的模式和方法，反过来看我们自己。我们的学习过程也是反复练习的过程，同时要接触不同的事物、不同的观点，接触更多的人，向更有经验的人虚心学习。只有这样才能成长为对社会有用的人才。

二、机器学习过程

机器学习过程大致分为获取数据和学习两个阶段。

（一）数据集获取和划分

针对不同的数据提出假设模型并不容易，往往要对数据进行统计描述、相关分析、归一化、降维等预处理，对于不同的数据类型，可能需要不同的编码，甚至需要大量的人工进行标注。

数据集经过预处理后，我们通常会把其中的数据分成三部分，即训练集（training set）、验证集（validation set）和测试集（testing set）。训练集是用来训练模型，将模型训练好。验证集是在模型的训练阶段评估模型的好坏，可以用于确定模型的参数或结构，并且结构和参数都调整好之后，再用测试集来评估模型的好坏。

不过这个数据划分不是绝对的，还需要看具体情况。有时候我们只划分训练集和测试集，训练集用于训练模型，不管在模型的训练阶段还是最后的测试阶段都是用测试集来进行测试。如 K 折交叉检验（K-fold cross-validation）——K 折交叉检验的大致思想是把数据集分成 K 份，每次取一份作为测试集，取余下的 K-1 份作为训练集。

（二）学习

机器学习基于专业领域的假设空间和数据集描述，不同的问题会有不同的学习方式。

1. 监督学习（supervised learning）

监督学习也称有监督学习，通常可以用于分类（classification）以及回归（regression）问题。它的主要特点是，所有的数据都有与之相对应的标签（Label）。比如我们想做一个评估企业的债券等级的模型，那么我们的数据集是大量的企业财务指标（数据）和对应企业债券的等级数据（标签）。

监督学习在建模过程中，是将模型的预测结果与训练集数据的标签（真实值）做对比，比较采用一个目标函数（损失函数），如果预测结果跟实际结果不符合，调整模型参数或结构，直到模型的预测结果可能达到预期的准确率。

2. 无监督学习（unsupervised learning）

无监督学习通常可以用于解决聚类（clustering）的问题。无监督学习中，所有的数据都是没有标签的，可以使用机器学习的方法让数据自动聚类。

由于缺乏足够的先验知识，所以我们希望计算机能解决难以人工标注类别或进行人工类别标注的成本太高的问题，或至少提供一些帮助。根据类别未知（没有被标记）的训练样本解决模式识别中的各种问题，称之为无监督学习。

无监督学习的典型应用是客户市场划分，企业面对海量的销售信息，使用无监督学习的方法就可以自动对客户进行市场分割，将客户分到不同的细分市场中，从而有助于我们对不同细分市场的客户进行更有效的销售或者广告推送。又如，投资者在分析上市公司战略时，只有企业日常经营的数据，要清晰知道企业的经营战略，需要进行聚类分析。

3. 半监督学习（semi-supervised learning）

半监督学习是监督学习和无监督学习相结合的一种学习方式。主要是用来解决使用少量带标签的数据和大量没有标签的数据进行训练和分类的问题。此类算法首先试图对没有标签的数据进行建模，然后再对带有标签的数据进行预测。

监督学习和半监督学习都需要人工标注好的数据。如果我们把机器学习看成通过不断做题学习新知识的人，那么监督学习做的都是有标准答案的题（这里的标准答案来自数据标注员），而无监督学习做的是没有答案的题（像很出名的 Alpha Zero，就是通过自行对弈学习，不需要学习人类的棋局），至于半监督学习则介于两者之间，做的一部分是有标准答案的题，剩下的是没有答案的题。

4. 其他学习方法

强化学习（reinforcement learning），用于描述和解决智能体（agent）在与环境的交互过程中通过学习策略以达成回报最大化或实现特定目标的问题。

集成学习（ensemble learning），一般先产生一组"个体学习器"，再用某种策略将它们结合起来。结合策略主要有平均法、投票法和学习法等。集成学习潜在的思想是即便某一个弱分类器得到了错误的预测，其他的弱分类器也可以将错误纠正回来。接触集成学习就会知道，其核心是"三个臭皮匠顶一个诸葛亮"思想。

迁移学习（transfer learning）是一种机器学习方法，就是把为任务 A 开发的模型作为初始点，重新使用在为任务 B 的开发模型中。

深度学习（deep learning）。深度学习的基础其实就是神经网络。之前的神经网络算法中网络的层数不能太深，不能有太多层网络。随着神经网络理论的发展，人们研究出了多种方式使得训练深层的网络也成为可能。相对而言，深度学习也就是网络层数很多，如卷积神经网络（convolutional neural network，CNN）、长短时记忆网络（long short term memory network，LSTM）、深度残差网络（deep residual network）等都属于深度学习，其中深度残差网络的深度可以到达 1 000 层，甚至更多。

结构学习（structured learning）就是输入或输出的是有结构的数据，比如说语句、列表、树和边界框（bounding box）。在结构学习中，我们需要学习的是一个函数 F，它的输入是一种形式，输出是另外一种形式，比如输入的是你语音，输出对应的文本；输入中文，输出英文等。

以上学习方法我们这里只是给出简单概念，在以后学习中逐渐深入。当前机器学习是人工智能的热点，学习方法和方式层出不穷，还在不断演化之中。有这么多机器学习方法，我们不能根据复杂度、计算速度、发明的先后等判断学习方法的好坏。这与我们的学习一样，要坚持适合自己的，要从事物本身出发，不追风，不盲从。

三、大数据、人工智能与机器学习

数据库技术解决传统数据处理问题，从而形成多数的管理信息系统应用。大数据是解决海量数据带来的数据装不下、存不了、算不了的问题。机器学习架构在大数据的基础之上，没有大数据来喂养机器学习，机器将不能具备人的学习能力，即不能实现人工智能。深度学习是机器学习的升级版，相比于机器学习，深度学习具备海量的数据处理能力，更优更强的数据学习能力。

图 1-9 简单地解释了大数据、人工智能、机器学习、深度学习的关系。深度学习是基于多层神经网络的机器学习，机器学习是人工智能的一个主要路径，而无论是人工智能、机器学习，还是深度学习，都依赖于大数据基础。

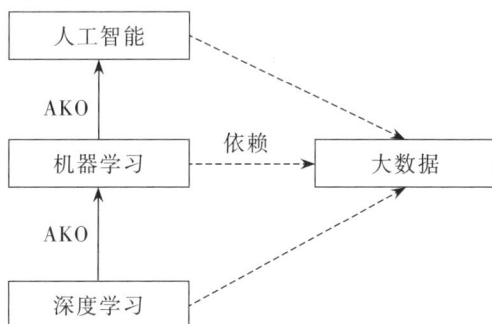

图 1-9　大数据、人工智能、机器学习、深度学习的关系

摩尔定律[①]多年未被打破，计算机计算速度越来越快，处理能力变得十分强大，使得人工智能和机器学习受到计算和存储的约束越来越小，这样就使大数据、人工智能与机器

---

　①　被称为计算机第一定律的摩尔定律是指 IC 上可容纳的晶体管数目，约每隔 18 个月便会增加一倍，性能也将提升一倍。摩尔定律是由英特尔（Intel）名誉董事长戈登·摩尔（Gordon Moore）经过长期观察总结的经验。

学习相互呼应、相互促进成为可能。

四、可视化神经网络 PlayGround

这里我们讨论的问题，只是先有一些感性认识，我们在第七章之后会继续讨论，加深理解。

1.可视化神经网络（PlayGround）介绍

PlayGround是一个在线演示实验神经网络的平台，是一个入门神经网络非常直观的网站，能够对 Tensorflow 有一个感性的认识（网址：https：//playground.tensorflow.org/）。

PlayGround 页面如图 1-10 所示，主要分为数据（data），特征（features），隐含层（hidden layers），输出层（output）。

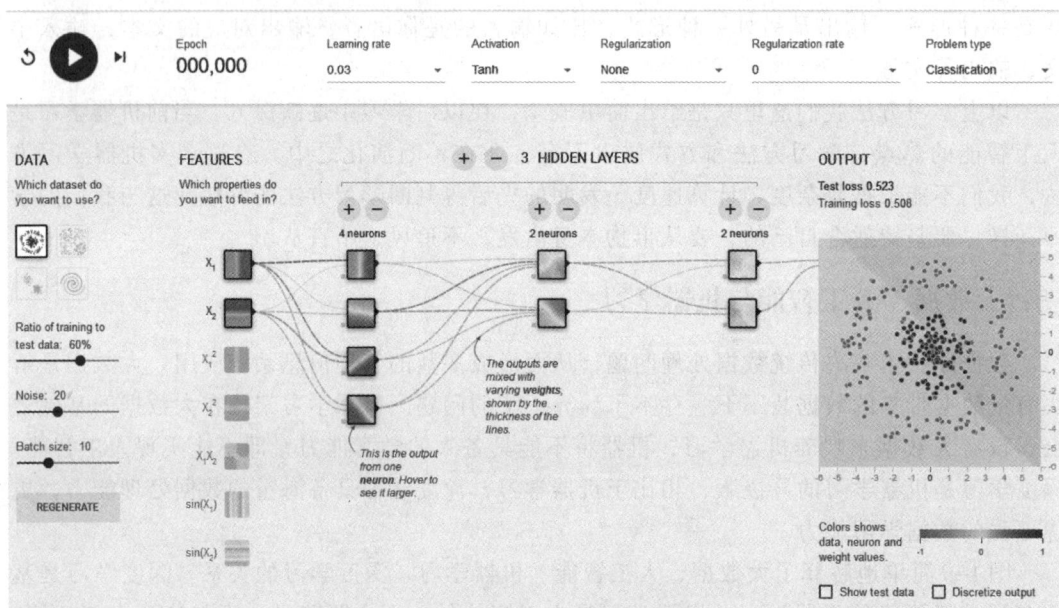

图 1-10　可视化神经网络（PlayGround）

（1）数据

DATA 一栏里提供了4种不同形态的数据，分别是圆形、异或、高斯和螺旋。平面内的数据分为蓝色和黄色两类。训练数据和测试数据的比例，调节批量大小（batch size）。

批量大小就是每批进入神经网络数据点的个数。

（2）特征

如图 1-11 左侧图片，我们选择的 FEATURES 一栏包含可供选择的 7 种特征。X_1、X_2 是线性的数据特征分布，X_1^2 和 X_2^2 是非负的抛物线分布，X_1X_2 是双曲抛物面分布，$\sin(X_1)$ 和 $\sin(X_2)$ 是正弦分布。我们试图通过这些特征的分布组合将两类数据（蓝色和黄色）区分开，这也是训练的目的。数据样本与特征选取如图 1-11 所示。

（3）隐含层设置

隐含层一栏可设置许多隐含层。在神经网络中隐含层越多，衍生出的特征类型也就越丰富，对于分类的效果也会越好。但是并不是层数越多越好，层数多了训练的速度会变慢，同时收敛的效果不一定会更好。

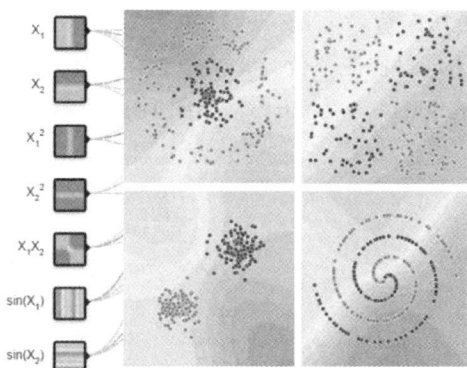

图 1-11 数据样本与特征选取

我们这里设置隐含层两层。层与层之间的连线、颜色表示不同类的特征，粗细表示权重的绝对值大小，可以把鼠标放在线上查看权值，也可以点击修改。

（4）输出层

输出层一栏将输出的训练过程直接可视化，通过测试损失（test loss）和训练损失（training loss）来评估模型的好坏。

（5）控制神经网络的其他参数

除了以上几个部分外，还有一列控制神经网络的参数：训练的开关、迭代次数、学习速率、激活函数、正则化、正则化率和问题的类型。神经网络控制参数如图 1-12。

图 1-12 神经网络控制参数

我们可以自行摸索，尝试进行这个实验，领会这里面每个要素或参数的意义。现阶段，我们肯定不能完全理解相关概念。解释清楚其中的原理需要很多基础知识的学习。不过其中的数学知识并不高深，其本身并不神秘。

2.神经网络实验——理解过拟合

PlayGround 可以通过神经网络对样本数据进行分类或回归。其提供了非常灵活的数据配置，可以调节噪声、训练数据和测试数据的比例和 Batch size 的大小等。

螺旋形态的数据分类是难度最高的，我们以调节激活函数和隐藏层神经元个数和层数为例尝试进行分类。

在神经网络中不用激活函数，每一层输出都是上层输入的线性函数，无论神经网络有多少层，输出都是输入的线性组合，这种情况就是最原始的感知机。比较一下 Sigmoid 函数和 ReLU 函数。

选择 Sigmoid 函数作为激活函数：

（1）能感觉到训练的时间很长，ReLU 函数能大大加快收敛速度，这也是现在大多数神经网络都采用的激活函数。

（2）当把隐含层数加深后，会发现 Sigmoid 函数作为激活函数，训练过程损失降不下来。[①]

---

① 这里面有比较专业的术语"反向传播"和"梯度消失"。我们在这里只是感受一下，不涉及更深的内容。

选用 ReLU 函数作为激活函数：

（1）选用 3 层隐含层，每层特征个数为 8，8，2 的模型，3 层隐含层模型运行 200 步就达到了 test loss 为 0.005，training loss 为 0.013，如图 1-13 所示。

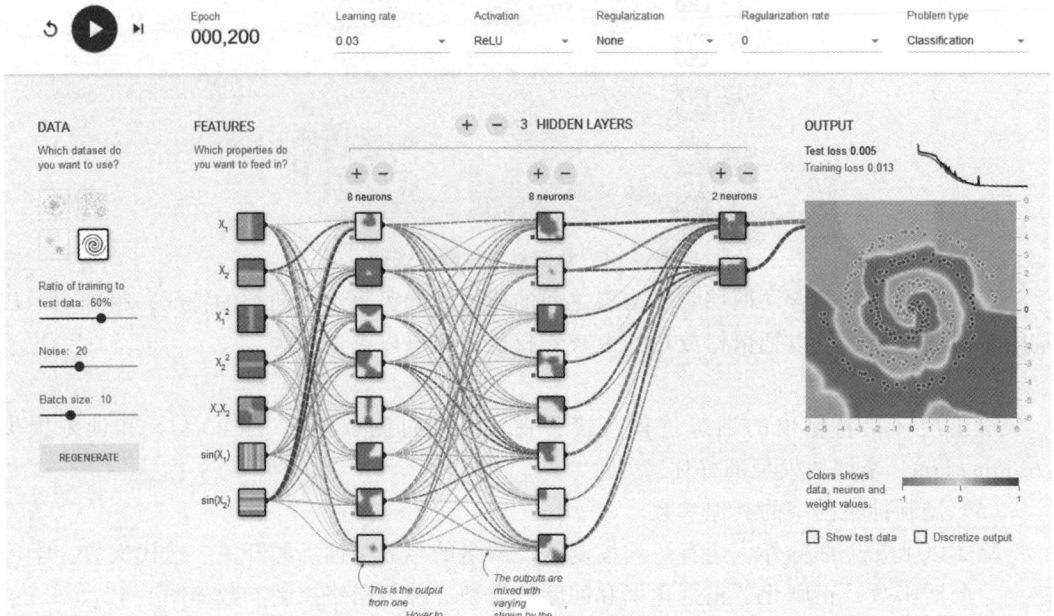

图 1-13　8，8，2 模型训练 200 步

（2）选用 6 层隐含层，每层特征个数为 8，8，8，8，8，2 的模型。运行了 1 805 步，test loss 为 0.028，training loss 为 0.000，如图 1-14 所示。

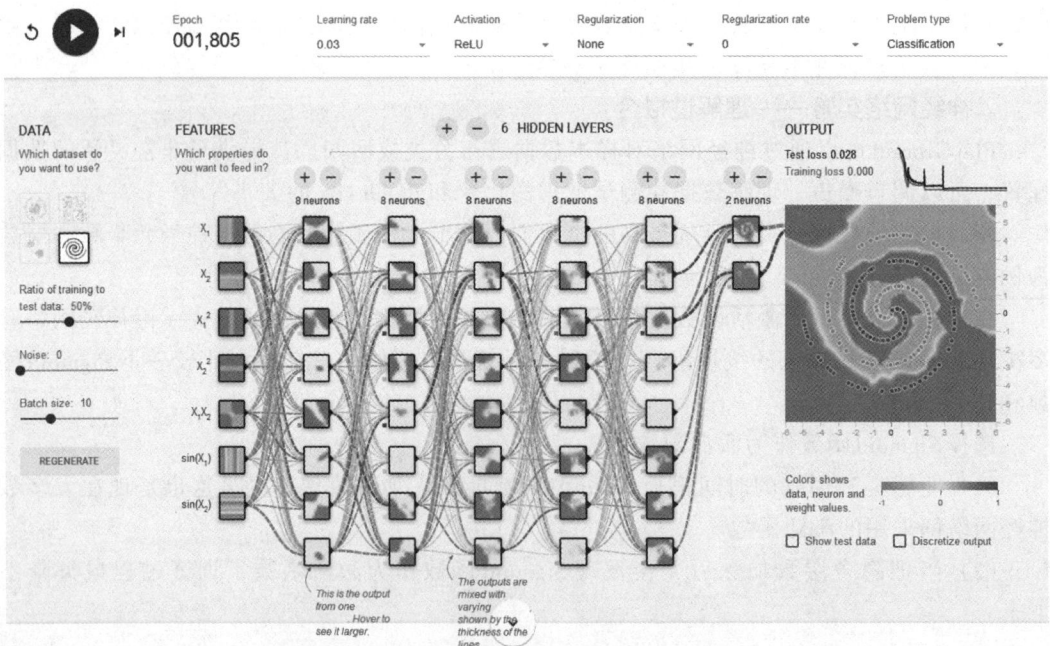

图 1-14　8，8，8，8，8，2 模型训练 1 805 步

选用6层8，8，8，8，8，2的模型，在训练集上模型表现很好，但是测试集不好。通过这个实验可以理解过拟合的概念。隐含层的数量不是越多越好，层数和特征的个数太多，会造成优化的难度和出现过拟合的现象。

第六节　大数据与智能财务

一、企业基本模型

我们尝试用一个模型表示会计专业知识体系如何应用于企业实践。

首先我们假设：

1.企业目标是企业各项活动所要达到的总体效果。可以是追求最大化的利润，长期中追求企业价值最大化等。我们将企业的目标作为愿景或使命。

2.企业的目标的实现，依赖三个维度：流程、管理和资源。

如图1-15所示，企业目标的实现所依赖的3个维度，从左到右分别为业务流程、管理与控制和经济资源。企业所拥有的资源按照一定的组织管理，经过经营业务流程，完成既定的企业目标，实现其愿景。业务流程与经济资源是管理与控制的对象，而业务流程与经济资源总是相互关联。

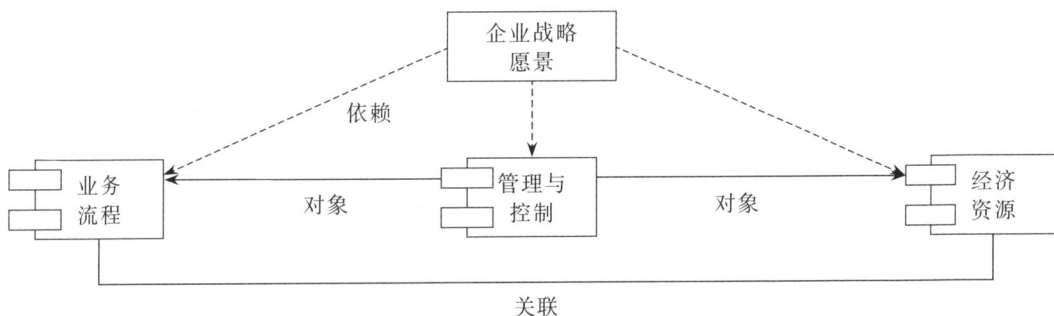

图1-15　企业基本模型

会计是旨在提高企业和各单位活动的经济效益，加强经济管理而建立的一个以提供财务信息为主的经济信息系统。无论从理论上还是从实践上看，会计都是"管理与控制"的工具，这种管理包括反映、监督（控制）以至于预测、决策等管理职能。在对会计所下定义揭示会计本质的同时，又相关联地强调了会计具有"反映"与"控制"两大基本职能。

管理与控制分3个层次：战略管理、业务管理、操作执行，对应运营流程的3个层级：商业模式、业务流程、业务活动，如图1-16所示。会计基本职能体现在这3个层次管理领域。

二、会计职能的模型化表示

（一）业务活动中的会计职能

从经济活动原子项，我们考察会计的职能。经济业务（或会计事项）是业务活动全集

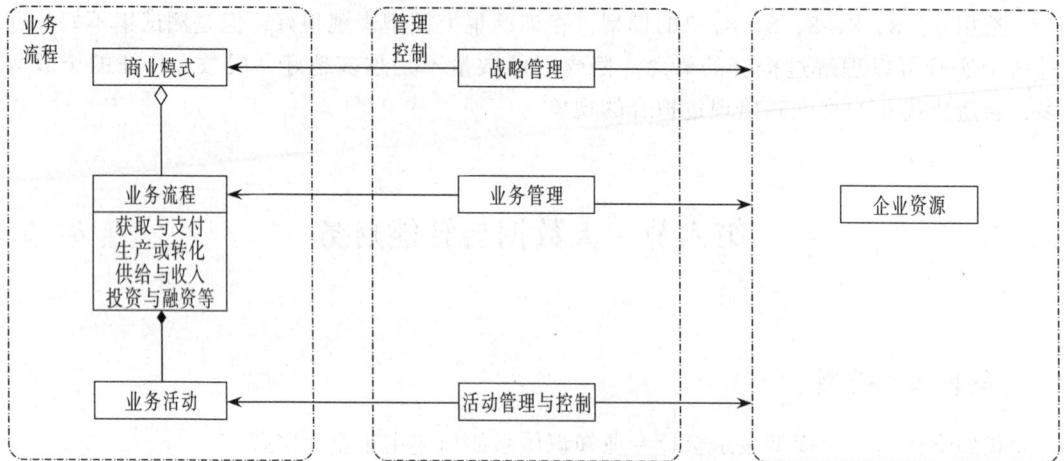

图1-16 管理与控制的3个层次

的子集，会计通过记录活动的事前状态、事后状态的变化或变迁的结果，进行经济业务的反映，也就是会计初始确认；通过控制信号和流关系（操作指令）来完成对经济业务的控制，如图1-17所示。这一点我们在会计核算智能化再详细介绍。

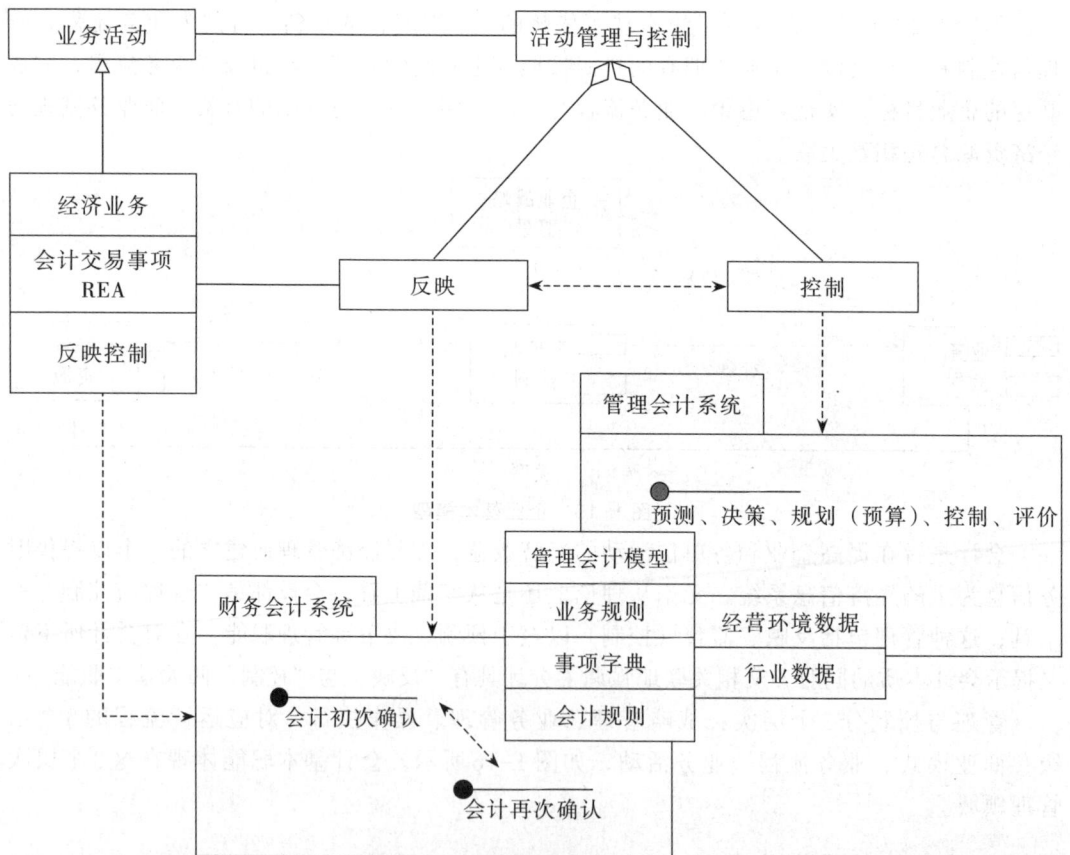

图1-17 业务活动的会计职能

（二）业务流程中的会计职能

出于企业经营领域与业务职能分类的需要，企业经营业务流程划分为不同领域，如销售业务、人资源管理、融资业务等。管理学很多理论讨论企业业务流程的分类分级，如价值链和供应链理论。也就是说，企业业务活动可以根据企业管理的需要分成不同维度、不同级次，形成不同的流程域或流程集合。

经济业务的不同维度、不同级次的划分，从管理角度会产生两个方面需求：①经济业务最小单元的数据记录（会计记录），用以操作、统计和分析等，流程数据的向上汇集，从原子化的数据单元向上形成粒度更大的信息度量，这种数据汇总和信息归集，一方面是基于数据到信息需要成本，另一方面是要提供不同质量的信息，体现信息只有相关才能得以应用。这就是反映职能。②经济业务流程域端对端[①]的控制，以及流程域（多个相关的业务流程）的协调和管理。这就是控制职能。

1.反映职能

一般我们把前一方面会计职能称为核算和报告，即反映职能，会计初次确认并将会计信息进一步按照不同维度和层级进行分类和聚类，从而形成业务管理需要的信息颗粒度的业务反映数据，也就是会计报告（再确认）。

2.控制职能

业务流程中的业务活动，何时在什么条件下触发（"点火"）执行，需要控制信号。会计通过预测、决策、规划（预算）、评价等，提供业务流程节点之间的执行次序、逻辑关系和执行指令等。业务流程与业务流程，即链式结构与链式结构，它们之间进行数据通信、同步和协调。这样会计被赋予控制职能，以协调和管理业务流程与企业目标一致。

（三）战略管理中的会计职能

战略管理是指对一个企业或组织在一定时期的全局的、长远的发展方向、目标、任务和政策，以及资源调配做出的决策和管理。企业战略则表现为企业经营模式，而经营模式依赖经营业务流程来实现。

战略管理会计的宗旨立足于企业的长远目标，以企业的全局为对象，将视角更多地投向影响企业经营的外部环境。对应企业战略管理的需要，战略管理会计除了要按管理需求提供与整合企业内部财务信息，还需要综合外部环境和市场数据，服务战略比较、选择和战略决策。此内容不是本书的重点。

（四）公司治理中的会计职能

公司治理是指通过一整套包括正式或非正式的、内部的或外部的制度来协调公司与所有利益相关者之间（股东、债权人、职工、潜在的投资者等）的利益关系，以保证公司决策的科学性、有效性，从而最终维护公司各方面的利益。我们把对外会计报告、内部审计、外部审计、内部控制、监督与监管等方面的会计职能，归于公司治理中的会计职能类。表1-3总结了在4个领域的会计职能，以及这些职能表现的形式。

三、会计职能中的信息技术应用

我们在"会计职能作用领域UML类图"中标记了"会计职能中的信息技术应用"，如图1-18所示。

[①] 端对端，大家可以简单地理解，就是从起点到结束点的一种链式结构。我们会在会计核算智能化中详细讨论。

表1-3 企业经营模型中的会计职能

职能领域	会计职能	形式
经济活动	1.识别、辨认和记录经济业务； 2.协同业务管理，控制后继交易或事项发生	反映：依据规则，将经济业务中会计要素变化输入会计信息系统。 控制：改变业务活动的状态，设置业务活动的流关系
业务流程	1.按照利益相关者需求提供信息； 2.组织管理业务流程执行，协调业务流程之间的关系，通过预测、分析、预算、评价等提供决策依据	反映：提供经济业务管理维度和领域的管理会计报告； 控制：业务流程之间通信，以及设置业务流程网关
战略管理	1.报告、分析、评价、考核企业经营效率和成果； 2.参与企业经营规划、商业模式设计与运行规则制定	反映：提供内部业务数据、财务信息，以及外部经营环境信息的综合报告； 控制：通过分析、预测为战略比较、选择和战略决策等提供财务解决方案
公司治理	1.编制和分析财务报表，内部控制报告，审计报告等；为公司治理方案提供依据； 2.提供会计信息可靠性的相关证据，以及对应合理保证其可靠性的内部控制； 3.评价、考核企业经营效率和成果； 4.监管、监督、鉴证企业经营的合法性、合规性	反映：提供企业经营按公司治理需求维度和领域的会计报告（包含内外报告）； 控制：参与企业内部控制系统建设，进行内部审计，配合外部审计

（一）会计职能应用的一般性信息技术

我们把会计人员应该掌握的信息技术知识归为以下几类：

1.数据分析与处理基础

基于会计信息系统论和会计管理活动论，确定了会计本身是一个信息（控制）系统。因此，对于会计人员而言掌握基本的数据处理方法必然是其做好工作的前提和基础，包括数据采集与预处理、数据存储、数据清洗、数据安全与信息质量等，我们把这方面的知识归类为**数据分析与处理基础**，主要是结构化数据的处理（关系型数据系统）。

2.BPM与ERP

会计基本职能是反映与控制经济业务。业务服务会计还是会计服务业务？这个问题看起来简单，但是有时本末倒置。会计应该服务业务，企业业务流程管理（BPM）、财务业务一体化系统（ERP）是会计职能应用的一般性信息技术。会计人员应用这些技术可以做到使财务人员成为企业信息系统的一个部分，让会计信息系统为企业业务系统服务。同时，财务人员要与业务人员进行有效信息沟通，参与业务管理，做到"业务—财务融合"。"业务—财务融合"需要财务人员熟悉业务过程和管理，掌握业务活动数据的经济意义和关联关系。我们把这方面会计人员应该掌握的知识归类为**BPM与ERP**。

3.知识表示与逻辑推理

另外，还要做到"财务—技术融合"。财务人员理解信息技术人员的工作方式和方法，使他们在同一个语义基础之上进行信息传递与沟通。财务人员需要掌握基于信息技术的知识表示方法，包括描述性知识、判定性知识和过程性知识等知识的表示与数据可视化。我们把这方面会计人员应该掌握的知识归类为**知识表示与逻辑推理**。

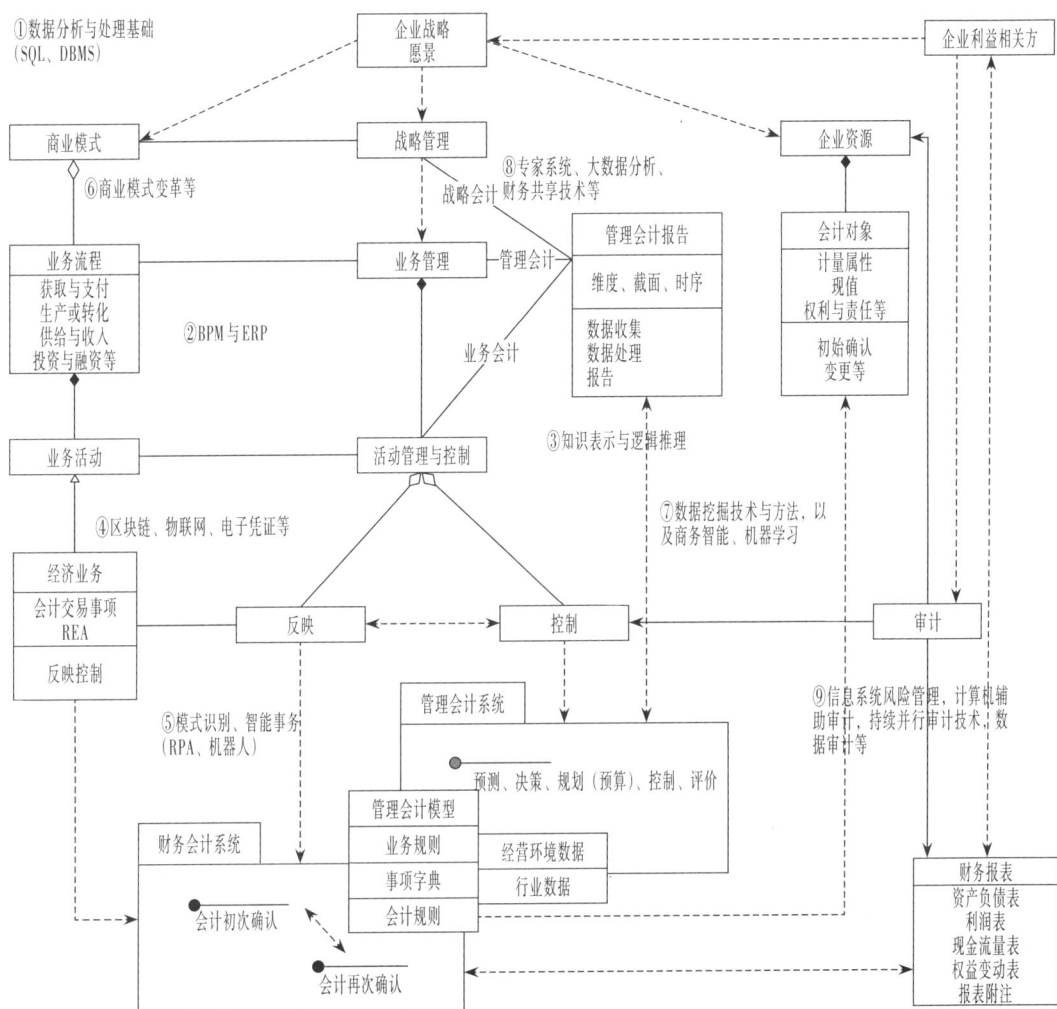

图 1-18　会计职能中的信息技术

（二）基于经济活动的会计职能应用的信息技术

前面简述了经济活动的反映与控制，在于经济活动中辨认经济业务（会计事项），做初次确认，基于信息颗粒度设置和归类会计对象并赋值（计量），在经济活动中赋予活动后继使能和关系规则。

从信息（管理）系统的角度看，会计人员需要参与数据采集、数据输入、数据处理、数据管理等工作。除了这些基础数据处理技术，业务活动数据（原始凭证）产生端可能的信息技术包括**区块链、物联网、电子凭证**等。辨认经济业务并确认和计量可能采用的信息技术包括**模式识别**（非结构化数据与结构化信息的转换）、**智能事务**（审核、记账、复核、对账等）处理系统（**RPA、机器人**）等。在业务活动控制方面，需要**BPM与商业模式变革**等。

（三）业务流程中的会计职能应用的信息技术

这里我们认为经济活动与会计事项的关系，是后者服务于前者，前者的数据质量决定后者的信息质量。会计事项只有在这一业务流程链中，才能反映完整的经济业务。经济业务本身的业务维度的信息是其本质，经济事项包含的信息颗粒度是业务描述的最小划分。

而会计事项是叠加在这一维度之上，会计事项信息颗粒度≥经济事项信息颗粒度。经济业务和会计事项信息都会向上汇聚，产生更大颗粒度的信息呈现和更多的管理维度。这就是管理会计完成的主要工作。

管理会计除了应该掌握一般性的信息技术之外，相对基础的数据处理技术而言，根据管理需要可能需要掌握较为高级的数据分析和处理技术，包括（但不限于）：数据仓库、联机（在线）数据分析，关联分析、聚类分析、数据异常检查等，我们把这方面的知识归类为**数据挖掘技术与方法，以及商务智能、机器学习**。

（四）战略管理中的会计职能应用的信息技术

战略管理中会计提供战略决策所需要的相关信息，为企业确定其使命、根据组织外部环境和内部条件设定企业的战略目标、支持目标的落实和实现进度进行谋划，并在实施过程中进行控制和动态管理。

区别于一般的管理会计工作，战略管理会计需要依赖外部经济环境信息。因此，其分析处理的数据具有多元化、非结构化等大数据特征。另外，新兴信息技术与业务平台设计、商业模式设计有关，因此要了解区块链、移动互联网、大数据分析、人工智能、云计算、物联网、财务共享技术等的基本原理和发展动态，为企业应对其中的挑战和机遇做出战略决策。我们把这方面的大数据知识归类为**大数据分析、财务共享技术**等。

（五）公司治理中的会计职能应用的信息技术

公司治理中的会计职能主要表现在内部控制、审计、监督、考核与评价等，这些职能的作用对象是既有的信息系统，对其跟踪，考察其执行效率、效果、合规性、可靠性、相关性等。完成这些过程往往涉及数据搜索、数据抽取、数据建模、数据分析与报告等。

对外财务报告涉及的技术包括XML与XRBL，财务报表机器人等；审计工作涉及的信息技术包括**信息系统风险管理，计算机辅助审计，持续并行审计技术，数据审计**等；内部控制设计的信息技术包括业务流程管理（BPM）、信息系统风险管理等。

上述技术的归类领域，参见表1-4。

表1-4   **会计职能中的信息技术**

职能领域	信息系统功能	信息技术	信息技术专业领域
一般	信息技术基础素养 信息与沟通 业财融合 财务与技术融合	数据采集与预处理、数据存储、数据清洗、数据安全与信息质量等	数据分析与处理基础
		业务流程管理（BPM） 财务业务一体化系统（ERP）	ERP与智能会计信息系统
		数据量化 知识（事实、规则、流程）表示，数据可视化等	数据科学 智能财务与会计基础

职能领域	信息系统功能	信息技术	信息技术专业领域
经济活动	数据采集 数据输入 数据处理 数据管理	区块链 物联网 模式识别 云计算 事务处理机器人 RPA	智能财务与会计基础
		电子凭证 业务流程管理（BPM） 事务处理机器人（RPA）	ERP 与智能会计信息系统
业务流程	数据抽取 数据分类、聚类 数据分析与报告	数据仓库、联机（在线）数据分析，关联分析、聚类分析、数据异常检查、商务智能、机器学习等	数据分析与处理基础 数据挖掘技术与方法
战略管理	数据分析、预测、报告 模式设计（财务共享）	区块链、移动互联网、人工智能云计算、专家系统、物联网、财务共享技术	智能财务与会计基础
		机器学习、大数据分析	数据挖掘技术与方法
公司治理	数据搜索 数据抽取 数据建模 数据分析与报告	信息系统风险管理 计算机辅助审计 IT 治理 IS 审计 持续并行审计技术 数据审计技术 数据分析与处理等	数据分析与处理基础 数据挖掘技术与方法 ERP 与会计信息系统
		XML 与 XRBL 财务报表机器人	智能财务与会计基础 ERP 与智能会计信息系统

四、新技术环境下的会计与财务思考

人工智能和大数据等现代信息技术对会计的理论和实践影响深远。对于会计学教学与科研而言，势必需要积极应对。这里提出了一个问题：如何应对这种变革？机器学习和人工智能有"没有免费午餐定理"（No Free Lunch Theorem）：任何一个预测函数，如果在一些训练样本上表现好，那么必然在另一些训练样本上表现不好，表现好与表现不好的情况一样多。针对我们的专业和信息技术，没有财务和会计专业知识的支持，人工智能和机器学习在我们的领域可能"一无是处"。因此，我们的首要任务是学好专业知识！

表1-4中的信息技术可以聚焦为两个方向：①以研究会计数据语义为基础的（事实、规则、流程）知识表示，其是智能财务与会计应用与实践的基础；②会计与财务专业领域知识与大数据分析方法结合形成的高级数据处理与分析方法，如机器学习、商务智能分析等。

本教材立足于以上讨论的基础知识：会计数据（事实、规则、流程）知识表示及简单的逻辑推理，以及基础的数据科学技能。

【思考题与实践】

一、思考题

1.举例说明会计结构化数据和非结构化数据，并思考它们不同的处理方法。

2.大数据思维的主要观点主要是四个方面：大量思维、全样思维、容错思维、相关思维。请思考这些思维对你的专业学习和专业发展有何影响？

3.财务与会计专业领域有什么大数据？请举出具体实例。

4.人工智能包括3大学派：符号主义、连接主义学、行为主义。请思考这些学派有何具体应用，这些应用能推广到会计和财务领域吗？

5.讨论机器学习和我们大学学习，做一下类比，如何从机器学习的思想启发我们学习专业知识？

6."经验"对于机器学习是重要的，请从各种角度讨论"经验"在会计专业领域有何意义，又会出现哪些问题？

7.讨论财务与会计专业领域，哪些问题能够通过大数据与机器学习相结合提供解决方案？

8.在本章"人工智能的发展"中提到了很多该领域的名人，也提到了计算机和人工领域的很多术语，请查阅有关资料，更深入了解。

9.列示一下本章涉及的信息技术词汇，能否通过查阅资料，总结一下这些词汇之间的关系。

二、实践

1.安装 Anaconda，了解其系统环境。

2.执行 Jupiter Notebook，熟悉 Jupiter Notebook 界面，快捷键使用，命令行与 Markdown 切换。

3.编写一个 Python 程序，打印输出"你好，Python"，并将其输出为两行，效果如下：

你好，

Python

4.请利用 input（）输入两个数，print（）输出这两个数的乘积：a * b = ×××，×××为两个数的乘积。

第一章智能测评

第二章

知识表示与Python基础

【本章知识结构】

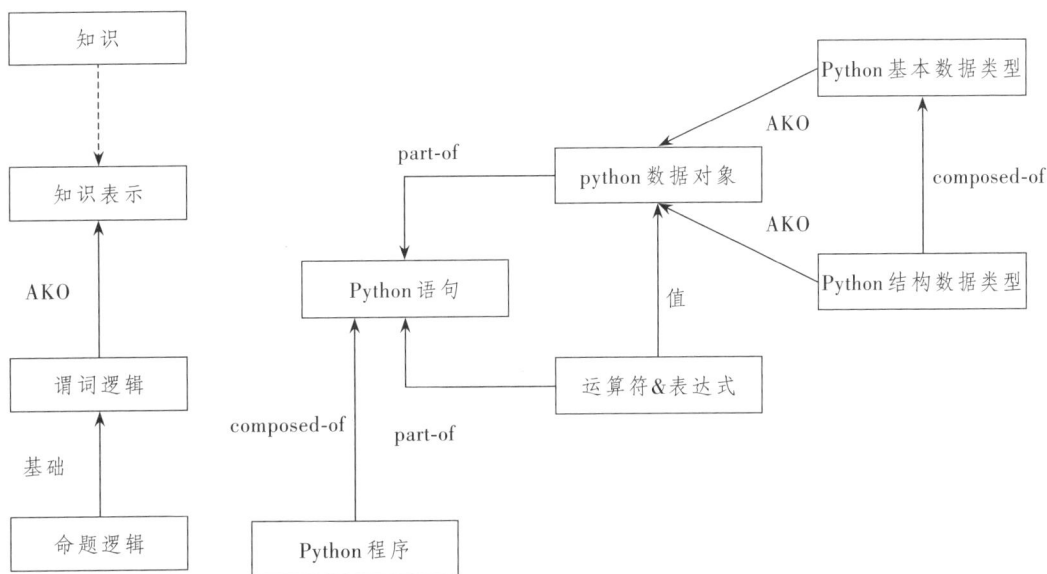

第一节　知识分类与Python基本数据类型

一、知识分类

1.知识与知识表示

一般认为，知识是人们在改造客观世界的实践中积累起来的认识和经验。认识包括对事物现象、本质、属性、状态、关系、联系和运动等的认识。经验包括解决问题的微观方法，如步骤、操作、规则、过程、技巧等。但是给出知识的定义并不容易，我们根据以下几点理解数据、信息和知识之间的关系：

（1）数据是知识阶层中最底层也是最基础的一个概念。数据是形成信息、知识和智能的源泉。数据泛指对客观事物的数量、属性、位置及其相互关系的抽象表示，以适合用人工或自然的方式进行保存、传递和处理。在信息技术高度发达的年代，数据是计算机程序加工的"原料"。

如图 2-1 所示，天气是某种客观事物，我们用类似云朵的符号表示其形态，即用数据表示天气的状态。

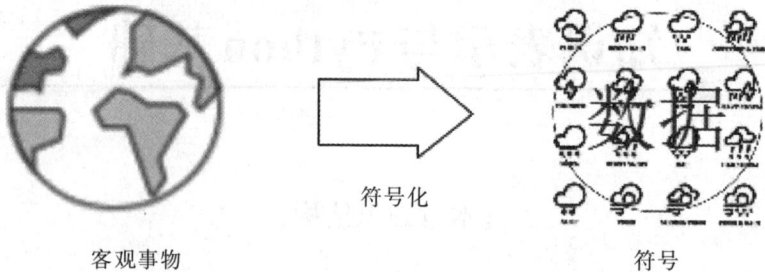

客观事物　　　符号化　　　符号

图2-1　数据——客观事物的符号化

（2）数据是根据使用数据人的目的按一定的形式加以处理、找出其中联系的信息。信息是有一定含义的、经过加工处理的、对决策有价值的数据。信息可以理解成为不确定性的消除度量。

如图 2-2 所示，我们在什么都不知道的条件下，预知明天的天气有 16 种可能。然而利用当前的卫星云图数据，根据原理与经验知识，得出明天的天气只有 4 种可能。"当前的卫星云图"就是消除不确定性的数据，是信息。

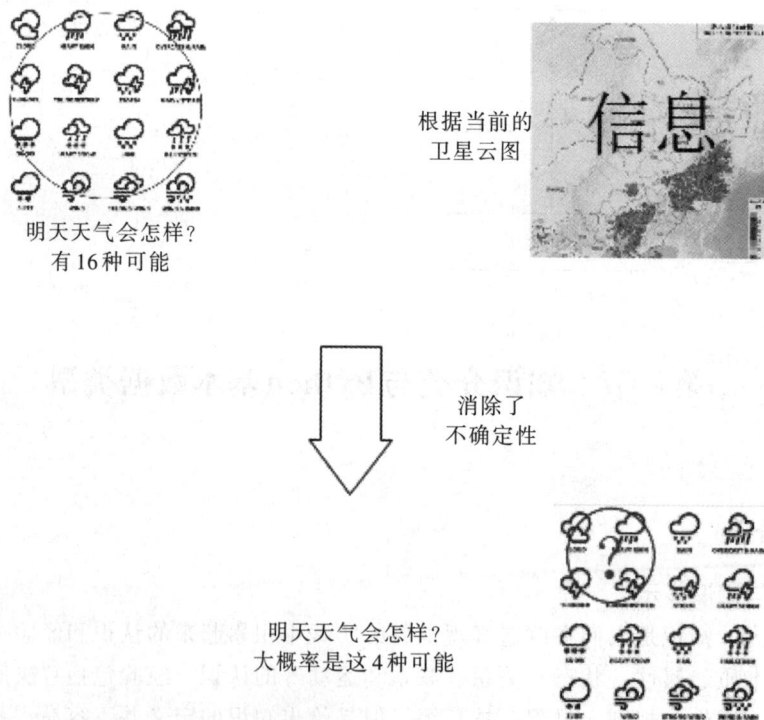

明天天气会怎样？
有16种可能

根据当前的
卫星云图

消除了
不确定性

明天天气会怎样？
大概率是这4种可能

图2-2　信息——不确定性的消除

（3）知识需要通过信息使用归纳、演绎的方法得到。数据是信息的载体，本身无确切含义。知识可以理解为信息与信息之间的关联。常用的关联方式：如果……，则……

如图 2-3 所示，天气状态和卫星云图有关联，过去的事实或经验证明，它们的关联程度很高，而这种关联对我们问题的求解有用，则我们掌握了该领域的知识。

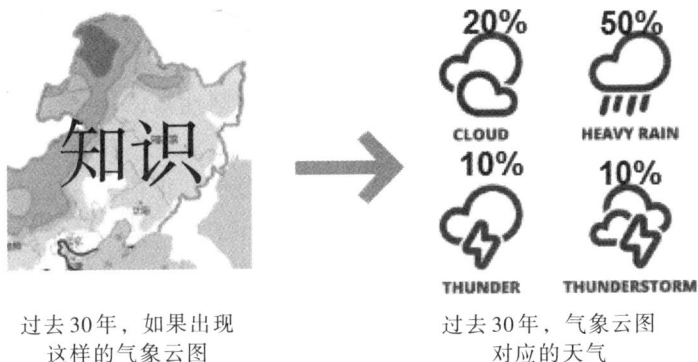

图2-3 知识——气象云图与天气变化的关系

事实上当我们讨论知识的时候，其包含事实描述、认知的规律或经验，以及问题求解的方法等。

2.知识的分类

通常，我们把知识称为常识性知识和领域性知识。常识性知识是指通用通识的知识，人们普遍知道的、适应所有领域的知识。领域性知识是面向某个具体专业领域的知识，如专家经验。我们在学校学习学科领域的概念、命题、公理、定理、规则和方法等，天天在学习知识。这里我们讨论如何让计算机也接受和利用知识。

计算机处理的知识，按照其作用大致分为3类（如图2-4所示）。

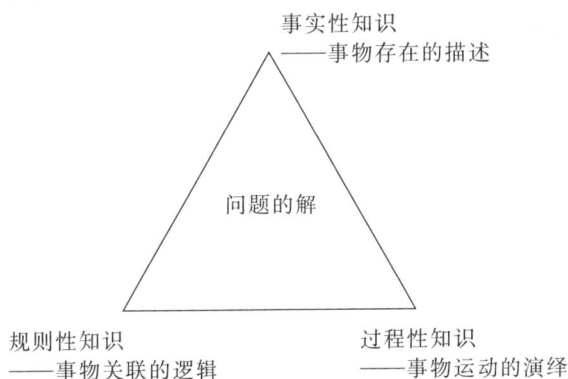

图2-4 3类知识之间的关系

（1）事实性知识，也称为描述性知识，表示事物的特征及其相互关系的知识，是作为事实回忆的基础。描述性知识包括各种事实，提供有关认知对象是什么、具有什么特征的静态信息。其主要反映事物的性质、内容、状态和事物变化发展的原因。

例如，"资产是指企业过去的交易或者事项形成的、由企业拥有或者控制的、预期会给企业带来经济利益的资源"。这是资产的概念，定义资产的本质特征，属于描述性知识；"A企业购买一台电脑，支付了10 000元银行存款"。陈述了一个发生的事物，也是描述性知识。

（2）规则性知识，也称为判断性知识，表示领域有关的问题求解知识，如推理规则等。

例如，"资产是企业过去的交易或者事项形成的，预期在未来发生的交易或者事项不形成资产"。该陈述不是事实性描述，而是如何判断事实的依据，是规则性知识。

（3）过程性知识，表示问题求解的控制策略，即如何应用规则性知识进行推理的知识。举例，会计准则中确认收入的五步法是过程性知识。确认收入的五步法，是取得企业经营业务数据（事实性知识），利用收入判断原则（规则性知识），分步骤（过程性知识）将事实导入规则之中，确认收入的过程。

在图2-5中，事实、规则和求解过程构成一个完整的知识体系，能够组成一个人工智能系统，如典型的专家系统。

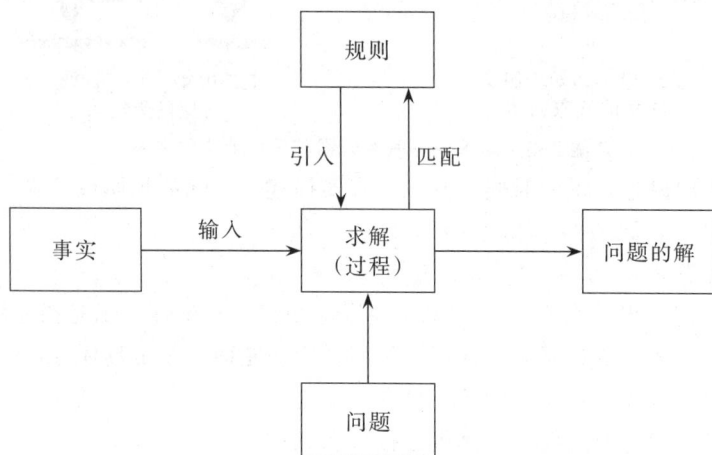

图2-5 基于知识的问题求解

首先需要定义问题，事实作为输入，求解过程需要匹配事实与规则，匹配成功的规则使得规则与事实之间建立了关联关系，通过基于过程描述的求解方法，得到问题答案。

计算机"理解"知识，把知识存储起来，把事实存储起来一般称为"数据库"，把规则存储起来一般称为"知识库"，而问题的求解过程被编辑成计算机程序，称为"推理机"。联系到我们对知识的学习，读者自然会想到，我们不能死记硬背事实类知识，也不能把自己固化在原则和规律之中。我们要丰富事实类知识，要熟练规则和原理的应用，同时从事物本身规律出发强化自己的创造性思维。

二、Python的基本数据类型

（一）数据类型——简单型

现代计算机是处理数据的，数据是描述事物的符号，有各种形式，如文本、图形、音频、视频、网页等，与此对应，计算机处理的数据有各种不同的类型。在Python中，能够直接处理的数据类型有以下几种：

1.整数 ->int

对于很大的数，例如10000000000，很难数清楚0的个数。Python允许在数字中间以_分隔，因此，写成10_000_000_000和10000000000是完全一样的。

2.浮点数 ->float

浮点数可以用数学写法，如3.14，-1.01等。整数和浮点数在计算机内部存储的方式是不同的，整数运算永远是精确的，而浮点数运算则可能会有四舍五入的误差。

3.字符串 ->str

字符串是以' 或"括起来的任意文本，比如' 你好'，"DUFE"等等。如果' 本身也是一个字符，那就可以用""括起来，比如"I′ m inDUDE"包含的字符是I、′、m、空格等9个字符。

如果字符串内部既包含′ 又包含"怎么办？可以用转义字符\来标识，比如：

′I\′m in \"DUFE\"！′

表示的字符串内容是：

I′m in"DUFE"！

转义字符\可以转义很多字符，比如\n表示换行，\t表示制表符，字符\本身也要转义，所以\\表示的字符就是\，可以在Python的交互式命令行用print（）打印字符串查看：

[in]　　　print（′I\′m inDUFE.′）

[out]　　I′m inDUFE.

[in]　　　print（′I\′m learning inDUFE,\n Dalian.′）

[out]　　I′minDUFE，

　　　　　Dalian.

如果字符串里面有很多字符都需要转义，就需要加很多\，为了简化，Python还允许用r′ ′ ...′ ′ 内部的字符串默认不转义。

如果字符串内部有很多换行，用\n写在一行里不好阅读，为了简化，Python允许用′ ′ ′ ...′ ′ ′ 的格式表示多行内容。

4.布尔值 ->bool

布尔值只有True、False两种值，要么是True，要么是False，在Python中，可以直接用True、False表示布尔值，也可以通过布尔运算计算出来。布尔值可以用and、or和not运算。

5.空值 ->NoneType

空值是Python里一个特殊的值，用None表示。None不能理解为0，因为0是有意义的，而None是一个特殊的空值。

（二）变量

变量在程序中用一个变量名表示。变量名必须是大小写英文、数字和_的组合，且不能用数字开头。在Python中，=是赋值语句，可以把任意数据类型赋值给变量，同一个变量可以反复赋值，而且可以是不同类型的变量。

例如：a = 1

变量a是一个整数。

s = ′Python′

变量s是一个字符串。

Answer = True

变量Answer是一个布尔值True。

如果从数学上理解x = x + 5那无论如何是不成立的，在程序中，赋值语句先计算右侧的表达式x + 5，得到结果是15，再赋给变量x。由于x之前的值是10，重新赋值后，x的值变成15。

变量的生命周期概念，我们这里只是引入，后面逐渐加深理解。Python能够改变变量作用域的代码段是def、class、lamda。生命空间只在它们内部起作用的变量为局部变量（local），在整个模块都起作用的变量为全域变量（global），也就是说它们的代码块中的变量在外部也是可以访问的。

（三）常量

常量就是不能变的变量，比如常用的数学常数 π 就是一个常量。在 Python 中，通常用全部大写的变量名表示常量。

> 例如：PI = 3.1415926

但事实上 PI 仍然是一个变量，Python 根本没有任何机制保证 PI 不会被改变，所以，用全部大写的变量名表示常量只是一个习惯上的用法。

（四）id（object）

这里引出一个概念——对象（object）。在 Python 编程环境中，变量是一个对象的名称。我们可以把存储在计算机里的一切都视为对象。所谓变量就是这些对象的名称，其映射为一个内存的地址。可以把内存比喻成一个个"房间"，存放着"对象"，变量名是这些房间的符号。我们用一个函数 id（object）可以查看对象的内存地址：

```
[in]     a = 100
         id(100)
[out]    140727980405648
[in]     id(a)
[out]    140727980405648
```

以上例子说明整数 100 和变量 a 的关系，它们共用一个内容地址，a 是整数 100 的标识。其实 id 是一个函数，严格来说是一个函数的标识（变量），其所在的地址存储了一段函数代码而已。

```
[in]     id(id)
[out]    2924214356544
```

变量的本质是对象的标识，所有能够存储在内存的都是对象。

（五）type（object）

type（object）函数本身非常复杂，我们这里先简单理解。执行如下命令：

```
[in]     type(100)
[out]    int
[in]     type('Dufe')
[out]    str
[in]     type(str)
[out]    type
[in]     type(id)
[out]    Builtin_function_or_method
[in]     type(type)
[out]    type
```

所有对象都属于某种类型，所有的类型都是 type 派生出来的，包括 object 和 type 本身，函数对象例外。

第二节　知识表示与Python结构数据类型

一、知识表示的内容

1.知识表示

知识工程属于人工智能的方法，其研究如何用计算机表示知识，进行问题的自动求解。知识工程过程包括：知识获取，知识验证，知识表示，解释和推论等。知识工程过程中，知识表示是知识利用的前提。要基于计算机的专家系统，依靠能够让计算机系统利用的知识表示，获取知识并形成知识库。

从一般意义上讲，知识的表示就是对知识的一种描述，或者说是对知识的一组约定，是知识的符号化、形式化或模型化。从计算机科学的角度讲，知识表示是研究计算机表示知识的可行性、有效性的一般方法，是把人类知识表示成机器处理的数据结构和系统控制结构的策略。

从本体论①的观点，事物可以用意义三角表示（如图2-6所示）：一个客体（即事物），被人类反映在大脑中；一个是事物抽象（或者称为语义），即概念化；一个是意义，需要符号来表示，即知识表示。

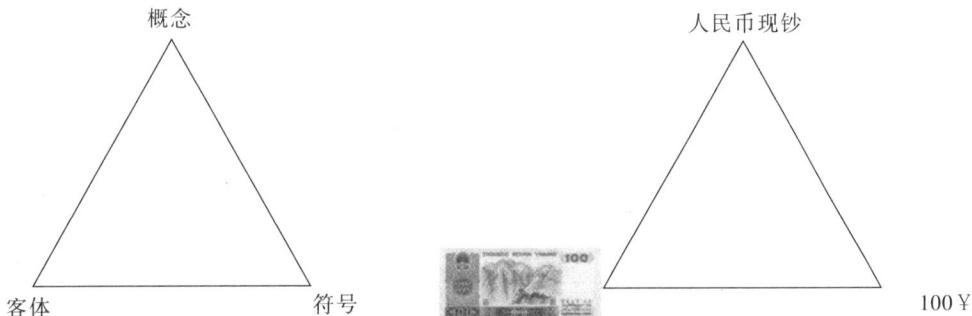

图2-6　本体表示的意义三角

在图2-6中，图片是事物的客体（客体的存在形式），而事物本身属于人类认知的"人民币现钞"，这一事物我们用"100￥"来表示。

2.知识表示的要求

知识表示是智能系统的重要基础，想让计算机具有智能，模拟人类的智能，就必须使计算机具有知识。知识只有用适当的方式和模式表示出来，才能存储于计算机并利用。对于知识表示方法，通常有以下几个基本要求：

（1）正确有效：针对特定领域，能否正确地、有效地表示出问题求解所需的各种知识就是知识表示的能力。能否正确、有效地表示问题。对知识的模糊性和不确定性的支持程度是选择时所要考虑的一个重要因素。

---

①　本体论（Ontology），是探究世界的本原或基质的哲学理论。本质上讲知识表示就是本体表示的一部分。本体论有些抽象，本书尽量避免。

（2）可利用性：可利用这些知识进行问题表达和推理。人工智能只能处理适合推理的知识表示，因此所选用的知识表示必须适合推理才能完成问题的求解。其包括对推理的适应性，对高效算法的支持程度。

（3）可组织性：知识表示是一种数据结构化方法，表示的知识可以按某种方式组织，形成某种数据结构。

（4）可实现性：表达的知识能够通过计算机存储，并且能够便于计算机直接对其进行处理。

（5）可维护性：便于对知识进行增、删、改等操作。由于知识库一般都要不断扩充和完善，具有模块性结构的表示模式有利于新知识的获取和知识库的维护、扩充与完善。

（6）可理解性：知识应易读、易懂、易获取。表示模式是否简单、有效，便于领域问题求解策略的推理和对知识库的搜索实现，这涉及知识使用效率。

实际上，选取知识表示方法的过程也就是在表达得清晰自然和使用高效之间进行折中。在我们的现实世界中信息与沟通非常重要，马歇尔·卢森堡在《非暴力沟通》中提出：信息与沟通可解决生活中90%的冲突。这个百分比我们无从考证，但是要认同信息与沟通的重要性，无论是在现实生活中，还是在技术领域。

二、知识表示方法

知识表示可以理解为知识的符号化。知识表示方法是对知识的描述，即用一组符号把知识编码成计算机可以接受的某种结构。知识表示方法不唯一，不同的知识类型使用不同的表示方法。比如，规则适用产生式表示法，实验过程适用过程表示法，概念特征适用面向对象表示法，概念之间的关系适用语义网表示法，操作过程适用状态空间表示法。

目前使用较多的知识表示方法有以下几种：

1.谓词逻辑知识表示

谓词逻辑表示法是指各种基于形式逻辑的知识表示方式，利用逻辑公式描述对象、性质、状况和关系，是一种描述性知识表示方法。其推理机制是归结原理，是人工智能领域中使用最早和最广泛的知识表示方法之一。其根本目的在于把数学中的逻辑论证符号化，能够采用属性演绎的方法，证明一个新语句是已知正确的语句推导出来的，那么也就能够断定这个新语句也是正确的。

2.产生式规则知识表示

产生式知识表示法是常用的知识表示方式之一。它是依据人类大脑记忆模式中的各种知识之间的大量存在的因果关系，以"IF-THEN"的形式，即产生式规则表示出来的。这种形式的规则捕获了人类求解问题的行为特征，并通过"认识→行动"的循环过程求解问题。

3.语义网络知识表示

语义网络是知识表示中最重要的方法之一，是一种表达能力强而且灵活的知识表示方法。语义网络利用节点和带标记的边结构的有向图描述事件、概念、状况、动作及客体之间的关系。带标记的有向图能十分自然地描述客体之间的关系。通过网络匹配和连接来完成问题求解。

4.框架知识表示

框架表示法是马文·明斯基（Marvin Lee Minsky）于1975年提出来的，其最突出的特点是善于表示结构性知识，能够把知识的内部结构关系以及知识之间的特殊关系表示出来，并把与某个实体或实体集的相关特性都集中在一起。框架理论还有两个特例，包括：最早提出了"缺省"（default）的概念，成为常识知识表示的重要方法；从框架发展出"脚本"表示方法，可以描述事件及时间顺序，并成为基于示例的推理（CBR，Case-Based Reasoning）的基础之一。

5.面向对象知识表示

软件工程的思想最初是面向过程的设计，目前演化成面向对象与面向过程结合的程序设计。尤其是面向对象的方法带来了计算机代码的复用和效率。面向对象的知识表示来源于框架知识表示，基本出发点包括：客观世界是由一些实体组成的，这些实体有自己的状态，可以执行一定的动作。相似的实体抽象为较高层的实体，实体之间能以某种方式发生联系。

6.状态空间知识表示

状态空间知识表示是一种基于解答空间问题的求解方法，它是以状态和操作符为基础的。利用状态空间图进行求解，从某个初始状态开始，每次迭代一个操作符（算子），从而递增地建立起操作符的试验序列，直到达到目标状态为止。由于状态空间法需要扩展过多的节点，容易出现"组合爆炸"，因而只适用于表示比较简单的问题。

7.本体知识表示

在计算机领域，本体可以在语义层次上描述知识，可以看成描述某个学科领域知识的一个通用概念模型。本体是共享概念模型的形式化规范说明，包含了4层含义：共享（share）、概念化（conceptualization）、明确性（explicit）和形式化（formal）。本体是对领域实体存在本质的抽象，强调实体间的关联，并通过多种知识表示元素将这些关联表达和反映出来。本体作为一种知识表示方法，与谓词逻辑、框架等其他方法的区别在于其属于不同层次的知识表示方法，本体表达了概念的结构、概念之间的关系等，即"共享概念化"，而其他的知识表示方法如语义网络等，可以表达某个体对实体的认识。

8.脚本知识表示

脚本是一种与框架类似的知识表示方法，由一组槽组成，用来表示特定领域内一些时间的发生序列，类似电影剧本。脚本表示的知识有明确的时间或因果顺序，必须是前一个动作完成后才会触发下一个动作。与框架相比，脚本用来描述一个过程而非静态知识。

9. Petri网

Petri网试图用数学方法表示工作流和业务流。一个流程的状态是由在库所中的令牌建模的，状态的变迁是由变迁建模的。令牌表示事物（人，货物，机器）、信息、条件、或对象的状态；库所代表通道或地理位置；变迁代表事件、转化或传输。一个流程有当前状态、可达状态、不可达状态和终止状态。经典的Petri网是简单的过程模型，由库所和变迁、有向弧以及令牌等元素组成。

知识表示是一个非常宽泛的概念，除了以上介绍的知识表示方法外，还有多种知识表示方法。本书在接下来的几节重点介绍与会计相关的知识表示方法。

三、Python容器类数据类型

（一）字符串与格式化

我们前面讲过字符串，这里加深一下。字符串也是一种可迭代对象，这里讨论一下字符串的格式化输出。

1.%占位符

输出类似'学生×××，来自×××大学，成绩：×××'之类的字符串，而×××的内容都是根据变量变化的，所以，需要一种简便的格式化字符串的方式。在 Python 中，使用'%'作为占位符来实现。

举例：

[in]　　　'你好,%s' % '大连'

[out]　　　你好,大连

[in]　　　'该企业%s,借方余额为￥%d.' %('应收账款',1_000_000)

[out]　　　'该企业应收账款,借方余额为￥1000000.'

%运算符就是用来格式化字符串。在字符串内部，%s 表示用字符串替换，%d 表示用整数替换，有几个%?，后面就跟几个变量或者值，顺序要对应好。如果只有一个%?，括号可以省略。

字符串里面的%需要转义，用%%来表示一个%：

[in]　　　'增长率:%d %%' % 8

[out]　　　'增长率:8 %'

2. format ()

格式化字符串的另一种方法是使用字符串的 format () 方法，可以用依次传入的参数替换字符串内的占位符{0}，{1}…

[in]　　　'科目,{0},期末余额 {1:.2f},比期初增长{2:.2f}%'.format('存货',3555.666,40)

[out]　　　'科目,存货,期末余额 3555.67,比期初增长 40.00%'

3.f-string

格式化字符串的方法是使用以 f 开头的字符串，我们称之为 f-string。字符串如果包含{xxx}，就会以对应的变量替换。

[in]　　　income = 5_000_000;cost = 4_000_000

[in]　　　GrossProfit = income − cost

　　　　　print(f'公司营业收入 {income},营业成本{cost},毛利润{ GrossProfit:.2f}')

[out]　　　公司营业收入 5000000,营业成本 4000000,毛利润 1000000.00

代码中，{ income }被变量 income 的值替换，{ GrossProfit:.2f}被变量 GrossProfit 的值替换，后面的.2f 指定了格式化参数（即保留两位小数）。

（二）列表与元组

1.列表

Python 内置的一种数据类型是列表：list。list 是一种有序的序列，可以随时添加和删除其中的元素。

比如，列出企业的存货类型，就可以用一个 list 表示：

[in]　　　inv=['原材料','库存商品','在产品','发出商品','委托加工物资']

　　　　　inv

[out]　　　['原材料','库存商品','在产品','发出商品','委托加工物资']

变量 inv 是一个 list。用 len () 函数可以获得 list 元素的长度：

[in]　　　len(inv)

[out]　　5

用索引来访问list中每一个位置的元素。索引是从0开始的，如inv [0]，表示第1个元素，inv [-1] 为最后的元素。

list是一个可变的有序表，所以，可以往list中追加元素到末尾：

[in]　　　inv.append('周转材料')

　　　　　inv

[out]　　['原材料','库存商品','在产品','发出商品','委托加工物资','周转材料']

也可以把元素插入到指定的位置，比如索引号为1的位置inv.insert (1，'其他')；要删除list末尾的元素，用pop（）方法：inv.pop（）；要删除指定位置的元素，用pop（i）方法，其中i是索引位置；要把某个元素替换成别的元素，可以直接赋值给对应的索引位置inv [1] ='其他'。

2.元组

元组是一种有序列表（tuple）。tuple和list非常类似，但是tuple一旦初始化就不能修改，比如同样是列出存货的分类：

[in]　　　inv =('原材料','库存商品','在产品','发出商品','委托加工物资')

现在，inv这个tuple不能变了，它也没有append（），insert（）这样的方法。其他获取元素的方法和list是一样的，可以正常使用inv [0]，inv [-1]，但不能赋值成另外的元素。因为tuple不可变，所以代码更安全。只有1个元素的tuple定义时必须加一个逗号，来消除歧义。

（三）字典与集合

1.字典（dict）

dict全称dictionary，是Python内置类型。使用键-值（key-value）存储，举个例子，假设要根据科目名称查找对应的余额，如果用list实现，需要两个list：

names =['库存现金','备用金','银行存款']

balance =[95000,7005,852085]

给定一个科目名称，要查找对应的余额，就先要在names中找到对应的位置，再从balance取出对应的成绩。

如果用dict实现，只需要一个"names" – "balance"的对照表，直接根据名字查找。用Python写一个dict如下：

[in]　　　d = {'库存现金':95000,'备用金':7005,'银行存款':852085}

　　　　　d['库存现金']

[out]　　95000

通过dict提供的get（）方法，如果key不存在，可以返回None，或者自己指定的value：

[in]　　　d.get('应收账款')

　　　　　d.get('应收账款',-1)

[out]　　-1

要删除一个key，用pop（key）方法，对应的value也会从dict中删除：

```
[in]      d.pop('备用金')
[out]     7005
[in]      d
[out]     {'库存现金':95000,'银行存款':852085}
```

dict内部存放的顺序和key放入的顺序是没有关系的。需要牢记dict的key必须是不可变对象。在Python中，字符串、整数等都是不可变的，因此，可以放心地作为key。

2.集合set

set和dict类似，也是一组key的集合，但不存储value。由于key不能重复，在set中没有重复的元素。要创建一个set，需要提供一个list作为输入集合：

```
[in]      s = set(['a',2,3])
          s
[out]     {'a',2,3}
```

重复元素在set中自动被过滤：

```
[in]      s = set([1,1,2,2,3,3,'a'])
          s
[out]     {1,2,3,'a'}
```

通过add（key）方法可以添加元素到set中，通过remove（key）方法可以删除元素。

set可以看成数学意义上的无序和无重复元素的集合，因此，两个set可以进行数学意义上的交集、并集等操作：

```
[in]      s1 = set([1,2,3])
          s2 = set([2,3,4])
          s1 & s2
[out]     {2,3}
[in]      s1 | s2
[out]     {1,2,3,4}
```

set的原理和dict一样，所以，同样不可以放入可变对象，因为无法判断两个可变对象是否相等。

3.可变与不可变对象

str是不可变对象，而list是可变对象。对于可变对象，比如list，对list进行操作，list内部的内容是会变化的，比如：

```
[in]      list1 =['b','c','a']
          list1.sort()
          list1
[out]     ['a','b','c']
```

而对于不可变对象，比如str，对str进行操作：

```
[in]      str1 = 'abc'
          str1.replace('a','A')
[out]     'Abc'
[in]      str1
```

［out］　　　′abc′

当调用str1.replace（′a′，′A′）时，实际上调用方法replace是作用在字符串对象′abc′上的，但却没有改变字符串′abc′的内容。replace方法创建了一个新字符串′Abc′并返回，如果我们用变量str2指向该新字符串，变量str2指向新字符串′Abc′。

［in］　　　str2= str1.replace（′a′，′A′）

　　　　　　str2

［out］　　　′Abc′

所以，对于不可变对象来说，调用对象自身的任意方法，也不会改变该对象自身的内容。这些方法会创建新的对象并返回，这样，就保证了不可变对象本身永远是不可变的。

四、切片、生成器和迭代器

（一）序列与切片

序列是Python中最基本的数据结构。Python中共有7种序列类型，分别是文本序列类型（str）、二进制序列类型bytes和bytearray、列表（list）、元组（tuple）、集合类型（set和frozenset）、范围类型（range）以及字典类型（dict）。

1.根据存放内容的特性分类

容器序列：如list，tuple，其特点是可以容纳不同类型的元素。容器序列存放的只是相应对象的引用，而对象本身可以是任意类型。

扁平序列：如str，bytes，array，其只能容纳一个类型的元素。扁平序列更加简洁，但它们只能存放原始数据类型，如字符、字节以及数。

2.根据序列类型是否可变分类

可变序列：list，bytearray，array，memoryview。

不可变序列：tuple，str，bytes。

序列中的每个值都有对应的位置值，称之为索引，第一个索引是0，第二个索引是1，依此类推。也可以从尾部开始，最后一个元素的索引为-1，往前一位为-2，依此类推。切片操作是访问序列元素的很常见的方式。通过切片操作，可以生成一个新的序列，它可以按需访问一定范围内的元素。切片操作的语法格式是：

sname［start:end:step］

等价于使用slice（）函数：s=slice（start，end，step），sname［s］

start，end很好理解，就是序列的头和尾。step表示步长，即在切片过程中，隔几个存储位置（包括当前位置）取一次元素。例如：

［in］　　　str1=′会计准则按其所起的作用,可分为基本准则和具体准则′

　　　　　　print(str1［1:4:2］)

［out］　　　′计则′

（二）推导式

Python推导式是一种独特的数据处理方式，可以从一个数据序列构建另一个新的数据序列的结构体。

1.列表推导式

列表推导式格式为：

［out_exp_res for out_exp in input_list］即：［表达式 for 变量 in 列表］ 或者

［out_exp_res for out_exp in input_list if condition］即［表达式 for 变量 in 列表 if 条件］

out_exp_res：列表生成元素表达式，可以是有返回值的函数。for out_exp in input_list：迭代 input_list 将 out_exp 传入到 out_exp_res 表达式中。if condition：条件语句，可以过滤列表中不符合条件的值。举例：

```
[in]        names =['张晓梅','王彤','李霞','王心海','曲红梅','赵梅']
            new_names =[name for name in names if len(name)>2]
            print(new_names)
[out]       ['张晓梅','王心海','曲红梅']
```

2.其他推导式

字典推导基本格式：

{ key_expr: value_expr for value in collection if condition }

集合推导式基本格式：

{ expression for item in Sequence if conditional }

元组推导式基本格式：

（expression for item in Sequence if conditional）

例如，我们可以使用下面的代码生成一个包含数字 2~20 的偶数元组：

```
[in]        a = (x for x in range(0,21,2))
            a
[out]       <generator object <genexpr> at 0x7faf6ee20a50> #返回的是生成器对象
[in]        tuple(a)    # 使用 tuple()函数,可以直接将生成器对象转换成元组
            (0,2,4,6,8,10,12,14,16,18)
```

（三）生成器

如果列表元素可以按照某种算法推算出来，那我们是否可以在循环的过程中不断推算出后续的元素呢？这样就不必创建完整的 list，从而节省大量的空间。在 Python 中，这种一边循环一边计算的机制，称为生成器：generator。

要创建一个 generator，有很多种方法。第一种方法很简单，只要把一个列表生成式的［］改成（），就创建了一个 generator：

```
[in]        a =[x * x for x in range(10)]
            a
[out]       [0,1,4,9,16,25,36,49,64,81]
[in]        t =(x * x for x in range(10))
            t
[out]       <generator object <genexpr> at 0x000002081CAC43C0>
```

创建 a 和 t 的区别仅在于最外层的 ［］ 和 （），a 是一个 list，而 t 是一个 generator。可以直接打印出 list 的每一个元素。如果要把 generator 一个个打印出来，需要可以通过 next（）函数获得的下一个返回值：

```
[in]        next(t)
[out]       0
```

[in]	next(t)
[out]	1
……	
[in]	next(t)
[out]	81
[in]	next(t)
[out]	Traceback(most recent call last):File "<stdin>",line 1,in <module>
	StopIteration

generator保存的是算法，每次调用next（t），就计算出t的下一个元素的值，直到计算到最后一个元素，没有更多的元素时，抛出StopIteration的错误。

（四）迭代器

1.可迭代对象

可以直接作用于for循环的数据类型有以下几种：

➢集合数据类型，如list、tuple、dict、set、str等。

➢generator，包括生成器和带yield的generator function。#yield我们不讲。

这些可以直接作用于for循环的对象统称为可迭代对象：Iterable。可以使用isinstance（）判断一个对象是否是Iterable对象：

[in]	from collections.abc import Iterable　#import语句我们后面会讲到
	isinstance([ ],Iterable)
[out]	True
[in]	isinstance((x for x in range(10)),Iterable)
[out]	True
[in]	isinstance(100,Iterable)
[out]	False

2.迭代器

迭代器（Iterator）不但可以作用于for循环，还可以被next（）函数不断调用并返回下一个值，直到最后抛出StopIteration错误表示无法继续返回下一个值了。可以被next（）函数调用并不断返回下一个值的对象称为迭代器：Iterator。可以使用isinstance（）判断一个对象是否是Iterator对象：

[in]	from collections.abc import Iterator
	isinstance((x for x in range(10)),Iterator)
[out]	True
[in]	isinstance([ ],Iterator)
[out]	False

生成器都是Iterator对象，但list、dict、str虽然是Iterable，却不是Iterator。

第三节 命题逻辑与Python语句

一、命题逻辑

1.命题

一个陈述句称为一个断言，具有真假意义的断言称为命题（proposition），即命题就是非真即假的陈述句。命题的真假，称为真值，"真"记为T（True）或1，"假"记为F（False）或0。因为真值只有两种，这种逻辑也称为二值逻辑。比如说"现金是流动性强的资产"是真命题；"所有的经济资源都可以作为资产来计量"是假命题；又比如哥德巴赫猜想是个命题，目前不知其真假。

一个特定的命题是一个常值命题，它的真假值只有"T"与"F"。对于一个任意的没有赋予具体内容的命题，我们将其称为命题变元。数学上，为了符号化，用P、Q、R等表示命题变项/命题变元。有时也用希腊字母，但是不能混用。

2.命题联结词

命题联结词可以把命题与命题联结起来，构成新的命题。命题联结词是命题的运算符，相当于1+2中的加号。

常用的命题联结词有¬、∧、∨、→、↔。用真值表可以清晰地描述命题联结词的作用。

（1）否定词 ¬

否定词（negative）作用于1个命题，类似于"非（NOT）"。真值表：

P	¬ P
1	0
0	1

（2）合取词 ∧

合取词（conjunction）作用于2个命题，类似于"且（and）"。

P∧Q，P∧Q 为真，当且仅当 P 和 Q 都为真。真值表：

P	Q	P ∧ Q
0	1	0
0	0	0
1	1	0
1	0	1

（3）析取词 ∨

析取词（disjunction）作用于2个命题，类似于"或（or）"。

P∨Q 为假，当且仅当 P 和 Q 都为假。真值表：

P	Q	P ∨ Q
0	0	0
0	1	1
1	0	1
1	1	1

（4）蕴含词 →

蕴含词（implication）作用于2个命题，类似于生活中的"推出；如果...，那么..."。读作"P蕴含Q"。

P→Q，P 称为前件（条件），Q 称为后件（后果），"→"这个符号，逻辑叫作"蕴涵"。蕴涵式中，只有当前件真后件假时整个假言判断为假，其余均为真，即：P→Q 为假，当且仅当 P 真而 Q 假。真值表：

P	Q	P → Q
0	0	1
0	1	1
1	0	0
1	1	1

P→Q中，这个复合命题称为假言命题/条件命题。当 P 为假时，实际上 P→Q 的情况是未知的。为了让蕴含词有一个明确的定义，本着不轻易进行否定的思想，作了这种定义。

我们这里举一个会计核算的例子：

P："HG公司收到产品A和发票"，Q："HG公司支付货款"。P→Q 分如下四种情况：

①HG公司没有收到产品A和发票（0）；¬ HG公司支付货款（0）。->Frue（1）

②HG公司没有收到产品A和发票（0）；HG公司支付货款（1）。->True（1）

③HG公司收到产品A和发票（1）；¬ HG公司支付货款（0）。->False（0）

④HG公司收到产品A和发票（1）；HG公司支付货款（1）。->True（1）

这里大家不好理解的是②的内容，没有收到货也没有发票，是可以支付的，从逻辑上将支付预付款，是合理的。

（5）双条件词/等价词↔

等价词（equivalence）作用于2个命题，类似于生活中的"当且仅当"。

P↔Q 为真，当且仅当 P 与 Q 真值相同。真值表：

P	Q	P↔Q
0	1	0
0	0	1
1	1	1
1	0	0

3.命题公式

（1）命题公式的概念

命题公式（propositional formula，well-formed formula，经常缩写为 wff）亦称合式公式，命题公式是对由命题变项、联结间和圆括号按照一定逻辑关系构成的复合命题的形式化描述，是数理逻辑术语，它是按照一定规律形成的符号序列。在命题演算中，公式通常用归纳定义给出。命题变项就是命题变元，即命题的形式符号，如P、Q、R等。相对于命题常项，命题变元的真假不是确定的。

命题合式公式可按下列规则生成：

①命题变项是命题公式。

②如果 A 是命题公式，则¬A 是命题公式。

③如果 A 和 B 是命题公式，那么（A∨B），（A∧B），（A→B）和（A↔B）都是命题公式。

④当且仅当有限次地应用①，②，③得到的包含命题变项、联结词和圆括号的符号串是命题公式。

根据上述定义，¬A，（A→B）∨¬R 等是公式，而 A¬，AB→等不是命题公式。

命题公式的定义是一个递归定义形式。命题公式本身不是命题，没有真值，只有对其命题变项进行赋值后，它才有真值。

5个联结词运算有不同的优先级。当它们同时出现在一个命题公式里时，联结间运算的优先次序为¬，∨，∧，→，↔，如果有括号，则括号内的运算优先进行。

（2）命题公式的真值与分类

对于一个命题公式 $\alpha=f$（p1，p2，…，pn），它的真值完全由其成分命题 p1，p2，…，pn 决定。对所有的成分命题进行一种赋值，称为一种指派（assignment）；一种指派再加上 α 对应的真值，称为命题公式 α 的一种解释（interpretation）。真值表如下：

	p1	p2	…	pn	α
一种指派	0	1	…	1	1
	1	0	…	0	0
一种解释	…	…	…	…	…
	0	0	…	0	1

常见的命题公式分类：

①命题公式重言式。给定一个命题公式，若对于其中的命题变项的任何一组赋值，命题公式对应的真值永远为1，则称该命题公式为重言式或永真式（tautology）。

②命题公式矛盾式。给定一个命题公式，若对于其中的命题变项的任何一组赋值，命题公式对应的真值永远为0，则称该命题公式为矛盾式或永假式（contradictory formula）。

③命题公式可满足式。给定一个命题公式，若至少存在一组赋值使得该公式的真值为1，则称该命题公式为可满足式（satisfiable propositional formula）。

由定义可知，公式¬（P∧Q）↔¬P∨¬Q 是永真式，公式¬（P→Q）∧Q 是永假式，永真式的真值总是为1，因而是一种特殊的可满足式。

二、命题逻辑的等值、范式和推理演算

1.命题等值

（1）命题等值的定义

对于两个命题公式 A 和 B，p1，p2，…，pn是出现在 A 与 B 中的所有命题变项，那么公式 A 和 B 各有 2^n 个解释。

若公式 A 和 B 的所有解释完全相同，称 A 和 B 是等值/等价的，记作 A=B 或 A⇔B。这里的=和⇔不是命题联结词，只是描述命题之间的某种特殊关系。就好比 3+2=5 中的=不是运算符一样。

显然，验证任何两个公式是否等值，可以用真值表。例如，证明（P∧¬P）∨Q = Q，用真值表证明如下：

P	Q	P∧¬P	（P∧¬P）∨Q
0	0	0	0
0	1	0	1
1	0	0	0
1	1	0	1

等值定理：对于公式 A 和 B，A=B 当且仅当A↔B 是重言式。

这是一个显然的结论，证明非常简单：A=B，当且仅当 A 与 B 的所有解释相同，当且仅当 A↔B 恒为1。

（2）基本等值公式

基本等值公式：

①双重否定率　　　　　　¬¬P⇔P

②交换率　　　　　　　　（P∨Q）⇔（Q∨P），（P∧Q）⇔（Q∧P）

③结合率　　　　　　　　（P∨Q）∨R⇔P∨（Q∨R），（P∧Q）∧R⇔P∧（Q∧R）

④分配率　　　　　　　　P∨（Q∧R）⇔（P∨Q）∧（P∨R），

　　　　　　　　　　　　P∧（Q∨R）⇔（P∧Q）∨（P∧R）

⑤德·摩根定律（De Morgan's laws）

　　　　　　　　　　¬（P∨Q）⇔¬P∧¬Q，¬（P∧Q）⇔¬P∨¬Q

⑥吸收率　　　　　　　　P∨（P∧Q）⇔P，P∧（P∨Q）⇔P

⑦补余率　　　　　　　　P∨¬P⇔T，P∧¬P⇔F

⑧连词化归率　　　　　　P→Q⇔¬P∨Q

　　　　　　　　　　　　P↔Q⇔（P→Q）∧（Q→P）

　　　　　　　　　　　　P↔Q⇔（P∧Q）∨（¬Q∧¬P）

⑨逆否命题，反证法　　　P→Q⇔¬Q→¬P

⑩合取前提　　　　　　　P→（Q→R）⇔Q→（P→R）⇔（Q∧P）→R

⑪吸取前提　　　　　　　（P→R）∧（Q→R）⇔（P∨Q）→R

还有恒等律 P∧P= P、同一律 P∧1= P 、零律 P∧0= 0 、补余律 P∧¬P= 0 等。

2.范式

每一类中的命题公式，能逐步化为一种统一、规范的形式，称为范式（normal form），以便于统一化研究。

（1）简单范式

定义：命题变项及其否定统称文字。仅由有限个文字构成的析取式称为简单析取式。仅由有限个文字构成的合取式称为简单合取式。

例如，文字：P，¬Q，R，Q.

简单析取式：P，Q，P∨Q，P∨¬P∨R，¬P∨Q∨¬R.

简单合取式：P，¬R，¬P∧R，¬P∧Q∧R，P∧Q∧¬R.

定理：

①一个简单析取式是重言式当且仅当它同时含某个命题变项及它的否定。

②一个简单合取式是矛盾式当且仅当它同时含某个命题变项及它的否定。

定义：

①由有限个简单合取式构成的析取式称为析取范式。

②由有限个简单析取式构成的合取式称为合取范式。

③析取范式与合取范式统称为范式。

例如，析取范式：（¬P∧Q）∨R，¬P∨Q∨R，P∨¬Q∨R，合取范式：（P∨Q∨R）∧（¬Q∨R），¬P∧Q∧R，P∧¬Q∧R。

定理：

①一个析取范式是矛盾式当且仅当它的每个简单合取式都是矛盾式。

②一个合取范式是重言式当且仅当它的每个简单析取式都是重言式。

另外，我们称使得命题公式的值为1的指派为成真指派，使得命题公式的值为0的指派为成假指派。显然，简单合取式的成真指派是明显的，简单析取式的成假指派是明显的。

定理：（范式存在定理）任一命题公式都存在着与之等值的析取范式与合取范式。

求范式的步骤：

①消去联结词→，↔；

②利用德·摩根率将否定符号¬直接移到各个命题变元之前；

③利用分配律。

命题公式的析取范式与合取范式都不是唯一的。举例如下：

（（P∨Q）→R）→P

⇔ ¬（P∨Q）∨R）→P（消去第1个→）

⇔ ¬（¬（P∨Q）∨R）∨P（消去第2个→）

⇔ ¬（（¬P∧¬Q）∨R）∨P（¬内移）

⇔ （（¬¬P∨¬¬Q）∧¬R）∨P（¬内移）

⇔ （（P∨Q）∧¬R）∨P（¬消去）

⇔ （P∨Q∨P）∧（¬R∨P）（∨对∧分配）

这就是所求的原命题公式的合取范式，若再利用交换律和幂等律得：

（P∨Q∨P）∧（¬R∨P）

⇔（P∨Q）∧（¬R∨P）

可见，（P∨Q）∧（¬R∨P）也是原公式的合取范式，这说明一个命题公式的合取范式不是唯一的。

析取范式中的一个简单合取式称为该范式的一个子句（clause）。合取范式中的一个简单析取式也称为该范式的一个子句。

3.推理演算

我们常见的许多逻辑都可以概括为这种模式：给定前提α1，α2，…，αn，可以证明结论β（记为 α1，α2，…，αn ⊢β）。

一种方法是令α = α1∧α2∧…∧αn，然后使用定理α⇒β 当且仅当α→β是重言式，对 α→β 做等值变换可以证明重言蕴含式。

常见的推理规则：

①前提引入规则：推理过程中可随时引入前提；

②结论引用规则：推理过程中可随时引用中间结论（作为后续推理的前提）；

③代入规则：推理过程中对重言式可直接代入T；

④置换规则：推理过程中对子公式可用等值公式置换；

⑤分离规则：推理过程中若得到 P→Q 和 P，可推得 Q；

⑥条件证明规则：欲证明α1⇒α2→β，可证明α1∧α2⇒β，反之亦然。

这些规则都是很显然的，很好理解。

三、Python的表达式与运算符

（一）运算符（operator）

1.算数运算符

+，-，*，/，%，**，//，分别为加，减，乘、除、取余、幂次、商整。

2.比较运算符

==，! =，>，<，>=，<=，分别为等值比较、不等值比较、大于、小于、大于等于、小于等于。字符串与字符串用ASCII进行比较。只要当第一个元素比较成功以后就结束，即只比较第一个，若第一个做不出比较，就接着比较第二个，以此类推，只要比较结束就出结果，不用考虑后面的元素。ASCII码中A-->65，a-->97。

3.赋值运算符

"="为赋值运算符，其可以叠加其他赋值运算符，产生一种简便的格式：

b+=a 等价于b=b+a，类似的还有-=，*=，%=，**=，//=。

4.位运算符

Python位运算按照数据在内存中的二进制位（Bit）进行操作，它一般用于底层开发（算法设计、驱动、图像处理、单片机等）等，这里不详细讨论，只是让大家了解这一运算，对我们用Pandas时有用。符号&，|，^，~分别表示与，或，异或，取反。

5.逻辑运算符

and等价于数学中的"且"，a and b当 a 和 b 两个表达式都为真时，结果才为真。

or等价于数学中的"或"，a or b当 a 和 b 两个表达式都为假时，结果才是假。

not逻辑非运算，相当于取反。

6.成员运算符

in与not in是Python独有的运算符，用于判断对象是否是某个集合的元素之一。返回True或者False。

7.身份运算符

身份运算符包括is和is not，判断两个对象的内存地址是否一致。

（二）表达式（expression）

1.表达式

表达式是值、变量和运算符的组合。单独的一个值是一个表达式，单独的变量也是一个表达式。表达式是一段可以被求值的代码。因为可以被求值，所以一般表达式可以写在赋值语句=的右边。表达式可以作为语句的组成部分。以下都是Python表达式：

a，5 + 3，100 ** 2，-1，b == c，d in e

2.三目表达式

Python中三目运算符的表示方法：

exp1 if contion else exp2

exp1 和 exp2 是两个表达式，condition 是判断条件。如果 condition 成立，就执行 exp1，并把 exp1 的结果作为整个表达式的结果；如果不成立，则执行 exp2。

a if a>b else c if c>d else d　　应该理解成：a if a>b else（c if c>d else d）

3.表达式运算符优先级

所谓优先级，是指优先计算的顺序。运算符存在优先级高的运算符优先计算或处理，同级别的按从左往右的顺序计算（赋值是按从右往左的顺序）的原则。

Python运算符优先级有：

➢ 函数调用、寻址、下标（这部分内容在以后会论述）。

➢ 幂运算【**】，代码为【2*2**3】，结果为16。

➢ 正负号，代码为【1+2*-3 #输出结果：-5】等。

（三）表达式解析

eval（）属于Python的内置函数，可以执行一个字符串形式的Python代码，相当于一个Python的解释器。eval（）执行完要返回结果。exec（）是类似的函数，执行完不返回结果。

eval（）函数的语法格式为：

eval（expression，globals=None，locals=None，/）

/，表示在此之前的参数都只接受位置参数的传参形式，expression参数是一个字符串，代表要执行的语句。该语句受后面两个字典类型参数 globals 和 locals 的限制，只有在 globals 字典和 locals 字典作用域内的函数和变量才能被执行。

参考下列代码：

```
a，b，c =1，2，3
g={'a':10,'b':20}              #定义一个全域变量字典
t={'b':100,'c':200}           #定义一个局部变量字典
print(eval('a+b+c',g,t))      #输出 310
```

第四节 谓词逻辑与Python程序

一、谓词逻辑

1.命题逻辑与谓词逻辑

命题逻辑把简单命题作为最基本的单元，不再往下分析。比如说命题 P 为"专利 a 是无形资产"和命题 Q 为"无形资产属于非流动资产"这两个命题，在命题逻辑的范畴内是找不到什么联系的。

谓词逻辑继续拆分命题，把命题拆为"专利 a""…是无形资产""…属于非流动资产"可以得出命题"专利 a 是无形资产"这种命题。其中"专利 a"是个个体词，"…是无形资产"说明 a 的性质，称为谓词。

因此，谓词逻辑可以描述更丰富的推理形式。比如，上述结论 P→Q 在命题逻辑中是无法得到的推理，而谓词逻辑则可以推理。谓词逻辑中有两个核心概念：谓词（predicate）和量词（quantifier）。量词分为存在量词（existential quantifier）和全称量词（universal quantifier）。

谓词逻辑表示法对如何由简单说明构造复杂事物的方法有明确、统一的规定，结构清晰。谓词逻辑与数据库，特别是与关系数据库有密切的关系。

逻辑推理可以保证知识库中新旧知识在逻辑上的一致性和演绎所得结论的正确性。逻辑推理作为一种形式推理方法，不依赖任何具体领域，具有较大的通用性。谓词逻辑适合表示事物的状态、属性、概念等事实性的知识，以及事物间确定的因果关系，但是不能表示不确定性的知识，而且推理效率很低。

2.谓词

在谓词逻辑中，原子命题可分解成个体和谓词。个体是可独立存在的事或物，谓词则是用来刻画个体具有某些性质。

谓词自然与谓语有联系，相当于谓语，通常，"…是…"，"…做…"，"…有…性质"，"…与…有…关系"等表示事物的性质、动作、属性、关系的短语叫作"谓词"。譬如可将"y<777"这句陈述分解为个体（y）和谓词（<777），其中"<777"刻画了"y 小于 777"这一关系。

我们进行一般约定，用小写字母英文字母 a 至 w 表示个体常项，x，y，z 表示个体变项。"东北财经大学位于大连"，主语"东北财经大学"叫作个体词 d。用大写英文字母 A（…）至 Z（…）表示谓词，为大写字母后跟括号，括号内放置个体常项或者变项。"L（）（）：…位于大连"，则上面的陈述可以写成 L（d）。

定义：

论域：由所讨论对象的全体构成的集合为论域，亦称为个体域。

个体：论域中的元素，是命题的主语，表示独立存在的事物或概念。

谓词：在谓词逻辑中命题是用形如 P（x1，x2，…，xn）的谓词来表示的。谓词名是命题的谓语，表示个体的性质、状态或个体之间的关系。

设 D 是个体域，$P: D_n \rightarrow \{T, F\}$ 是一个映射，其中，

$D^n = \{ (x_1, x_2, \cdots, x_n) | x_1, x_2, \cdots, x_n \in D \}$

则称 P 是一个 n 元谓词，记为 $P(x_1, x_2, \cdots, x_n)$，其中，$x_1, x_2, \cdots, x_n$ 为个体，可以是个体常量、变元和函数。

例如：SMALLER $(x, 6)$　　　　　　　x 小于 6

ENGINEER $(father(Sun\ Jin))$　　　Sun Jin 的父亲是一名工程师

注意，这里 father 不是谓词，而是函数。

谓词与函数的区别：

谓词是 D 到 {T，F} 的映射，函数是 D 到 D 的映射。

谓词的真值是 T 和 F，函数的值是 D 中的元素。

谓词可独立存在，函数只能作为谓词的个体。

3.量词

全称量词含义是"所有"或者"每一"、"任何"、"一切"，符号为 ∀。命题 $(\forall x) P(x)$ 为真，当且仅当对论域中的所有 x，都有 $P(x)$ 为真。

存在量词含义是"至少有一个"或者"有"、"有的"，符号表示为 ∃。命题 $(\exists x) P(x)$ 为真，当且仅当至少存在一个 $x_i \in D$，使得 $P(x_i)$ 为真。

∀x 和 ∃x 中的 x 称为指导变元/作用变元，仅是一个符号，用于表记量词对哪个变元有作用。$(\forall x) P(x)$ 和 $(\exists x) P(x)$ 中的变元 x 受量词约束，称为约束变元。$P(x)$ 中的变元 x 不受量词约束，称为自由变元。

同一个量词可能在某处是约束变元，在某处是自由变元。比如，$(\forall x) P(x) \wedge Q(x)$，其中 $P(x)$ 中的 x 是约束变元，称为 x 的约束出现；$Q(x)$ 中的 x 是自由变元，称为 x 的自由出现。$(\forall x)(P(x) \wedge Q(x))$ 中的所有 x 都是约束出现。

量词所约束的范围称为该量词的辖域，指位于量词后面的单个谓词或者用括号括起来的合式公式。例如，$(\exists x)(P(x, y) \rightarrow Q(x, y)) \wedge R(x, y)$，其中 $(P(x, y) \rightarrow Q(x, y))$ 是 $(\exists x)$ 的辖域，辖域内的变元 x 是受 $(\exists x)$ 约束的变元，$R(x, y)$ 中的 x 和所有的 y 都是自由变元。

4.谓词表示

表示步骤：

（1）先根据要表示的知识定义谓词；

（2）再用连词、量词把这些谓词连接起来。

例如，表示知识"所有企业都有自己的资产"。

定义谓词：E (x)：表示 x 是企业。

A (y)：表示 y 是资产。

EA (x, y)：表示 y 企业是 x 的资产。

表示知识：

$(\forall x)(\exists y)(E(x) \rightarrow EA(x, y) \wedge A(y))$

可读作：对所有 x，如果 x 是一个企业，那么一定存在个体 y（资产），y 的所有者是 x。

即表示：任何企业都有至少一项资产。

又如，表示知识"所有的资产分为流动资产和非流动资产"。

定义谓词：A（x）：x是资产，LA（x）：x是流动资产，FA（x）：x是非流动资产

表示知识：（∀x）（A（x）→（LA（x）∨FA（x））∧¬（LA（x）∧FA（x）））

5.命题函数与命题

对于谓词公式P（x）而言，设P是谓词常项，论域D已确定。P（x）的真假与x的取值有关，一般不能直接确定真假，故它不是命题，我们称之为命题函数。例如，x>100不是命题，而是命题函数，因为不知道这里的x是什么。

以下两种情况可以把命题函数P（x）化为命题：

（1）以个体常项x=c代入P（x），得到命题P（c），其真假可确定。

（2）用量词约束x，得到命题∀xP（x）或∃xP（x），其真假可确定。

总之，命题中不可出现自由变元。

二、Python语句与流程结构

（一）Python关键词与语句

1.Python保留字

执行help（"keywords"）我们会得到Python的保留字。这些具有特殊意义的字母组合，不能作为对象的名字。

False、None、True、and、as、assert、async、await、break、class、continue、def、del、elif、else、except、finally、for、from、global、if、import、in、is、lambda、nonlocal、not、or、pass、raise、return、try、while、with、yield。这些保留字中含大写字母的只有True、False、None，其他全为小写字母。由于Python区分大小写，in和IN是不一样的，IN不是保留字。

2.Python语句

（1）赋值语句

赋值语句建立对象引用值，Python赋值语句会把对象引用值存储在变量名或数据结构。赋值语句总是建立对象的引用值，映射数据存储区域地址。变量名在引用前必须先赋值。使用尚未进行赋值的变量名是一种错误，Python会引发异常。

在Python中有执行隐式赋值的一些操作。例如，模块导入、函数和类的定义、for循环变量以及函数参数都是隐式赋值运算。

Python语法规则：

①语句是逐个运行的。一般按照次序从头到尾执行文件，或嵌套块中的语句。

②Python程序路径的控制。if等语句会对正常语句产生影响，叫作控制流程语句。Python块和语句的边界会自动检测。Python使用首行下的语句缩进把嵌套块内的语句组合起来。

③复合语句——首行+"："＋缩进语句。所有复合语句都遵循首行会以冒号终止，再接一个或多个嵌套语句，而且通常都是在首行下缩进的，缩进语句叫作块。

④注释——总是被忽略，以#字符开头，可以延伸至该行的末尾。

程序段举例：

```
x = ′DUFE′              # x赋值为′DUFE′字符串
while x :               # x 为 True
```

```
print(x,end ='----ok')
x = x[1:]
```

（2）Python 条件语句

Python 条件语句是通过一条或多条语句的执行结果（True 或者 False）来决定执行的代码块。

可以通过图 2-7（a）来简单了解条件语句的执行过程。

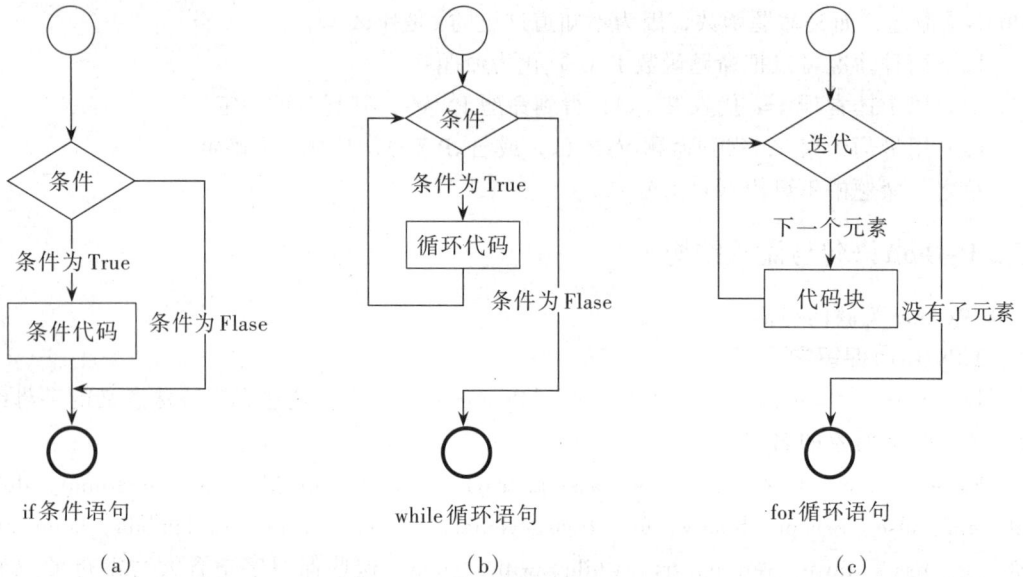

图 2-7　程序流程控制

（3）Python 循环控制语句

①while 循环语句

Python 编程中 while 语句用于循环执行程序，即在某条件下，循环执行某段程序，以处理需要重复处理的相同任务。其基本形式为：

while 判断条件（condition）：

　　执行语句（statements）…

执行流程图如图 2-7（b）所示。

②for 循环语句

Python for 循环可以遍历任何序列的项目，如一个列表或者一个字符串。语法：

for iterating_var in sequence：

　　statements（s）

执行流程图如图 2-7（c）所示。

循环控制语句见表 2-1，可以更改语句执行的顺序。

三、Python 函数

（一）定义函数

函数是组织好的、可重复使用的、用来实现单一或相关联功能的代码段。Python 提供了许多内建函数，比如 print（），也可以自己创建函数，被称为用户自定义函数。

表 2-1 循环控制语句

控制语句	描述
break 语句	在语句块执行过程中终止循环，并且跳出整个循环
continue 语句	在语句块执行过程中终止当前循环，跳出该次循环，执行下一次循环
pass 语句	pass 是空语句，是为了保持程序结构的完整性
循环 else 块	只有当循环正常离开时才会执行（也就是没有碰到 break 语句）

可以定义一个有自己想要功能的函数，以下是简单的规则：

def functionname（parameters）：

function_suite

return［expression］

说明：

（1）函数代码块以 def 关键词开头，后接函数标识符名称和圆括号（）；

（2）任何传入参数必须放在圆括号中间；

（3）函数内容以冒号起始，并且缩进；

（4）return［表达式］结束函数，选择性地返回一个值给调用方。不带表达式的 return 相当于返回 None。

比较两个数，并返回较大的数：

```
def max(a,b):
    if a > b:
        return a
    else:
        return b
print(max(7,8))#输出 8
```

（二）调用函数

1.内置函数

Python 内置了很多有用的函数，可以直接调用。要调用一个函数，需要知道函数的名称和参数，比如求绝对值的函数 abs，只有一个参数。调用函数的时候，如果传入的参数数量不对，会报 TypeError 的错误。接下来我们分门别类介绍 Python 内置函数，详细内容请参阅 Python 官网教程。

（1）运算函数

例如，max（x，key=None）函数的参数 x 是可迭代对象或者是多个参数，返回其中的最大的元素。max 函数可以通过指定关键参数 key 来返回最大值。

［in］print(max([1,3,5,-9,9.8,-10],key=abs))

［out］-10

Python 的运算函数还有 min（x，key=None），pow（x，y，mod），round（number，ndigits），sum（x，start=0），divmod（a，b）。

（2）转换类型函数

int（x）对于输入的数字或者是字符串 x，返回 x 的整数形式，如果 x 数值为空时，则返回 0。Python 的转换类型函数包括 float（x），complex（real，imag），bool（x），str（x），bytearray（x，encoding="utf-8"），bytes（x，encoding="utf-8"）。

（3）编码转换

ord（）对于输入的单个 Unicode 字符，返回它对应的 Unicode 码整数。chr（）是 ord 函数的逆函数。除此之外还有 bin（），oct（），hex（）。

（4）容器操作

Enumerate（）函数返回的是一个枚举对象，输入的参数 x 是一个可迭代对象。返回的枚举对象通过 __next__（）方法来返回一个元组，包含计数值和通过迭代获取得的 x 中的数值。

```
[in]        for index,value in enumerate('DUFE'):
            print(index,':',value)
[out]
            0:D
            1:U
            2:F
            3:E
```

再举一个例子，iter（）函数根据输入参数 x 生成一个可迭代对象，并返回该可迭代对象。

```
[in]        iter1=iter(["智能","大数据","AI","ML","BC"])
            for i in range(1,4):
            print(next(iter1))
[out]
            智能
            大数据
            AI
```

Python 的转换类型函数还有 list（x），dict（x），set（x），frozenset（x），tuple（x），range（x），slice（x），object（），super（）等。

（5）排序操作

sorted（x，key=None，reverse=False）对可迭代对象 x 进行排序，并返回一个排序后的新的对象。key 参数可以规定按照何种方式进行比较，而 reverse 为 True 时，表示按照递减的方式进行排序。

```
[in]        print(sorted([2,4,6,8],reverse=True))
[out]       [8,6,4,2]
[in]        print(sorted({'a':5,'b':8,'c':2}.items(),key = lambda x:x[1]))
[out]       [('c',2),('a',5),('b',8)]
```

（6）序列操作

这部分函数非常有用，学习起来有些困难，需要逐渐掌握。

all（x）针对于可迭代对象 x 中的每一个元素，如果有一个元素为 False，则返回 False。any（x）类似有一个元素为 True，则返回 True。

map（func，iter）函数返回的是一个迭代器，在该迭代器中，func 函数将应用于可迭代对象 iter 中的每一个元素。涉及函数式编程以及 pandas 时，后文还会论述。

filter（func，iter）通过 func 函数来过滤可迭代对象 iter 中的元素值，并返回由过滤元素所构成的新的迭代器。

next（iter）函数返回可迭代对象中的下一个元素值。

zip（*iter）根据多个不同的迭代器，进行对应位置元素的聚合，并返回一个新的迭代器。例如：

[in]　　　for a,b in zip（[0,1,2,3],'abcd'）:

　　　　　print(a,b)

[out]

　　　　　0 a

　　　　　1 b

　　　　　2 c

　　　　　3 d

（7）对象元素操作

help（object）函数查询不同对象的信息，包括内置方法、属性等信息。

id（object）返回 object 对象的标识值，这个标识值是一个整数，且在对象的生命周期中保持唯一。

hash（object）如果 object 对象有对应的哈希值则返回对应的哈希值。

[in]　　　print(hash('东北财经大学'))

[out]　　8817419224182707547

[in]　　　print(hash('东北财经 大学'))

[out]　　−5227617984088709082

type（object）函数用来返回 object 对象的所属类型。dir（object）如果没有实参 object，则 dir 函数返回的是当前本地作用域中的名称列表；如果有实参 object，函数会尝试返回该对象的有效属性列表。len（object）返回 object 对象的长度或者是所包含的元素个数。还有函数 epr（object），ascii（object），format（value，format_spec），vars（object）。

（8）属性操作

isinstance（object，classinfo）函数用来判断 object 对象是否属于 classinfo 的类型，如果是则返回 True。issubclass（class，classinfo）用来判断 class 是否为 classinfo 类的子类。

hasattr（object，name），如果 name 字符串是 object 对象的属性之一的名称，则返回 True，否则返回 False。getattr（object，name）返回对象命名字符串属性的值。setattr（object，name，value）字符串 name 是指对于 object 对象的一个已经存在的属性或者新增属性。delattr（object，name）则 delattr 函数将删除指定的 name 属性。

callable（object）如果对象 object 是可调用的就返回 True，否则返回 False。

（9）变量操作

globals（）返回作用域内的全局变量和其数值所构成的字典。locals（）与 globals 函数是对应的，locals 函数返回的是当前作用域下局部变量和其数值所构成的字典。

（10）人机交互操作

print（*objects，end=' \n'，file=sys.stdout）将 objects 的内容打印到 file 指定的文本流当中，末尾以 end 作为结束。input（）用来读取用户的输入值。

open（file，mode='r'）打开 file 并返回对应的 file object 对象，mode 对应的是向 file 文件进行读或者写等操作。如果该文件不能被打开，那么程序会引发 OSError 报错。

（11）编译操作

compile（source，mode）函数将 source 编译成代码，然后被 exec 函数或者 eval 函数执行，其中 mode 参数表示的是编译代码所需要使用的模式。例如：

```
[in]        str = "for i in range(0,10):print(i)"
            c = compile(str,'','exec')# 编译为字节代码对象
            c    #exec(c),可以执行
[out]       <code object <module> at 0x000002081D8EBF50,file "",line 1>
```

exec（object）函数支持动态地执行 Python 代码，其中 object 必须是字符串或者代码对象。如果是字符串，则字符串会被解析成 Python 语句来执行；如果是代码的话，则直接执行。

eval（expression）函数会将字符串 expression 当成有效的表达式来求值并返回计算结果。eval 函数只能是单个运算表达式，而不能是复杂的代码逻辑或者是赋值运算。

（12）装饰器函数

classmethod（）的作用是将一个方法封装成类方法，可以在不创建类对象的前提下调用该装饰器修饰的方法。staticmethod（）方法是将类中的方法转换为静态的方法，静态方法不会接受隐式的参数，也可以在不创建类对象的前提下调用静态方法。property（）作为装饰器，property 可以将类方法转换为类属性来使用，详细内容我们在函数式编程中详细讨论。

（三）函数的参数

定义函数时都会选择有参数的函数形式，函数参数的作用是传递数据给函数，令其对接收的数据做具体的操作处理。除了正常定义的必选参数外，还可以使用默认参数、可变参数和关键字参数等。

1.形参和实参

在使用函数时，经常会用到形式参数（形参）和实际参数（实参）：

➤形式参数：在定义函数时，函数名后面括号中的参数就是形式参数，例如：

```
#定义函数时,obj就是形式参数
def demo(obj):
print(obj)
```

➤实际参数：在调用函数时，函数名后面括号中的参数为实际参数，例如：

```
a = "我们学习数据科学在会计的应用。"
#调用已经定义好的demo函数,此时传入的函数参数a就是实际参数
demo(a)
```

有人把实参和形参做了很好的比喻：剧本中的角色相当于形参，而演角色的演员就相当于实参。下面，我们讨论实参和形参的使用。

调用 Python 时，根据实际参数的类型不同，函数参数的传递方式可分为 2 种，分别为值传递和引用（地址）传递。

➤值传递：适用于实参类型为不可变类型（字符串、数字、元组）；

➤ 引用（地址）传递：适用于实参类型为可变类型（列表，字典）。

值传递和引用传递的区别是函数参数进行值传递后，若形参的值发生改变，不会影响实参的值；而函数参数继续引用传递后，改变形参的值，实参的值也会一同改变。这一点我们在函数式编程再详细讨论。

2.位置参数

位置参数，有时也称必备参数，是必须按照正确的顺序将实际参数传到函数中，调用函数时传入实际参数的数量和位置都必须和定义函数时保持一致。

➤ 实参和形参数量必须一致，否则 Python 解释器会显示 TypeError 异常，并提示缺少必要的位置参数。

➤ 实参和形参位置必须一致。当实际参数类型和形式参数类型不一致，就会抛出 TypeError 异常；如果指定的实际参数和形式参数的位置不一致，但它们的数据类型相同，会导致运行结果和预期不符。

3.关键字参数

使用关键字参数允许函数调用时参数的顺序与声明时的不一致，因为 Python 解释器能够用参数名匹配参数值。

以下实例为在函数 printinfo（）调用时使用参数名：

```
[in]    def printinfo(name,age):
            print(名字:{0},年龄:{1}.format(name,age))
            printinfo(age=60,name="DUFE")
[out]   名字:DUFE,年龄:60
```

4.默认参数

调用函数时，如果没有传递参数，则会使用默认参数。以下实例中如果没有传入 age 参数，则使用默认值：

```
[in]    def printinfo(name='DUFE',age=60):
            print("名字:{0},年龄:{1}".format(name,age))
            printinfo(name="DUT")
[out]   名字:DUT,年龄:60
```

5.不定长参数

（1）*args 是用来发一个非键值对的可变数量的参数列表给一个函数

Python 函数中，传入的参数个数是可变的，可以是1个、2个到任意个，还可以是0。例如，给定一组数字 a，b，c…，请计算 $a^2 + b^2 + c^2 + \cdots$。

```
[in]    def calc(*args):
            s = 0
            for n in args:
            s += n * n
        return s
        calc(1,2,3)
[out]   14
```

在函数内部，参数 * args 接收到的是一个 tuple，因此，函数代码完全不变。但是，调用该函数时，可以传入任意个参数，包括0。但是，如果args的实参本身是一个list或者tuple，如何解决？举例如下：

```
[in]nums =[1,2,3]
calc(*nums)
[out] 14
```

（2）**kwargs允许将一个不定长度的键值对参数传递给一个函数

举个例子，便于理解：

```
[in]     def test(a,*args,**kwargs):
             print(a)
             print(args)
             print(kwargs)
         test(1,3,5,7,c='2',d=4)
[out]    1
         (3,5,7)
         {"c":"2","d":4}
```

6.参数组合

在Python中定义函数，可以用必选参数、默认参数、可变参数、关键字参数和命名关键字参数，这5种参数都可以组合使用。但是请注意，参数定义的顺序必须是必选参数、默认参数、可变参数、命名关键字参数和关键字参数。

（四）递归函数

在函数内部可以调用其他函数，但是如果一个函数在内部调用自身，这个函数就是递归函数。举例，我们来计算阶乘n! = 1×2×3×...×n，用函数fact（n）表示：

用逆向递归的方式计算阶乘

```
def fact(n):
  if n == 1:
    return n;
  return n * fact(n - 1)
```

上面就是一个递归函数。如果计算fact（5），计算过程如下：

```
===> fact（5）
===> 5 * fact（4）
===> 5 *（4 * fact（3））
===> 5 *（4 *（3 * fact（2）））
===> 5 *（4 *（3 *（2 * fact（1））））
===> 5 *（4 *（3 *（2 * 1）））
===> 5 *（4 *（3 * 2））
===> 5 *（4 * 6）
===> 5 * 24
===> 120
```

【思考题与实践】

一、思考题

1.尝试用谓词逻辑表示下列陈述：

（1）公司的所有者权益又称为股东权益。

（2）利得是指由企业非日常活动所形成的、会导致所有者权益增加的、与所有者投入资本无关的经济利益的流入。

（3）损失是指由企业非日常活动所发生的、会导致所有者权益减少的、与向所有者分配利润无关的经济利益的流出。

（4）收入是指企业在日常活动中形成的、会导致所有者权益增加的、与所有者投入资本无关的经济利益的总流入。

（5）收入只有在经济利益很可能流入从而导致企业资产增加或者负债减少、且经济利益的流入额能够可靠计量时才能予以确认。

2.讨论会计数据、会计信息、会计知识之间有什么区别与联系。

3.我们从会计知识表示的角度出发，把会计知识分成两类，请给出具体例子，说明理由。讨论这两类知识适合的知识表示方法。

二、实践

1.熟悉推导式、生成器和迭代器：

（1）编写代码，计算100以内可以被3整除的整数。

（2）使用input输入3个数字，以3个数字为键、3个数字的平方为值创建字典。

（3）找出20～30之间的所有偶数，并且返回一个列表包含以其中一个偶数为半径的圆的面积。

2.假设有10个公司，利润总额在-10亿~+10亿元之间，请分别筛选出-5亿~5亿元，7亿~10亿元的公司。自己建立所需的数据集。

3.解释说明下列代码：

```
import math
def move(x,y,step,angle=0):
    nx = x + step * math.cos(angle)
    ny = y - step * math.sin(angle)
    return nx,ny
```

模仿编写程序，把坐标点（10，20）沿着60度角以梯度2下降，求出新的坐标点的位置。

第二章智能测评

第三章

知识系统与面向对象编程

【本章知识结构】

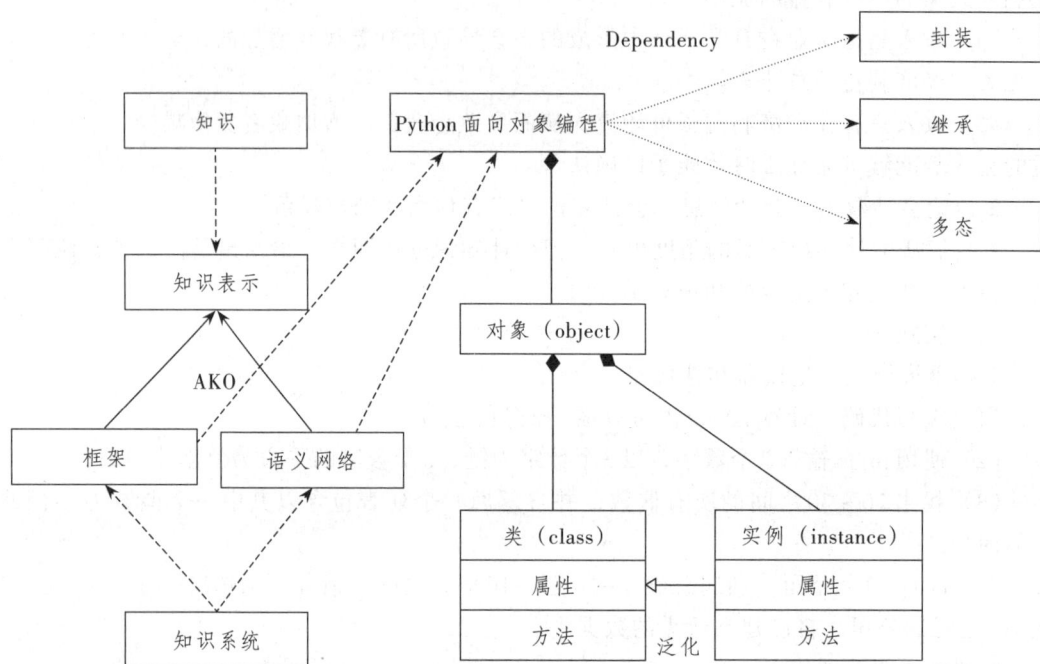

第一节 框架表示法

一、框架表示法概述

1.框架

最早是由 Minsky 在 1975 年提出框架理论。框架表示法是根据框架理论创建的一种结构化知识表示方法。其基本思想是：人类大脑存储了大量的典型场景，当面临新的场景时，就从记忆中选择（粗略匹配）一个称为框架的基本知识结构，这个框架是从记忆中给定的一个知识空框。空框内填充的具体内容会依据新的场景而改变，对这个框内的内容细节的加工和补充，形成对新场景的认知。这种新的认知会存储在大脑中，成为新的知识。

因此，**框架是一种数据结构，框架方法是将各类事物的形态、属性、发展过程和相互**

关系存在的规律性（模式或套路）总结出来形成一种表示方法。在认识新事物时，可以类比地套用最相近的模式进行匹配，以期尽快获得对新事物的全面认识。

2.框架结构

一般可以把框架看成由一个节点和关系组成的网络。框架的最高层次是固定的，在框架的较低层次上有许多端点——槽（Slots）。槽可以称为属性，相应的槽值就是属性值。如果一个槽还不足以表示复杂的属性，可以继续定义以下的框架——侧面（Facet）。下层属性与上层属性之间应该具有继承性或者部分继承性。这种框架的表示形成，反映了人类认识事物的一种方法：对事物的层级式分类，有助于人们对于一个事物不断地认识。

从框架的结构可以看出，框架可以很简单，可以作为系统的一部分，也可以是复杂系统的一个基础（与软件设计直接相关）。每个框架都有一个框架名，唯一标识一个框架。框架名的值允许带有符号名表示的参数，当一个框架调用另一个带有符号名参数的框架时，调用框架需要提供传递给被调用框架的参数。一个框架的结构包含以下内容：

➤ 框架由若干个槽构成，每个槽都有槽名，说明框架某一方面的属性。属性的值即为槽值，当槽值（或侧面值）是一个过程时，它既可以是一串动作，又可以是某个过程的调用。

➤ 槽可能含有若干细分属性，即一个槽有可能划分为若干个侧面，具有相应的侧面名，属性的值即为侧面值。

➤ 约束条件用来约束、限制槽值、侧面值的填写。一般不单独列出，包含在值的填写约束中。

框架中可以包含各种信息：描述事物的信息，如何使用框架的信息，关于下一步将发生什么情况的信息，期望及如果期望的事件没有发生应该怎么办的信息等。这些信息包含在框架的各个槽或侧面中。我们用一个具体框架结构加以说明：

框架 <IPO>

1　AKO：<股票融资>

2　发行人：

　　a）公司名

　　b）法定代表人：<法定代表人>

3　发行股票：

　　a）股票种类：［人民币普通股］lA股

　　b）每股面值：［人民币1元］

　　c）发行股数：万股

　　d）每股发行价格：单位元

　　e）发行市盈率：每股发行价格/每股收益　#需要输入两个参数

4　发行前每股净资产：发行前一会计年度所有者权益/发行前总股本

5　发行后每股净资产：发行后净资产/发行后总股本

6　发行后每股收益：min（扣非前净利润，扣非后净利润）/发行后总股本

以上框架 <IPO>，为了说明方便，我们增加了行号。行1"AKO"表示"A Kind Of"，说明本框架是一种<融资>，也就是说是<融资>的一个子类。行2槽分成两个侧面，其中b）等表明槽的侧面值是子框架调用<法定代表人>。行3a），b）等中"［　］"表示的是缺

省值，框架中缺省值构成框架表示常识性知识或者是经验知识，在实例中可以具体更改。行4、5、6等的值需要计算，其调用过程完成，也可以是其他框架数据的计算公式等。框架中"单位元"等是一种说明陈述或约束条件。

二、框架实例

框架可以理解为面向对象的通用数据结构（类），只要把新的数据加入该通用数据结构（类）中便可形成一个具体的实体（对象）。

对于一个框架，当人们把观察或认识到的具体细节填入后，就得到了该框架的一个具体实例，框架的这种具体实例被称为实例框架。

框架实例：<HG公司A股IPO>

AKO：<股票融资>

发行人：

　　　　公司名：HG汽车电器股份有限公司

　　　　法定代表人：<成S荣>

发行股票：

　　　　股票种类：人民币普通股（A股）

　　　　每股面值：1元

　　　　发行股数：4010万股

　　　　每股发行价格：5.30元

发行市盈率：22.97倍　　　　　　　#每股发行价格/每股收益

发行前每股净资产：1.49元　　　　#发行前一会计年度所有者权益/发行前总股本

发行后每股净资产：1.76元 #发行后净资产/发行后总股本

发行后每股收益：0.23元

以上<IPO>框架实例<HG公司A股IPO>，ISA（Is a …）说明这种关系。在这个实例中"<>"表示要调用的其他框架实例进行赋值槽值或侧面值。框架系统的目标在于，利用框架数据结构在给定的语义空间进行填充和匹配，完成实例框架赋值，从而形成实例数据集，实例数据集可以存储为关系型数据库、XML、JSON等，进行数据处理和分析。数据填充或匹配过程可以是人工过程，也可以是计算机软件，还可以是基于知识工程（框架知识）的人工智能系统。

三、框架关系

通常，在框架系统中定义公用或通用的标准槽名，称为预定义的槽名，说明框架之间的关系。

1. ISA槽

ISA槽用于表明对象间抽象概念上的类属关系，其直接表示的是"是一（个）…"，是抽象类的实例。一般情况下，用ISA槽定义的关系具有继承性。

框架的继承性是指当上层框架中的某些槽值或侧面值没有被直接赋值时，可以从上层框架中继承这些值或属性。

例如，在上例中框架 <IPO>中侧面缺省值，股票种类：［人民币普通股］，每股面值：

［人民币1元］，在框架实例< HG公司A股IPO >中不进行重新赋值，会从框架 <IPO>继承下来。当然每个实例都继承有抽象框架的槽（属性）。

2. AKO 槽

AKO 槽用于具体指出框架之间的类属关系，可以直观理解为"是一种…""是一类…"等。其描述的是一个事物抽象概念的外延包于另一个抽象概念外延之中。AKO 作为预定义的槽名，槽值是指该下层框架所描述的事物是其上层框架所描述事物中的一种，下层框架可以继承上层框架中的值或属性。

例如，<机器设备>是<固定资产>的一类，<固定资产>有槽"原值""累计折旧"等，<机器设备>会继承这些槽，但是槽值需要重新赋值。<固定资产>有槽"折旧方法"缺省值为"年限平均法"，<机器设备>会继承这些槽和槽值，当然也可以重新设置，比如设置成"工作量法"。

3.Instance 槽

Instance 槽用来表示 AKO 槽的逆关系。当 Instance 作为预定义的槽名时，可以在该槽中指示该框架的下层实例化的框架名。这种关系都具有继承性，即下层框架可继承上层框架中描述的属性或值。例如，在<机器设备>有一个预定义槽名 Instance，槽值为<02机床>，说明<02机床>是<机器设备>的一个实例，<02机床>继承<机器设备>继承的属性或值。

4.Part of 槽

Part of槽用于指出部分与全体之间的关系。就像有些汽车是由底盘、4个轮子等车体组成的。当用Part of作为一个预定义槽，槽所填的值是该框架的上层框架名。该框架所描述的事物是其上层框架所描述对象的一个组成部分。显然，用Part of槽指出的联系所描述的下层框架与上层框架之间不具有继承关系。

例如，框架<财务报表>是由<资产负债表>、<利润表>、<股东权益变动表>、<现金流量表>、<附注>组成。<财务报表>是上层框架，<附注>等是下层框架，其并没有集成<财务报表>的属性或值。

当然，框架关系不限于这几种关系，本质上语义网络的实体关系同样适用于框架，这里我们只讨论典型的框架预定义的关系，其他我们在论述语义网络时讨论。

第二节　Python面向对象编程（一）

一、面向对象编程

面向过程的程序设计把计算机程序视为一系列的命令集合，即按一组函数的顺序执行。为了简化程序设计，面向过程方法往往把函数继续切分为子函数，即把大块函数切割成小块函数来降低系统的复杂度。

Python 继承了面向过程的方法，同时更是面向对象编程（Object Oriented Programming，OOP）的方法。Python中"一切皆对象"，把对象作为程序的基本单元，对象包含数据和操作数据的函数等。

我们以学过的列表为例，将杂乱的数据扔进列表中，这就是一种简单的封装，是数据层面的封装；把常用的代码块打包成一个函数，这也是一种封装，是语句层面的封装。这种代码封装，隐藏了实现功能的具体代码，仅留给用户使用的接口，根本不需要知道其内部是如何工作的。面向对象编程，也是一种封装的思想，它把模拟真实世界里的事物（将其视为对象）以及描述事物特征的数据和代码块（函数）封装到一起。

面向对象的程序设计把计算机程序视为一组对象的集合，而每个对象都可以接收其他对象发过来的消息，并处理这些消息，计算机程序的执行就是一系列消息在各个对象之间传递。

二、面向对象相关术语

在系统学习面向对象编程之前，初学者要了解有关面向对象的最常用的术语：

1.类（class）

类可以被理解为一个概念框架，通过它可以创建出无数个具体实例框架。前面描述的IPO是一个抽象概念，表示的只是融资方式，通过它可以创建出具体的IPO实例。为了简化问题，举一个简单例子："Student"是一个概念，表示一类"Man"；"Man"是一类"Creature"，而"Creature"是一类"Things"，这些都是类。

2.实例（instance）

现实中类是一种抽象，而类创造的对象才是真实的事物。具体的一个学生，如"马富春"是类"Student"的一个实例。通过类来创建实例的过程称为类的实例化。实例化相反的方向为一般化（泛化）。

3.属性（attribute或property）

类和实例的所有变量称为属性。例如，Student这个类中，name（姓名）、sid（学号）、score（成绩）等都是这个类拥有的属性。

4.方法（method）

类中的所有函数通常称为方法。与函数有所不同的是，类方法至少要包含一个self参数（后续会做详细介绍）。例如，Student类中，register（）、graduate（）、learning（）、exam（）等都是这个类所拥有的方法，类方法无法单独使用，只能和类的对象一起使用。

三、Python类的定义

Python中定义一个类使用class关键字实现，其基本语法格式如下：

class 类名：
　　类属性...多个（≥0）
　　类方法...多个（≥0）

变量名一样，类名本质上就是一个标识符。在给类起名字时，最好使用能代表该类功能的单词，例如用"Student"作为学生类的类名。注意，如果由单词构成类名，建议每个单词的首字母大写，其他字母小写。

类定义的括号内参数是基类（baseclass）列表，其后要跟冒号（:），表示告诉Python解释器，下面是类的内部功能——类属性和类方法。其实，类属性就是包含在类中的变量；而类方法指的是包含在类中的函数。换句话说，类属性和类方法分别是包含在类中的变量和函数的别称。

根据定义属性位置的不同，在各个类方法之外定义的变量称为类属性或类变量，而在类方法中定义的属性称为实例属性（或实例变量），方法更复杂一些，后文再论述。

四、简单类和实例

在 Python 中，所有数据类型都可以视为对象，当然也可以自定义对象。自定义的对象数据类型就是面向对象中的类（Class）的概念。我们自己定义一个类 Student：

```
class Student(object):
    def __init__(self,name,sid,score):
        self.name = name
        self.sid = sid
        self.score = score
    def print_score(self):
        print('%s:%s' %(self.name,self. score))
```

Student 这种数据类型应该被视为一个类对象，Student 派生的实例对象都拥有 name、sid 和 score 这三个属性。如果要打印一个学生具体的成绩，首先应该创建一个具体的 Student 实例对象——"马富春"，然后，给对象发一个 print_score 消息，让对象自己把自己的数据打印出来。给对象发消息实际上就是调用对象对应的关联函数（实例对象的方法）。程序代码：

```
Ma_Fuchun =Student('马富春','2022010188',85)
Li_Peng = Student('李鹏',59)
Ma_Fuchun.print_score()
Li_Peng.print_score()
```

从上面的例子可以看出，面向对象的抽象程度比函数要高，因为一个 Class 既包含数据，又包含操作数据的方法。

第三节　框架表示的知识系统

一、框架系统

前面给出的仅是一种框架的基本结构和一个比较简单的例子。一般来说，单个框架只能用来表示那些比较简单的知识。当知识的结构比较复杂时，往往需要用多个相互联系的框架来表示。例如，分类问题若采用多层框架结构表示，既可以使知识结构清晰，又可以减少冗余。

为了便于理解，下面我们以<固定资产>有关的框架为例说明。为了简化问题，我们并没有把固定资产的所有属性设置完整。真正设计时要比这个例子复杂得多。

1.属性的值

通常在框架中设置 3 个侧面：Default、If-Needed、If-Added，用来提供缺省或推理功能来实现值的获取。

Default：该侧面的作用是为相应槽提供缺省值。当其所在槽没有填入槽值时，系统就以此侧面值作为该槽的默认值。例如，<固定资产>"抵押"槽的默认值为"False"。

If-Needed：该侧面的作用是提供一个为相应槽赋值的过程。当某个槽不能提供统一的缺省值时，可在该槽增加一个 If-Needed 侧面，系统通过调用该侧面提供的过程，产生相应的属性值。例如，"累计折旧：If-Needed"等，表明如果要得到累计折旧侧面的值，需要进行过程调用计算得到。

If-Added：该侧面的作用是提供一个因相应槽值变化而引起的后继处理过程。当某个槽的槽值变化会影响到一些相关槽时，需要在该槽增加一个 If-Added 侧面，系统通过调用该侧面提供的过程去完成对其相关槽的后继处理。例如，"折旧方法"槽发生变化，可能会引起"累计折旧"等槽值的变化，因此需要调用 If-Added 侧面提供的"折旧方法"过程进行后继处理。

2.框架系统

当知识比较复杂时，往往需要通过诸框架之间的横向或纵向联系形成一种框架系统。

（1）框架之间的纵向联系

框架纵向联系是指那种具有继承关系的上下层框架之间的联系。例如，在图 3-1 中，<固定资产>可以分成子类：<房屋及建筑物>、<机器设备>等。每类可能根据某些维度（如使用用途、所有者等）不同，再分为不同类别。这种纵向联系是通过预定以槽名 AKO和 ISA 等来实现的。前面的例子中，AKO 实现了<固定资产>和<房屋及建筑物>的纵向联系，ISA 实现了<房屋及建筑物>框架与<厂房 01>实例框架之间的联系。

（2）框架之间的横向联系

框架之间的横向联系是指那种以另外一个框架名作为一个槽的槽值或侧面值所建立起来的框架之间的联系。如图 3-1 中给出的框架系统中，<直线法>、<工作量法>与<房屋及建筑>、<机器设备>框架之间就是一种横向联系。通过传递"固定资产原值""预计残值率""预计使用寿命"等参数，调用<折旧方法>框架，会得到返回值"折旧率""本期折旧额"等侧面值。

3. 框架系统举例

假设某企业固定资产类图如图 3-1 所示。

（1）框架：<固定资产>

AKO:<非流动资产>

基本属性：

　　科目代码:#[1601]作为前缀

　　原值:If- Needed

　　账面价值:If- Needed

　　净值:If- Needed

　　累计折旧：

　　　　金额:If- Needed

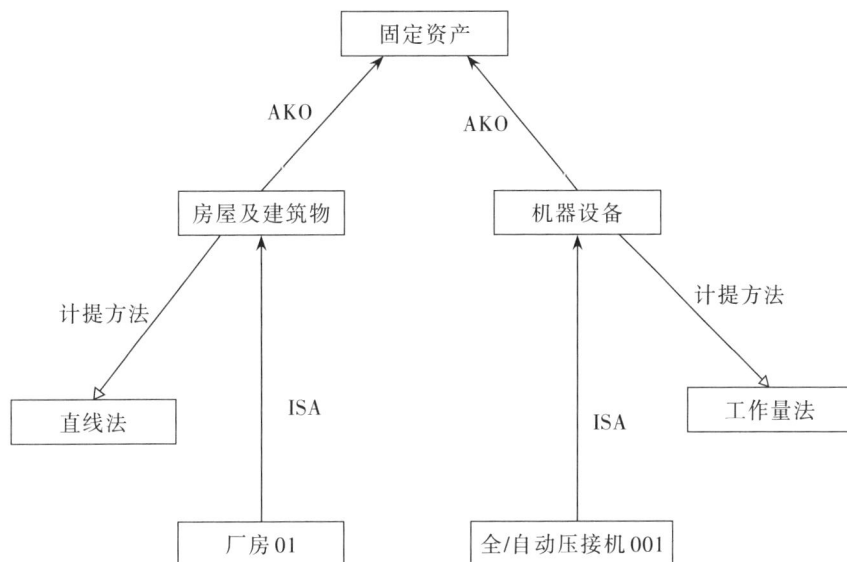

图 3-1　固定资产类图

科目代码:#[1602]作为前缀

减值准备:

金额:If-Needed

科目代码:#[1603]作为前缀

实例属性:

原值,开始使用日期,预计净残值,折旧方法,减值准备,…

在上例中,固定资产是一个总账科目,总账科目的数据来源于分类账科目的汇总,因此在涉及总账科目"原值""累计折旧"时,需要一个计算过程,这个过程在会计实务中是从明细分类账到分类账,再到总账的"过账"进行工作。

继续考察一下<固定资产>的两个子类,<房屋及建筑物>和<机器设备>,以及折旧方法框架<直线法>。

（2）框架 <房屋及建筑物>

类属性:

AKO:<固定资产>

产权证书:<产权证>

…

实例方法:

折旧方法:<直线法>(原值=a,预计残值率=b,预计使用寿命=c)

已使用会计期间,预计使用会计期间,…

（3）框架 <机器设备>

类属性:

AKO:<固定资产>

供应商:<供应商>

检修周期:12月

实例属性和方法：

　　工作量

　　折旧方法:<工作量法>（原值=a,预计残值率=b,总工作量=c）

这里，我们把例<房屋及建筑物>，<固定资产>相互联系起来，是一种AKO关系，也就是说<房屋及建筑物>会全盘继承<固定资产>基本属性，如科目代码，原值，累计折旧等。这里有一个问题，<固定资产>本身也是有属性的，而且实例化前后属性变量的意义不同。这个问题需要我们在后面的"面向对象编程"中讨论。

（4）框架<直线法>（a=原值，b=预计残值率，c=预计使用寿命）

ISA:<固定资产折旧方法>

固定资产年折旧率:(1-b)/c

固定资产余额折旧率:固定资产年折旧率 / 12

固定资产月折旧额:a * 固定资产余额折旧率

二、框架系统求解

1.框架系统的问题求解过程

在框架系统中，问题求解主要是通过对框架的继承、匹配与填槽来实现的。当需要求解问题时，首先要把该问题用框架表示出来。然后利用框架之间的继承关系，把它与知识库中的已有框架进行匹配，找出一个或多个候选框架，并在这些候选框架引导下进一步获取附加信息，填充尽量多的槽值，以建立一个描述当前情况的实例。最后再用某种评价方法对候选框架进行评价，以决定是否接收该框架。

2.属性继承过程

属性继承主要是通过ISA、AKO链来实现的。当需要查询某一事物的某个属性，且描述该事物的框架为提供其属性值时，系统就沿ISA和AKO链追溯到具有相同槽的类或超类框架。

如果该槽提供了Default侧面值供继承，就继承该默认值作为查询结果返回。

如果该槽提供了If-Needed侧面供继承，则执行If-Needed操作过程（method），产生一个值作为查询结果。

如果对某个事物的某一属性进行了赋值或修改操作，则系统会自动沿ISA和AKO链追溯到相应的类或超类框架，只要发现类或超类框架中的同名槽具有If-Added侧面，就执行If-Added操作，进行相应的后继处理。

3.If-Needed与If-Added过程的区别

它们的主要区别在于激活时机和操作目的不同。

If-Needed操作是在系统试图查询某个事物框架中未记载的属性值时激活，并根据查询需求，被动地即时产生所需要的属性值；

If-Added操作是在系统对某个事务框架的属性作赋值或修改工作后激活，目的在于通过规定的后继处理，主动做好配套操作，以消除可能存在的不一致问题。

第四节　Python面向对象编程（二）

一、__init__（）类构造方法

在创建类时，一般添加一个__init__（）方法，该方法是一个特殊的类实例方法，称为构造方法（或构造函数）。构造方法在创建实例对象时使用，每当创建一个类的实例对象时，Python 解释器都会自动调用它。__init__（）方法可以包含多个参数，但必须包含 1 个名为 self 的参数，且必须作为第 1 个参数。

语法格式如下：

def __init__（self，...）：

　　代码块

由于创建对象时会调用类的构造方法，如果构造函数有多个参数时，需要传递参数，举例如下：

```
class FixedAsset（）：
    def __init__(self,name,code):
        self.name = name
        self.code = code
    def liquidation(self,date):
        print('该项固定资产于%s被清盘了！'%(date))
```

二、Python类的实例化

1.实例化

对已定义好的类进行实例化，其语法格式如下：

类名（参数）

例如，如下代码已创建 FixedAsset 类实例 a_building：

name = '厂房 01'

code = '01-01'

a_building = FixedAsset（name，code）

在上面的程序中，self 参数是特殊参数，不需要手动传值，Python 会自动传给它值。构造方法除 self 参数外，还包含 2 个参数，且没有设置默认参数，因此在实例化类对象时，需要传入相应的 name 值和 code 值。

实例化后的类对象可以执行以下操作：

➢ 访问或修改类对象具有的实例变量，甚至可以添加新的实例变量或者删除已有的实例变量；

➢ 调用类实例对象的方法，包括调用现有的方法，以及给类对象动态添加方法。

2.实例对象访问变量或方法

使用已创建好的类对象访问类中的实例变量，语法：

类对象名.变量名　　　　　　#对象名和变量名之间用点 "." 连接

使用类对象调用类中的实例方法，语法：

对象名.方法名（参数）　　　#对象名和方法名之间用点 "." 连接

下面代码为对象调用类中的实例变量和方法：

[in]

```
#修改实例变量的值
a_building.code = ′02-02′
a_building.name = ′员工宿舍′
#调用实例方法
a_building.liquidation(′2022-10-10′)
# 输出 name 实例变量的值
a_building.name
```

[out]

```
该项固定资产于 2022-10-10 被清盘了!
′员工宿舍′
```

3.给类对象动态添加/删除变量

Python 支持为已创建好的对象动态增加实例变量，方法也很简单，举个例子：

```
# 为 a_building 实例对象增加一个 cost 属性
a_building.cost = 60_000_000
```

直接增加一个新的实例变量并为其赋值，但是该属性只限于 a_building 对象 cost 变量，其他类实例不受影响。

使用 del 语句也可以动态删除变量，例如：

```
del a_building.cost  #为删除刚刚增加的 cost 属性
```

如果运行 print（a_building.cost）会发现，结果显示 AttributeError 错误。

4.给类对象动态添加方法

Python 也允许为对象动态添加方法。以 FixedAsset 类为例，由于其内部只包含一个 liquidation（）方法，因此该类实例化 FixedAsset 对象也只包含一个 liquidation（）方法。使用 a_building 对象动态增添的方法，Python 不会将调用者自动绑定到第一个参数（即使将第一个参数命名为 self 也没用）。例如下列代码：

[in]

```
# 先定义一个函数
def maintain(self):
    print(self,"处于维护中 ...")
# 使用 maintain 对 a_building 的 maintain 方法赋值(动态绑定方法)
a_building. maintain= maintain
# Python 不会自动绑定到第一个参数,因此需要手动将调用者绑定为第一个参数
a_building. maintain(a_building)
```

［out］

    <__main__.FixedAsset object at 0x000002A1745B2CA0> 处于维护中 ...

类似的，也可以用 lambda 函数：

    # 使用 lambda 表达式为 a_building 对象的 sale 方法赋值（动态绑定方法）

    a_building.sale = lambda self：print（′公司出售该固定资产′，self）

    a_building.sale（a_building）

注意，Python 不会自动将方法调用者绑定到它们的第一个参数，因此程序必须手动为第一个参数传入参数值。

有没有不用手动给 self 传值的方法，这个问题相对高深，需要借助 types 模块下的 MethodType 实现，先了解一下：

    # 导入 MethodType

    from types import MethodType

    a_building.maintain = MethodType（maintain，a_building）

    # 第一个参数已经绑定了，无需传入

    a_building.maintain（）

5. Python self 用法

在定义类的过程中，无论是显式创建类的构造方法，还是类中实例方法，都要求将 self 参数作为方法的第一个参数。打个比方，如果把类比作零件模具，那么类实例化后的对象是真正零件。根据模具（类），我们可以构建成千上万的零件（类对象），每个零件长相都是类似的（都有相同的变量和方法），那么如何对它们进行区分呢？

Python 会自动绑定类方法的第一个参数（self）指向调用该方法的对象。当某个对象调用类方法时，该对象会把自身的引用作为第一个参数自动传给该方法。

三、Python 类变量和实例变量

变量在类中的作用域不同，区分为类变量、实例变量和局部变量。

在类体中，根据变量定义的位置不同，以及定义的方式不同，类中的属性又可细分为以下 3 种类型：

➢ 类属性或类变量：类体中，所有函数之外，此范围定义的变量。

➢ 实例属性或实例变量：类体中，所有函数内部以"self.变量名"的方式定义的变量。

➢ 类中的局部变量：类体中，所有函数内部以"变量名=变量值"的方式定义的变量。

1. 类变量（类属性）

类变量指的是虽然在类中，但在各个类方法外定义的变量。举个例子：

```
class FixedAsset（）：
    book_value = 200_000_000    #固定资产的账面价值
    net_value = 120_000_000      #固定资产的净值
    def __init__（self，name，code）：
        self.name = name
        self.code = code
```

```
def liquidation(self,date):
    print('该项固定资产于%s被清盘了！'%(date))
```

上面的程序中，book_value 和 net_value 就属于类变量。

所有类的实例化对象都同时共享类变量，类变量在所有实例化对象中是公用的。类属性的调用方式有两种，既可以使用类名直接调用，也可以使用类的实例化对象调用。

比如，在 FixedAsset 类的外部，程序：

[in]

```
#使用类名直接调用
print(FixedAsset.book_value)
print(FixedAsset.net_value)
#修改类变量的值
FixedAsset.book_value = 10_000
FixedAsset.net_value = 0
print(FixedAsset.book_value)
print(FixedAsset.net_value)
```

[out]

```
200000000
120000000
10000
0
```

注意，可以使用类对象来调用所属类中的类变量，有时会引起混乱。因为类变量为所有实例化对象共有，通过类名修改类变量的值，会影响所有的实例化对象：

[in]

```
a_FixedAsset = FixedAsset('a',"01-01")
print(a_FixedAsset.book_value)
print(a_FixedAsset.net_value)
```

[out]

```
200000000
120000000
```

除了可以通过类名访问类变量之外，还可以动态地为类和对象添加类变量。例如，在 FixedAsset 类的基础上，添加以下代码：

[in]

```
c = FixedAsset('c',"01-03")
FixedAsset.account = "1601"
print(c.account)
```

[out]

```
1601
```

2. 实例变量（实例属性）

实例变量作用于调用方法的对象，是在任意类方法内部以"self.变量名"的方式定义的变量。实例变量只能通过对象名访问，无法通过类名访问。例如：

```
class FixedAsset():
    def __init__(self,name,code):
        self.name = name
        self.code = code
    def liquidation(self,date):
        self.liquidation_value = 6_000
        print('该项固定资产于%s被清盘了！,
            清算价格:%d'%(date,self.liquidation_value))
```

此 FixedAsset 类中，name，code 是实例变量。由于 __init__（）函数在创建类对象时会自动调用，而 liquidation（）方法需要类对象手动调用。因此，FixedAsset 类的类对象都会包含 name 和 code 实例变量，而只有调用了 liquidation（）方法的类实例对象，才包含 iquidation_value 实例变量。

类实例可以访问类变量，但无法修改类变量的值。如果通过类对象给类变量重新赋值，本质上不是在给类变量赋值，而是定义新的实例变量。例如：

```
[in]
    # 类实例赋值类属性,是重新建了一个实例属性
    class FixedAsset():
        book_value = 200_000_000    #固定资产的账面价值
        def __init__(self,name,code):
            self.name = name
    a = FixedAsset('a',"01-01")
    print(a.book_value)
    print(FixedAsset.book_value)
    a.book_value = 10_000
    print(a.book_value)
    print(FixedAsset.book_value)
[out]
    200000000
    200000000
    10000
    200000000
```

也就是说，类中实例变量和类变量可以同名，但这种情况下使用类实例会首选实例变量 而不是调用类变量，不推荐"类变量使用对象名调用"。另外，和类变量不同，通过某个实例修改实例变量的值，不会影响类的其他实例化对象，更不会影响同名的类变量。

3. 类中局部变量

除了实例变量，类方法中还可以定义局部变量。和前者不同，局部变量直接以"变量名=值"的方式进行定义。局部变量只能用于所在函数中，函数执行完成后，局部变量也会被销毁。

四、实例方法、静态方法和类方法

类中的方法具体可分为类方法、实例方法和静态方法。用 @classmethod 修饰的方法为类方法；采用 @staticmethod 修饰的方法为静态方法；不用任何修改的方法为实例方法。

1.Python类实例方法

一般在类中定义的方法默认都是实例方法。前面我们已经定义了不止一个实例方法。例如，类的构造方法也属于实例方法，只不过它比较特殊。

实例方法最大的特点就是至少包含一个 self 参数，用于绑定调用此方法的实例对象。Python 会自动完成绑定，不用用户手动上传。实例方法通常会用类实例直接调用，例如：

```
[in]
    class FixedAsset():
        def __init__(self,name,code):
            pass
        def liquidation(self,date):
            self.liquidation_value = 6_000
            print('%s,正在清盘,清算价格:%d'%(date,self.liquidation_value))
    a = FixedAsset('a',"01-01")
    a.liquidation("2022.11.6")
[out]
    2022.11.6,正在清盘,清算价格:6000
```

Python 也支持使用类名调用实例方法，这时需要手动给 self 参数传值。例如：

```
#类名调用实例方法,需手动给 self 参数传值a
FixedAsset.liquidation(a,"2022.11.6")#程序运行结果与上面一致
```

2.Python类方法

如果对前面的知识都理解了，尤其是参数self，那么类方法也好理解。Python 类方法和实例方法相似，它至少包含一个参数（cls[①]），Python 会自动将类本身绑定给 cls 参数（注意，绑定的不是类实例对象，而是类本身）。我们在调用类方法时，不必显式为 cls 参数传参。与实例方法不同，类方法需要使用@classmethod修饰符进行修饰，例如：

```
[in]
    class FixedAsset():
        book_value = 200_000_000    #固定资产的账面价值
        net_value = 120_000_000     #固定资产的净值
        def __init__(self,name,code):
            pass
        @classmethod
```

---

① 其实，self 和 cls 本身没有特殊意义，用这两个名称，只是程序员的习惯，可以自己用任何变量名。

```
    def report(cls):#类对象方法@classmethod装饰
        print("固定资产净值为%d"%(cls.net_value))
FixedAsset.report()
```
[out]

固定资产净值为120000000

如果没有@classmethod，则 Python 解释器会将 report（）方法认定为实例方法，而不是类方法。

可以使用实例对象来调用，但是不推荐，类方法推荐使用类名直接调用。例如：

```
a = FixedAsset('a',"01-01")
a.report()
```

3.Python类静态方法

静态方法没有类似 self、cls 这样的特殊参数。静态方法本质上就是我们学过的函数，不同的是，静态方法定义在类这个空间（类命名空间），而函数则定义在程序所在的空间（全局空间）中。

Python 解释器不会对静态方法包含的参数做任何类或对象的绑定。类的静态方法中无法调用任何类属性和类方法。静态方法需要使用@staticmethod修饰，例如：

```
class FixedAsset():
    book_value = 200_000_000   #固定资产的账面价值
    def __init__(self,name,code):
        pass
    @classmethod
    def report(cls):
        print("固定资产净值为%d"%(cls.net_value))
    @staticmethod
    def info(a,b):
        print("a=%d,b=%d"%(a,b))
```

静态方法的调用，既可以使用类名，也可以使用类对象，例如：

[in]

```
a = FixedAsset('a',"01-01")
a.info(1,3)
FixedAsset.info(FixedAsset.book_value,1000)
```

[out]

```
a=1,b=3
a=200000000,b=1000
```

第五节　语义网络

一、语义网络的概念

语义网络（semantic network）是奎廉（J.R.Quillian）1968年在研究人类联想记忆时提出的一种心理学模型，认为记忆是由概念间的联系实现的。随后，奎廉将其用于知识表示。语义网络是由相互连接的节点和弧组成的，是一种用实体及其语义关系来表达知识的有向图。节点（实体）表示各种事物、概念、情况、属性、状态、事件、动作等。弧代表语义关系，表示它所连接的两个实体之间的语义联系。在语义网络表示中，每个节点和弧都必须有标志，用来说明其所代表的实体或语义。语义网络可用于表示知识并支持用于推理知识的自动化系统。我们之所以介绍语义网络，因为多数知识图谱借用这一概念。

二、语义网络知识表示

（一）语义基元

语义基元是语义网络表示中最基本的语义单元（语义基元），可用节点1，弧，节点2这样一个三元组来描述。它的结构可以用一个基本网元来表示。

例如，若用A、B分别表示三元组中的节点1、节点2，用R表示A与B之间的语义联系，那么它所对应的基本网元的结构如图3-2所示：

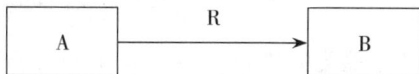

图3-2　基本网元的结构

当把多个语义基元用相应的语义联系关联到一起就形成了语义网络。语义网络中弧的方向是有意义的，不能随意调换。

从逻辑上看，一个基本网元相当于一组二元谓词。三元组（节点1，弧，节点2）可用谓词逻辑表示为P（节点1，节点2），其中弧的功能由谓词完成。

实体与实体的关系还是实体与字面量的关系，分为对象属性和数据属性。例如，王芳与K企业之间的关系属于对象关系，王芳薪酬为100万元，这样的关系属于数值属性。

（二）常用的基本语义关系

1. 实例关系

类节点与所属实例节点之间的联系，即一个事物是另一个事物的具体例子。例如，之远楼是一个房屋建筑物。弧上的语义标记为"ISA"，即为"is a"，含义为"是一个"，即元素∈集合，如图3-3所示：

图3-3　ISA类与实例

2. 分类关系（泛化关系）

表示一个事物是另一个事物的一个成员，体现的是子类与父类的关系，弧的语义标记为"AKO"，即为"a kind of"，子集⊂集合，如图3-4所示。

图3-4 AKO类与子类

3. 成员关系

体现个体与集体的关系，表示一个事物是另一个事物的成员型。弧的语义标志为"AMO"，即为"A-Member-of"。成员关系与包含关系很难区分，具体情况需要详细定义，如图3-5所示：

图3-5 AMO类与子类

4. 属性关系

属性关系是指事物与其行为、能力、状态、特征等属性之间的关系，因此属性关系可以有许多种，例如：

Have，含义为"有"，例如"固定资产有账面价值"，如图3-6所示：

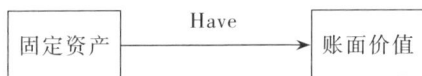

图3-6 Have属性关系

Can，含义为"可以、会"，例如"固定资产会计提折旧"。

Age，含义为年龄，例如"应收账款的账龄2年"。

5. 包含关系（聚类关系）

包含关系是指具有组织或结构特征的"部分与整体"之间的关系。弧的语义标志为"Part-of"。其跟分类关系最主要的区别在于包含关系一般不具备属性的继承性。成员关系具有相同的生命周期。如图3-7所示，CEO是企业管理层的一部分。

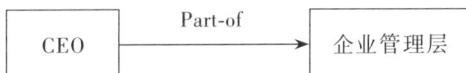

图3-7 Part-of包含关系

6. 其他

时间关系表示时间上的先后次序关系。

位置关系是指不同的事物在位置方面的关系。

因果关系是指由于某一事件的发生导致另一类事件的发生。

三、语义网络的基本推理过程

语义网络的推理过程主要有两种，一种是继承，另一种是匹配。

1. 继承

继承是指把对事物的描述从抽象节点传递到实例节点。通过继承可以得到所需节点的一些属性值，它通常是沿着ISA、AKO等继承弧进行的。

继承的一般过程：

（1）建立一个节点表，用来存放待求解节点和所有以ISA、AKO等继承弧与此节点相连的那些节点。初始情况下，表中只有待求解节点。

（2）检查表中的第一个节点是否有继承弧。如果有，就把该弧所指的所有节点放入节点表的末尾，记录这些节点的所有属性，并从节点表中删除第一个节点。如果没有继承弧，仅从节点表中删除第一个节点。

（3）重复（2），直到节点表为空。此时，记录下来的所有属性都是待求解节点继承来的属性。

2. 匹配

匹配是在知识库的语义网络中寻找与待解问题相符的语义网络模式。匹配的一般过程如下：

（1）根据待求解问题的要求构建一个网络片段，该网络片段中有些节点或弧的标识是空的，反映待求解的问题；

（2）根据该语义片段到知识库中去寻找所需要的信息；

（3）当待求解问题的网络片段与知识库中的某语义网络片段相匹配时，则待求解问题相匹配的事实就是问题的解。

第六节　Python面向对象编程（三）

一、属性的访问

1.私有属性

如果要让内部属性不被外部访问，可以把属性的名称前加上两个下划线__，在Python中，实例的变量名如果以__开头，就变成了一个私有变量（private），"只有内部可以访问，外部不能访问。"

```
[in]
    class FixedAsset():
        def __init__(self,name,code,depreciation_allocation):
            self.name = name
            self.code = code
            self.__depreciation_allocation = depreciation_allocation
        def allocation(self,q):
            allocs = {}
            for k,v in self.__depreciation_allocation.items():
                allocs[k] = q * v
            return allocs
    a = FixedAsset('a','01_01',{"一车间":0.8,"二车间":0.2})
```

　　　　　　　a.allocation(50000)

[out]

　　　　　　　{'一车间': 40000.0, '二车间': 10000.0}

2. dir（[object]）

dir() 函数不带参数时，返回当前范围内的变量、方法和定义的类型列表；带参数时，返回该参数（对象）的属性、方法列表。如果对象包含方法__dir__()，该方法将被调用。如果对象不包含__dir__()，该方法将最大限度地收集参数信息。dir 语法：

dir([object])　　　# object -- 对象、变量、类型。

考察一下当前模块的成员列表：

[in]　　　dir()

[out]

　　　　　['FixedAsset', '__builtin__', '__builtins__', '__doc__', '__loader__', …, 'quit']

考察一下实例a的实例成员列表：

[in]　　　dir(a)

[out]

　　　　　['_FixedAsset__depreciation_allocation', '__class__', '__delattr__',
　　　　　'__depreciation_allocation', '__dict__', …, '__subclasshook__', '__weakref__',
　　　　　'allocation', 'code', 'name']

这里实际显示的是a的所有"资源"。带有双下划线的就是"私有属性"。

单下划线和双下划线在 Python 变量名和方法名中都有各自的含义。有些仅仅是作为约定，用于提示开发人员；而另一些则对 Python 解释器有特殊含义。

①前置单下划线：_var　　　->只是约定

②后置单下划线：var_　　　->某个变量名已被 Python 语言中的关键字占用，如 def_。

③前置双下划线：__var　　　->Python 解释器重写属性名称，以避免子类中的命名冲突。

④双前和双末尾：__var__->Python 保留了有双前导和双末尾下划线的名称，特殊用途。

⑤单下划线：_　　　　　　　　->除了用作临时变量之外，"_"是大多数 Python REPL[①]中的一个特殊变量，表示由解释器评估的最近一个表达式的结果。

3. __dict__属性

对象__dict__属性，用于查看对象内部所有属性名和属性值组成的字典。无论是类属性还是实例属性，都是以字典的形式进行存储的，其中属性名作为键，而值作为该键对应的值。例如：类属性__dict__

[in]　　　FixedAsset.__dict__

[out]　　　mappingproxy({'__module__': '__main__', … '__weakref__' of 'FixedAsset' objects>'__doc__': None})

---

① REPL: Read-Eval-Print-Loop，"读取-求值-输出-循环"，是一个简单的交互式的编程环境。

实例属性__dict__^①

[in]   a.__dict__

[out]

{'name':'a','code':'01_01','_FixedAsset__depreciation_allocation':{'一车间':0.8,'二车间':0.2},'__depreciation_allocation':{'一车间':1.0,'二车间':0}}

借助由类实例对象调用 __dict__ 属性获取的字典,可以使用字典的方式对其中实例属性的值进行修改。例如:

[in]   a.__dict__['name'] = '红旗轿车0628'

            print(a.name)

[out]

            红旗轿车0628

4. Python 类的命名空间

当执行 class 语句定义类时,就会得到类的对象,Python类对象的默认行为:

①class 语句创建类对象,并且将其赋值给一个名称。Python 的 class 语句就像函数 def 语句一样,也是可执行语句。其执行时会产生新的类对象,并被赋值给 class 头部。^②

②class 语句内的赋值语句会创建该类的属性:执行时 class 语句内顶层的赋值语句(不是嵌套在 def 之内)会产生类对象中的属性。

从技术上来看,class 语句定义了一个局部作用域,该作用域会变成类对象的属性的命名空间,就像模块的命名空间一样。

二、继承机制及其使用

继承是面向对象方法的另一个核心。继承机制经常用于创建和现有类功能类似的新类。我们在讨论框架知识表示时,讨论过新设的<固定资产>(Fixed_assets)都需要初始计量,我们为该类设计一个方法 Initial()。简略代码:

```
class FixedAsset():
    def __init__(self,name,code):
        self.name = name
        self.code = code
    def Initial(self):                  #初始成本的确认和计量
        print("初始成本核算...")          #采购或新建等成本
        cost =[['成本对象序列'],['来源序列']]
        return cost
```

在讨论框架知识表示时,<固定资产>(Fixed_assets)的两个子类,<房屋及建筑物>(Houses_buildings)和<机器设备>(Machinery_equipment)之所以要分类,是因为它们有固定资产的公共属性,同时它们在资产管理和会计处理上存在区别。例如,<房屋及建筑物>在属性方面涉及产权证书、建筑面积等属性,而<机器设备>有供应商、保养周期等特

---

① 对于具有继承关系的父类和子类来说,父类有自己的__dict__,同样子类也有自己的__dict__,它不会包含父类的__dict__。

② class 语句一般是在其所在的文件被导入时执行的。

有的属性。就方法而言也有不同，比如前者采用平均年限法计提折旧，而后者采用工作量法计提折旧，在折旧费用分配上也会有差异。

1. 属性继承

我们尝试构建两个子类，并为每个类型添加新的属性：

```python
class Houses_buildings(FixedAsset):
    def __init__(self,name,code,certificate):
        self.name = name                # 与 class FixedAsset()代码重复
        self.code = code                # 与 class FixedAsset()代码重复
        self.certificate = certificate  #新的属性产权证书
class Machinery_equipment(FixedAsset):
    def __init__(self,name,code,supplier):
        self.name = name                # 与 class FixedAsset()代码重复
        self.code = code                #与 class FixedAsset()代码重复
        self.supplier = supplier        #新的属性供应商
```

```python
[in]
        house01 = Houses_buildings("A厂房","01-01","Fang-20220105")
        print(house01.__dict__)
        machine01 = Machinery_equipment("A车床","02-01","大连机床厂")
        print(machine01.__dict__)
```

```python
[out]
        {'name':'A厂房','code':'01-01','certificate':'Fang-20220105'}
        {'name':'A车床','code':'02-01','supplier':'大连机床厂'}
```

从结果上看，没有问题。但是我们发现代码重复[①]。解决方法：重写__init__（）方法。

2. super（）函数

Python 中子类会继承父类所有的类属性和类方法。类的构造方法其实就是实例方法，所以父类的构造方法，子类同样会继承。但是，Python 是一门支持多继承的面向对象编程语言，子类可以继承的多个父类中包含同名的类实例方法。

类实例对象在调用同名的方法时，会优先选择排在"类结构树"最前面的父类中的实例方法。当然构造方法也是如此。举例：

```python
[in]    #属性继承关系讨论
        class FixedAsset():
            def __init__(self,name="A",code="01"):
                self.name = name
                self.code = code
        class Houses_buildings(FixedAsset):
            def __init__(self,name="A-01"):
```

---

① 当然这只是一方面的问题，涉及软件工程的思想，我们不做过多讨论。

```
            self.name = name
        a=Houses_buildings()
        print(a.__dict__)
[out]
        {'name':'A-01'}
```

可以观察到，实例 a 执行的是基类 Houses_buildings 的 __init__（）方法，而不是 Houses_buildings 的父类 FixedAsset 的 __init__（）方法。

解决以前的疑问，正确的做法是构造定义 Houses_buildings 类自己的方法，重写第一个直接父类的构造方法，就能全盘继承父类的实例对象属性。如果在子类中定义构造方法，要在该方法中调用父类的构造方法。

在子类中的构造方法中调用父类构造方法，有两种方式：

①未绑定方法。可以像调用普通函数那样，在类的外部调用其中的实例方法，只不过需要额外备注类名；如上例：

```
[in]    FixedAsset.__init__(a)
        print(a.__dict__)
[out]   {'name':'A','code':'01'}
```

②使用 super（）函数。但如果涉及多继承，该函数只能调用第一个直接父类的构造方法。我们改造一下上面的实例：

```
[in]    #属性继承关系,调用父类的构造函数
        class FixedAsset():
            def __init__(self,name,code):
                self.name = name
                self.code = code
        class Houses_buildings(FixedAsset):
            def __init__(self,name,code,certificate):
                super().__init__(name,code)#调用父类的构造函数
                self.certificate = certificate   #新的属性产权证书
        house01 = Houses_buildings("A厂房","01-01","Fang-20220105")
        print(house01.__dict__)
[out]   {'name':'A厂房','code':'01-01','certificate':'Fang-20220105'}
```

三、Python 多态及用法

封装、继承和多态，是在面向对象程序设计中的 3 个重要特性。类的多态特性，还要满足以下两个前提条件：

➤ 继承：多态一定是发生在子类和父类之间；

➤ 重写：子类重写了父类的方法。

Python 中，在使用变量时，不用为其指定具体的类型，即同一变量可能会被先后赋值不同的类对象。我们尝试一下，以 Fixed_assets 作为基类，Houses_buildings 和 Machinery_equipment 作为派生类。Fixed_assets 有方法 initial（），目的是固定资产对象的

初始计量，其两个子类也有同样名称的方法。代码如下：

```
class Who_initial():    #会计确认方法,根据不同的类型,进行选择
    def initial(self,who):    #who变量为类型,不同类,会调用其对应的方法
        who.initial()
class FixedAsset:
    def initial(self):
        print("调用的是%s方法进行会计确认"%(self.__class__))
class Houses_buildings(FixedAsset):
    def initial(self):
        print("调用的是%s方法进行会计确认"%(self.__class__))
class Machinery_equipment(FixedAsset):
    def initial(self):
        print("调用的是%s方法进行会计确认"%(self.__class__))
```

[in]

```
a = Who_initial()# 创建一个会计确认实例
#调用 FixedAsset 类的 initial()方法
a.initial(FixedAsset())
#调用 Houses_buildings 类的 initial()方法
a.initial(Houses_buildings())
#调用 Machinery_equipment 类的 initial()方法
a.initial(Machinery_equipment())
```

[out]

```
调用的是<class '__main__.FixedAsset'>方法进行会计确认
调用的是<class '__main__.Houses_buildings'>方法进行会计确认
调用的是<class '__main__.Machinery_equipment'>方法进行会计确认
```

可以看到，Houses_buildings 和 Machinery_equipment 都继承自 Fixed-asset 类，且各自都重写了父类的 initial（）方法。从运行结果可以看出，同一变量 a 在执行同一个 initial（）方法时，由于 a 实际表示不同的类实例对象，因此 a.initial（）调用的并不是同一个类中的 initial（）方法，这就是多态。

此程序中，通过给 Who_initial 类中的 initial（）函数添加一个 who 参数，其内部利用传入的 who 调用 initial（）方法。这里，当调用 Who_initial 类中的 initial（）方法时，我们传给 who 参数的是哪个类的实例对象，它就会调用那个类中的 initial（）方法。

四、Python 枚举类和使用

某些特殊含义的类，其实例化对象的个数往往是固定的，比如用一个类表示季节，则该类的实例化对象最多有 4 个。会计系统用一个类表示会计月度期间，则该类的实例对象一般为 12 个等。

针对这种特殊的类，Python 提供类 Enum 枚举类。例如，会计期间一般应从公历 1 月 1 日开始，12 月 31 日结束。以月度枚举为例，如果想将一个类定义为枚举类，只需要令其

继承自 enum 模块中的 Enum 类即可。M_period 类继承自 Enum 类：

```
[in]        #调用枚举成员的3种方式
            print(M_period.Mar)
            print(M_period['Mar'])
            print(M_period(2))
[out]
            M_period.Mar
            M_period.Mar
            M_period.Feb
            #遍历枚举类中所有成员的2种方式
```

在 Period 枚举类中，Jan，Feb，…，Dec 都是该类的成员（可以理解为类变量）。枚举类的每个成员都由两部分组成，分别为 name 和 value，其中 name 属性值为该枚举值的变量名，value 代表该枚举值。

枚举类中各个成员的值，不能在类的外部做任何修改。该枚举类还提供了一个 __members__ 属性，该属性是一个包含枚举类中所有成员的字典。

五、其他有关类的知识

1. setattr（）, getattr（）, hasattr（）, 3个特殊函数

我们以以下程序段为例：

```
class FixedAsset():
    def __init__(self,name,code):
        self.name = name
        self.code = code
    def initial(self):
        print("初始成本核算 ...")# 采购或新建等成本
        cost =[['成本对象序列'],['来源序列']]
        return cost
```

（1）hasattr（obj, name）

```
a = FixedAsset('A型汽车','C01-01')
hasattr(a,'name')        #结果为 True
hasattr(a,'Initial)        #结果为 True
```

（2）getattr（obj, name [, default]）

```
getattr(a,'name')        #结果为 A 型汽车
# 如果有该属性,这返回属性值,否则新属性,并赋值7
getattr(a,'volume',7)
```

（3）setattr（obj, name, value）

```
# a.name 重新赋值为"A级轿车"
setattr(a,"name","A级轿车")
```

2. issubclass 和 isinstance 函数

Python 提供了如下 2 个函数来检查类型：

（1）issubclass（cls，class_or_tuple）

#检查 cls 是否为后一个类或元组包含的多个类中任意类的子类。

issubclass(Houses_buildings,FixedAsset)   # 结果 True

（2）isinstance（obj，class_or_tuple）

#检查 obj 是否为后一个类或元组包含的多个类中任意类的对象。

isinstance(a,FixedAsset)   # 结果 True

Python 还为所有类都提供了一个 __subclasses__（）方法，通过该方法可以查看该类的所有直接子类，该方法返回该类的所有子类组成的列表。

［in］   FixedAsset.__subclasses__（）

［out］ ［__main__.Houses_buildings，__main__.Machinery_equipment］

有关面向对象的编程问题，目前我们只是讨论了一些基础内容，随着学习的深入，大家会了解更多。

【思考题与实践】

一、思考题

1.请思考，在我们学习的会计系统中，哪些概念可以用框架表示，请举例说明。

2.对比框架结构与关系型数据库，比较它们之间的区别与联系。

3.根据企业会计准则关于无形资产的披露要求，尝试构建<无形资产>概念框架，并给出一个实例。

4.用语义网络表示下列陈述，并加以说明：

（1）企业会计准则包括基本准则和具体准则，具体准则的制定应当遵循基本准则。

（2）所有者权益是指企业资产扣除负债后由所有者享有的剩余权益。公司的所有者权益又称为股东权益。

（3）实收资本（或股本）、资本公积、盈余公积、未分配利润、少数股东权益（合并资产负债表），以及其他权益工具和库存股等。

5.尝试用你所学到的知识，解释图3-8。

二、实践

1.请编写程序分别自定义资产类和负债类，分别为它们添加一个方法，能够分别打印出"我的余额在借方"和"我的余额在贷方"。

2.根据自己所学的会计知识，自定义一个无形资产类，为该类添加3个属性，2个方法。2个方法可打印，然后创建2个无形资产实例对象并打印它们的属性。

3.我们学过很多专业课，专业课有不同的属性，如学时、学期、主要内容等。请定义一个会计专业课类，分别建立3个专业课实例。要求：每门专业课都有开课的方法，它们的开课方法要相互关联，比如先修关系等。

4.定义一个货币计量属性类，设计其属性和方法，并创建实例：历史成本，重置成本，可变现净值，现值，公允价值。用第2题中的无形资产实例，分别输出到屏幕其5种计量属性的金额。

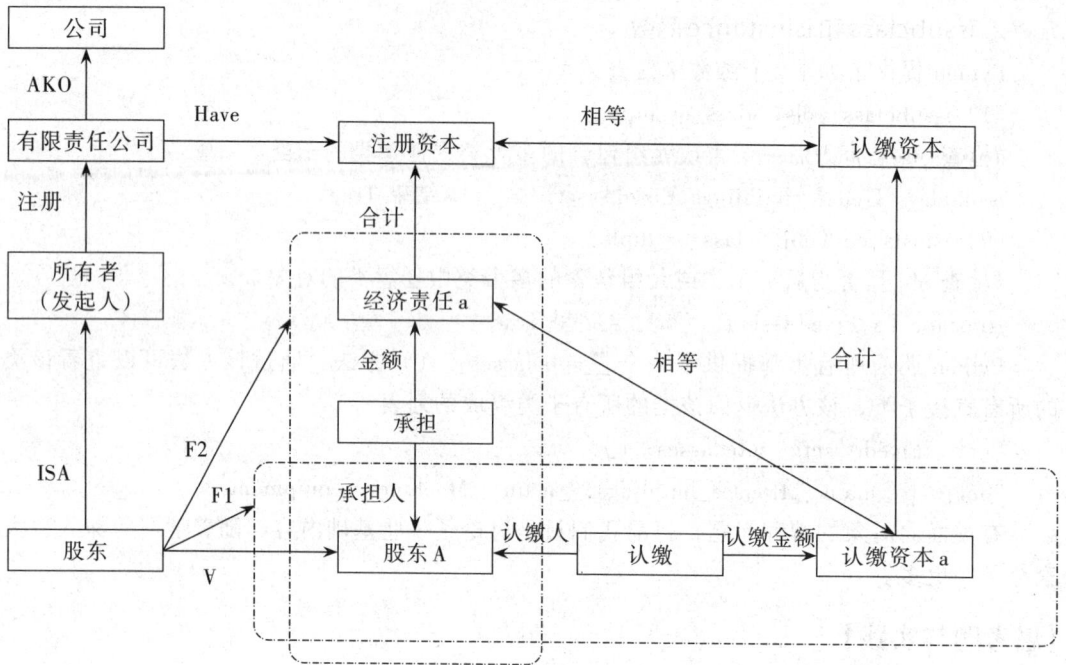

图 3-8 "有限责任公司的注册资本与认缴资本"语义网络

第三章智能测评

第四章

智能系统开发基础

【本章知识结构】

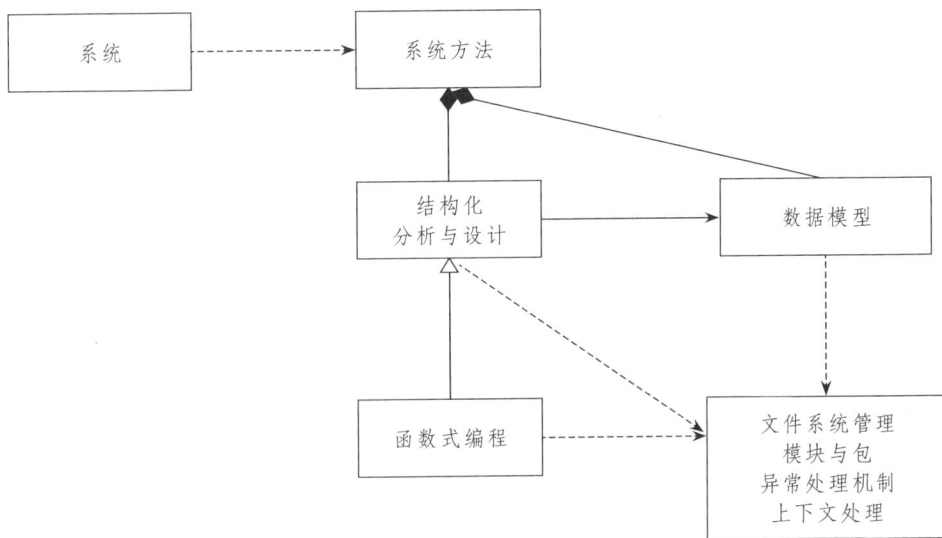

第一节　系统与系统方法

一、系统

1.系统的概念

系统（system）是由一些相互联系、相互制约的若干组成部分结合而成的、具有特定功能的一个有机整体（集合）。任何系统都是一个有机的整体，它不是各个部分的机械组合或简单相加，各要素在孤立状态下系统没有整体功能。

2.系统的分级

系统往往很复杂，常常可以分解成一系列小的系统。可以把大系统分解成若干子系统，这种分解实质上是系统目标的分解，也是系统任务与功能的分解。而各子系统又可以分解为更低一层的子系统。因此，系统是具有层次的树型结构。硬件和软件可以构成计算机系统，为使计算机代替人来工作而编制的各种程序的集合称为软件系统。

系统可以是抽象的，也可以是物理的。抽象系统是相关的思想或观念的有序组合，物理系统是为达到同一目标而共同工作的一组有形元素。"必须坚持系统观念。万事万物是相互联系、相互依存的。只有用普遍联系的、全面系统的、发展变化的观点观察事物，才能把握事物发展规律。"①

二、系统方法

在科学研究中，系统方法把研究对象当作一个整体来对待，并着重研究系统的整体功能；从物质、能量和信息3个方面来认识和控制系统运动，使系统达到确定的最佳状态。此外，它充分运用技术建立系统的模型以便进行模拟实验。因此，运用系统方法来思考和处理问题时，应先从整体出发，进行系统综合，形成可能的系统方案，再系统分析系统各要素及其相互关系，建立模型，然后进行系统选择（最优化）并重新综合成整体。在思维方式上，系统方法把综合作为出发点和归宿，并把分析和综合贯穿于过程的始终。

传统的研究方法总是把研究对象分成若干部分，在分析的基础上进行综合，以简单分解和简单相加的观点来说明整体的性能，认为局部性能好，整体性能也自然好；局部性能不好，整体性能也自然不好。这样主要依靠经验判断和逻辑分析，实现目标的方法限于观察、实验、假说和逻辑方法等。随着复杂系统问题的日益增加，系统方法应运而生。

系统方法（system approach）是通过一系列科学的方法和步骤，把确定目标和实现目标这两个认识过程有机地统一起来。它首先通过明确问题、目标选择、系统综合、系统分析、系统选择等步骤，为确定目标提供可靠的依据。通过程序设计、具体规划以及研究、开发、实施和运行等阶段来实现既定目标。 从系统的观点出发，始终着重从整体与部分（要素）之间、整体与外部环境之间、部分与部分之间的相互作用和相互制约的关系中考察对象，从而实现最佳处理问题。

三、系统方法实施的步骤

系统开发与建设一般遵循的步骤如图4-1所示。首先研究对象是当前系统，观察系统的组成与功能，形成对系统物理模型认知；从而抽象为逻辑模型，发现系统的问题，并提出新的系统目标，即形成问题概念（模型），表示系统需求；在概念模型的基础上，进一步描述解决问题后的系统功能（新的逻辑模型）；进而研究开发实现系统的途径和方法，实现系统需求的方法可能有多种，需要具体设计和优化，最终建立新的物理模型，经过系统建设与实施，达到目标系统的实现。

1.确定问题

在建立概念模型阶段，收集资料；在进行系统分析之初，应首先确定所要解决问题的性质和范围，研究问题包含的主要因素，分析系统要素之间的相互关系，以及与外界环境之间的相互关系。只有这样划定问题的界限，确定的问题才会明白、切合实际。

概念模型是人们对真实世界中事物的认识，用来描述系统"是什么"。通俗来讲，概念模型就是在了解用户的需求后，经过自己的总结，提炼出来的用来描述现实生活的东西。在《软件开发工具》中有几种概念模型的工具：框图、实体关系图、数据字典、计算机模拟模型等。

---

① 作者根据相关资料整理。

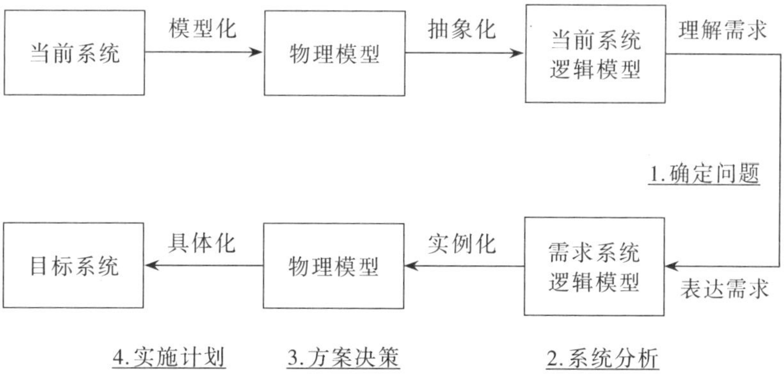

图 4-1　由当前系统建立目标系统模型

2.系统分析

对于一个特定的目标，实施的方法有许多，每种方法的投资和效益会有所差别。系统分析在于拟订尽可能多的行动方案并进行试验比较，以寻求费用最低而效果最好的方案。分析时，总是将复杂系统分解成若干个较为简单的子系统，再将分解的结果进行综合，进行整体分析。这样反复多次，才可能接近客观。其过程常需要逻辑分析模型工具。

逻辑就是思维的规律，通俗来讲，就是执行事情的先后顺序。逻辑模型就是要将概念模型具体化，要实现概念模型所描述的东西，需要哪些具体的功能，处理哪些具体的信息。逻辑模型描述系统"做什么"，这就到了需求分析的细化阶段。逻辑模型只是说明系统要实现什么，但是用什么工具实现、如何实现并不涉及，如何实现属于物理模型的范畴。

3.方案决策

在几种值得采用或进一步考虑的方案中选择方案，尽可能在待选方案中选择出满足系统要求的最佳方案。物理模型就是针对上述逻辑模型所陈述的内容，在具体的物理介质上实现。物理模型描述系统"如何做"。

4.实施计划

根据最后选定的方案，按照计划实施。如果实施过程比较顺利，或遇到的困难不大，略加修改即可以顺利进行，那么整个步骤即告一段落。如果问题较多，就需要回到前面几个步骤中的一个，那就重新做起。

第二节　结构化分析与设计

一、结构化分析

1.结构化分析的概念

结构化分析方法（structured analysis，SA）是将系统工程原理应用于大型软件开发的产物，就是采用"自顶向下，逐层分解，化大为小，分而治之"的思想对复杂的系统进行分解化简，从而有效控制系统分析每一步的难度，并运用数据流图、加工说明和数据字典作为表达工具的一种系统分析技术。

2.结构化分析基本思想

SA 方法是在调查资料的分析和归纳中找出规律，再通过分解的方法，化大为小、分而治之、逐步求精和完善优化建立起来的。在 SA 中，主要用系统方法中的数据流图作为表达工具，如图 4-2 所示：

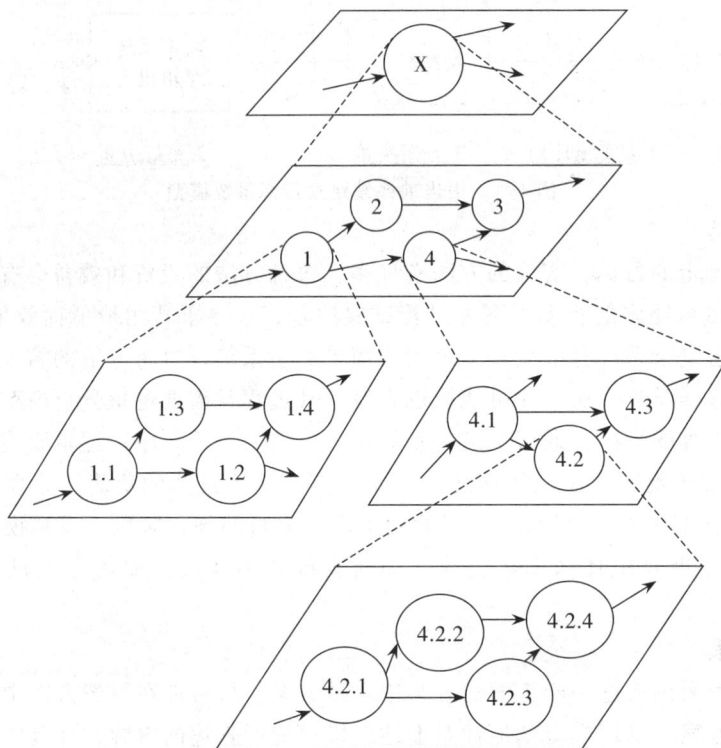

图 4-2　SA&SD 方法示意图

在图 4-2 中，系统 X 很复杂，SA 方法先把它看成一个整体，用符号 X 来表示它。

第一步，暂时先不分析系统的内部，只分析它从外界接收哪些数据，处理后向外界输出什么信息，并用数据流图符号将它们表示出来，这样就画出了顶层数据流图。

第二步，分析系统 X 的内部，按照它的主要功能或组成部分，将其分解成有限几项加工，这些加工可以是子系统或功能模块。仍然只分析各项加工之间的数据联系，内部结构仍暂不分析，这样就画出了该系统的 0 层数据流图，此时对系统 X 的理解就深入了一步。

第三步，若 0 层数据流图中的加工仍然很复杂，再将其分解成更小的几个加工。如此，一层一层分解下去，直到每项加工都足够简单，都能被清楚理解为止。

二、结构化设计

1. 结构化系统设计方法

任何复杂的系统都具有"层次"和"过程"两方面的特征。过程特征是指具体的处理过程和方法，即先做什么，后做什么；层次特征是指软件系统由哪些部分组成、各部分管理控制的范围、它们之间调用与被调用的关系以及调用中传递的参数等。

结构化系统设计方法（structured design，SD），提供了分解系统的策略、表达工具、评价标准以及优化技术，是总体设计的主要方法。其基本思想是分而治之，通过分解把系统设计成具有层次及调用关系的模块结构，并通过评价与优化技术改进系统，从而整体上提高软件的质量。

2. 模块

模块就是具有特定功能的一个程序或一个程序雏形，是在系统设计阶段构成软件系统的基本单元。模块可以调用下层模块，也可以被上层模块所调用，模块在调用过程中可以相互传递参数。模块具有输入数据、输出信息、内部数据、逻辑功能、处理过程及运行环境等特性。模块的逻辑功能是指把输入数据加工成输出数据的功能；处理过程指实现模块功能的具体过程和方法；内部数据是指属于模块自己的数据；运行环境指模块之间的调用和被调用的隶属关系，以及调用中的控制关系、传递的参数等。

3. 模块分解的原则

结构化系统设计的目标是把系统设计成具有层次的模块结构，组成系统的模块应具有较高的独立性。但是系统中的任何模块都不能孤立存在，其正常运行需要一定的控制调用和输入、输出数据环境，因此，模块的独立性只能是相对的。系统的每项功能都是由某个或某几个模块配合共同实现的，所有模块有机地组合在一起，共同完成系统的总功能。然而模块之间的联系越多、越复杂，则彼此间的依赖程度就越高，独立性也就越差。

模块分解的原则就是尽量提高模块的独立性，降低模块之间的联系，使每个模块都只完成一项单一的功能。

第三节　系统的数据模型

一、数据模型

在信息系统建设过程中，往往需要把物理世界的模型转移到计算机世界（cyberspace）中去，需要计算机存储数据，需要数据模型来实现。

从现实世界到计算机的数据加工是一个逐步转化的过程，经历了现实世界、信息世界和计算机世界这3个不同的世界，是一个抽象和转换过程，如图4-3所示：

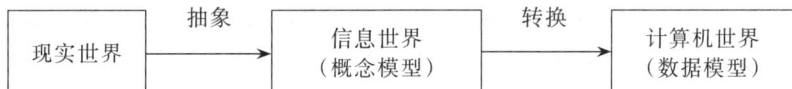

图4-3　数据转换过程

现实世界是指客观存在的事物及其相互间的联系。现实世界中的事物有着众多的特征和千丝万缕的联系，但人们只选择感兴趣的一部分来描述，如用业务签订的合同、凭据等的特征来描述和区分，而对业务发生地点、参加人员等不太关心。事物可以是具体的、可见的实物，也可以是抽象的事物。

信息世界实际上是对现实世界的一种抽象描述。信息世界是人们把现实世界的信息和联系通过"数据符号"记录下来，然后用规范化的数据库定义语言来定义描述而构成的一个抽象世界。在信息世界中，不是简单地对现实世界进行符号化，而是要通过筛选、归纳、总结、命名等抽象过程产生概念模型，用以表示对现实世界的抽象与描述。

计算机世界是将信息世界的内容数据化后的产物。将信息世界中的概念模型，进一步转换成数据模型，形成便于计算机处理的数据表现形式——计算机信息系统（物理模型）。

数据是描述事物的符号记录，模型是现实世界的抽象。数据模型从抽象层次上描述了系统的静态特征、动态行为和约束条件，为数据库系统的信息表示与操作提供了一个抽象的框架。数据模型所描述的内容有3部分：数据结构、数据操作和数据约束。

1.数据结构

数据结构用于描述系统的静态特征，包括数据的类型、内容、性质及数据之间的联系等。它是数据模型的基础，也是刻画一个数据模型性质最重要的方面。在数据库系统中，人们通常按照其数据结构的类型来命名数据模型。例如，层次模型和关系模型的数据结构分别是层次结构和关系结构。

2.数据操作

数据操作用于描述系统的动态特征，包括数据的插入、修改、删除和查询等。数据模型必须定义这些操作的确切含义、操作符号、操作规则及实现操作，一般通过计算机语言实现。

3.数据约束

数据的约束条件实际上是一组完整性规则的集合。完整性规则是指给定数据模型中的数据及其联系所具有的制约和存储规则，用以限定符合数据模型的数据库及其状态的变化，以保证数据的正确性、有效性和相容性。例如，限制凭证数据表中凭证号不能重复，或者金额的值不能为"Null"，属于完整性规则。

二、数据模型类型

数据库的类型是根据数据模型来划分的，一个数据库管理系统（DBMS）是根据数据模型设计出来的。目前，成熟地应用在数据库系统中的数据模型包括层次模型、网状模型和关系模型。层次模型以"树结构"表示数据之间的联系；网状模型是以"图结构"来表示数据之间的联系；关系模型是用"二维表"（或称为关系）来表示数据之间的联系的。

1.层次模型

层次模型是数据库系统最早使用的一种模型，它的数据结构是一棵"有向树"。根节点在最上端，层次最高，子结点在下，逐层排列。层次模型的特征是：有且仅有一个节点没有父节点，它就是根节点；其他节点有且仅有一个父节点。

典型的树形结构包括计算机系统中的文件目录系统，阶层组织的机构系统，网页的超链接系统等，如图4-4所示。

2.网状模型

网状模型以网状结构表示实体与实体之间的联系。网中的每一个节点代表一个记录类型，联系用链接指针来实现。网状模型可以表示多个从属关系的联系，也可以表示数据间的交叉关系，即数据间的横向关系与纵向关系，它是层次模型的扩展。网状模型可以方便地表示各种类型的联系，但结构复杂，实现的算法难以规范化。其特征是：允许节点有多于一个的父节点；可以有一个以上的节点没有父节点。图4-5为一个学院教务管理网状数据模型，说明了院系的组成中，教师、学生、课程之间的关系。

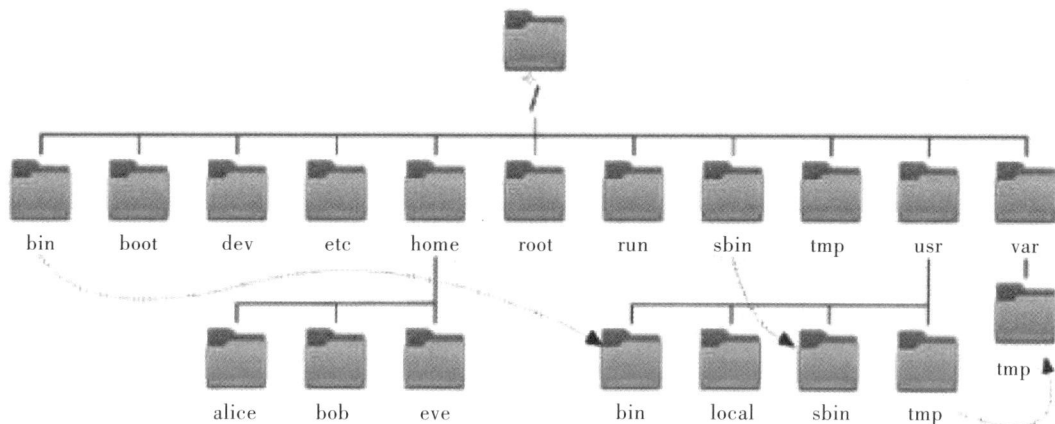

图4-4 计算机系统中的文件目录系统或文件链接

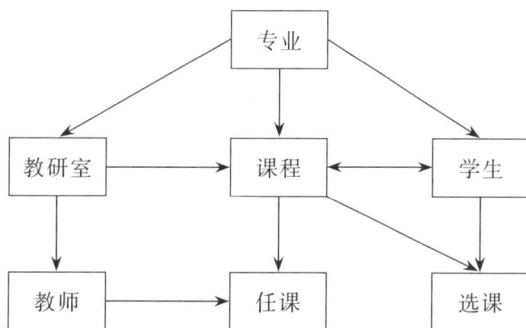

图4-5 院系教务管理网状数据模型

3.关系模型

关系模型以二维表结构来表示实体与实体之间的联系，它是以关系数学理论为基础的。关系模型的数据结构是一个"二维表框架"组成的集合。每个二维表又可称为关系。在关系模型中，操作的对象和结果都是二维表。关系模型是目前最流行的数据库模型。支持关系模型的数据库管理系统称为关系数据库管理系统，Access就是一种关系数据库管理系统。

在关系模型中基本数据结构就是二维表。记录之间的联系是通过不同关系中同名属性来体现的。关系模型中的各个关系模式不应当是孤立的，也不是随意拼凑的一堆二维表，其必须满足相应的要求。图4-6中的订单和订单明细依靠订单编号建立链接。

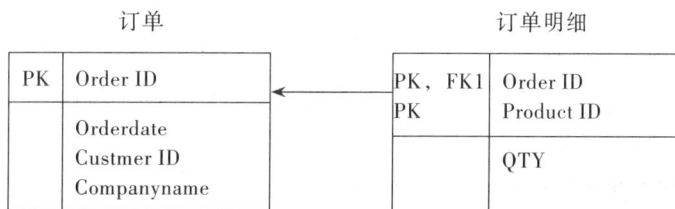

图4-6 订单和订单明细表关系

第四节　Python 文件系统管理

一、文件路径管理

我们在第三章讨论的对象存储在内存中。这种存储的数据形式是暂时的，程序结束后就会丢失，如果希望程序结束后数据仍然保持，就需要将数据保存到文件中。Python 提供了内置的文件对象，以及对文件、目录进行操作的内置模块。

1. os 模块

os 是操作系统（operation system）的缩写，os 模块就是 Python 对操作系统操作接口的封装。os 模块提供了多数操作系统的功能接口函数。

os 属于 Python 的标准实用程序模块。在自动化测试中，经常需要查找操作文件，比如读取配置文件的信息，查找发送测试报告，查找测试 Excel 文件等。

2. 工作目录

每个运行在计算机上的程序，都有一个"当前工作目录"（cwd）。在 Python 中，利用 os.getcwd（）函数可以取得当前工作路径的字符串，也可以利用 os.chdir（）修改。例如：

```
[in]      import os
          os.getcwd()
[out]     'C:\\Users\\DELL\\Desktop\\python大数据与智能会计教材'
[in]      os.chdir('C:\\Windows\\System32')
          os.getcwd()
[out]     'C:\\Windows\\System32'
```

在 Windows 上，路径书写使用反斜杠 "\\" 作为文件夹之间的分隔符。这里面需要两个反斜杠，如果不明白，请查阅有关转义字符的概念。从上例中可以看到，原本当前工作路径为 'C：\\Users\\DELL\\Desktop\\python大数据与智能会计教材'，通过 os.chdir（）函数，将其改成了 'C：\\Windows\\System32'。

3. 绝对路径与相对路径

明确一个文件所在的路径，有两种方式：绝对路径和相对路径。

（1）绝对路径

Window 系统中以盘符（C：、D：）作为根文件夹。当描述一个文件路径从根文件夹开始，则这个文件为绝对路径。

调用 os.path.abspath（path）将返回 path 参数的绝对路径的字符串：

```
[in]      os.path.abspath("atext.txt")
[out]     'C:\\Windows\\System32\\atext.txt'
```

调用 os.path.isabs（path），如果参数是一个绝对路径，就返回 True；如果参数是一个相对路径，就返回 False。

```
[in]      os.path.isabs('C:\\Windows\\System32\\atext.txt')
```

［out］ True

（2）相对路径

相对路径指的是文件相对于当前工作目录所在的位置。如果当前工作目录为"C:\Windows"，文件 atext.txt 就位于这个文件夹下，则 atext.txt 的相对路径表示为".\ atext.txt"。".\ "表示的是当前所在目录。

调用 os.path.relpath（path，start）将返回从 start 路径到 path 的相对路径的字符串。如果没有提供 start，就使用当前工作目录作为开始路径。

［in］ os.path.relpath（'C:\\Windows'，'C:\\'）

［out］ 'Windows'

［in］ os.path.relpath（'C:\\'，'C:\\Windows'）

［out］ '..'

［in］ os.path.relpath（'C:\\Windows'，'C:\python\\data'）

［out］ '..\\..\\Windows'

4. os.path 函数

我们先定义一个 path：

path = 'C:\\Windows\\python\\account.py'

调用 os.path.dirname（path）将返回一个字符串，它包含 path 参数中最后一个斜杠之前的所有内容。

［in］ os.path.dirname（path）

［out］ 'C:\\Windows\\python'

调用 os.path.basename（path）将返回一个字符串，它包含 path 参数中最后一个斜杠之后的所有内容。

［in］ os.path.basename（path）

［out］ 'account.py'

如果同时需要一个路径的目录名称和基本名称，就可以调用 os.path.split（）获得两个字符串的元组，例如：

［in］ os.path.split（path）

［out］ （'C:\\Windows\\python'，'account.py'）

如果提供的路径不存在，Python 函数就会崩溃并报错，os.path 模块提供 os.path.exists（path），os.path.isfile（path），os.path.isdir（path）等，用于检测给定的路径、文件是否存在。

另外，单个文件和路径上的文件夹名称的字符串传递给 os.path.join（）会返回一个文件路径的字符串，包含正确的路径分隔符：

［in］ os.path.join（'python'，'accpunt.py'）

［out］ 'python\\accpunt.py'

二、Python 文件基本操作

1.文件操作

对文件的操作有很多种，创建、删除、修改权限等操作作用于文件本身，属于系统级操作，写入、读取等操作是作用于文件的内容，属于应用级操作。

对文件的系统级操作功能单一，比较容易实现，可以借助 Python 中的专用模块（os、sys 等），并调用模块中的指定函数来实现。大家可以查阅有关 os 模块的有关内容。

对于文件的应用级操作，实现过程相对比较复杂。一个文件，必须在打开之后才能对其进行操作，并且在操作结束之后，还应该将其关闭。文件的应用级操作可以分为以下 3 步：

（1）使用 open（）函数打开文件，该函数会返回一个文件对象。

（2）对文件对象做读/写操作：①可使用 read（）、readline（）以及 readlines（）函数读取文件内容；②可以使用 write（）函数向文件中写入内容。

（3）完成对文件的读/写操作之后，最后需要关闭文件，可以使用 close（）函数。

2. open（）函数

open（）函数用于创建或打开指定文件，该函数的常用语法格式如下：

file = open（file_name［, mode='r'［, buffering=-1［, encoding = None］］］）

其中，各个参数所代表的含义如下：

file：要创建的文件对象。

file_name：要创建或打开文件的文件名称，包括路径（默认当前目录）。

mode：可选参数，用于指定文件的打开模式。默认以只读（r）模式打开文件。

buffering：可选参数，是否使用缓冲区。

encoding：手动设定打开文件时所使用的编码格式，Windows 其默认 GBK 编码。

由于我们一般处理的是数据文件，采用第三方工具如 pandas 读取文件，有关此部分内容，我们不做深入讨论。

open（）函数支持的文件打开模式见表 4-1。

表 4-1　　　　　　　　　open（）函数支持的文件打开模式说明

模式	说明	注意事项
r	只读模式打开文件，读文件内容的指针会放在文件的开头	操作的文件必须存在
rb	以二进制格式、采用只读模式打开文件，读文件内容的指针位于文件的开头，一般用于非文本文件，如图片文件、音频文件等	
r+	打开文件后，既可以从头读取文件内容，也可以从开头向文件中写入新的内容，写入的新内容会覆盖文件中等长度的原有内容	
rb+	以二进制格式、采用读写模式打开文件，读写文件的指针会放在文件的开头，通常针对非文本文件（如音频文件）	
w	以只写模式打开文件，若该文件存在，打开时会清空文件中原有的内容	若文件存在，会覆盖文件；反之，则创建新文件
wb	以二进制格式、只写模式打开文件，一般用于非文本文件（如音频文件）	
w+	打开文件后，会对原有内容进行清空，并对该文件有读写权限	
wb+	以二进制格式、读写模式打开文件，一般用于非文本文件	

续表

模式	说明	注意事项
a	以追加模式打开一个文件，对文件只有写入权限，如果文件已经存在，文件指针将放在文件的末尾（即新写入内容会位于已有内容之后）；反之，则会创建新文件	
ab	以二进制格式打开文件，并采用追加模式，对文件只有写权限。如果该文件已存在，文件指针位于文件末尾；反之，则创建新文件	
a+	以读写模式打开文件；如果文件存在，文件指针放在文件的末尾；反之，则创建新文件	
ab+	以二进制模式打开文件，并采用追加模式，对文件具有读写权限，如果文件存在，则文件指针位于文件的末尾；反之，则创建新文件	

文件打开模式，直接决定了后续可以对文件做哪些操作。例如，使用 r 模式打开的文件，后续编写的代码只能读取文件，而无法修改文件内容。

第五节 函数式编程

一、函数式编程的含义

函数是 Python 内建支持的一种封装，通过把大段代码拆成函数，通过一层一层的函数调用，就可以把复杂任务分解成简单的任务，这种分解可以称之为面向过程的程序设计。函数就是面向过程的程序设计的基本单元。

函数式编程是一种抽象程度很高的编程范式，虽然也可以归结到面向过程的程序设计，但其思想更接近数学计算。函数式编程的特点就是，允许把函数本身作为参数传入另一个函数，还允许返回一个函数。

二、高阶函数

（一）高阶函数概述

1.变量可以指向函数

```
[in]        f = abs
            f
[out]       <built-in function abs>
```

f 是一个用户自定义的变量，abs 函数本身赋值给变量 f，即：变量可以指向函数。

如果一个变量指向了一个函数，那么，可否通过该变量来调用这个函数：

```
[in]        f(-10)
[out]       10
```

说明变量 f 现在已经指向了 abs 函数本身。直接调用 abs（）函数和调用变量 f（）完全相同。

2.函数名也是变量

函数名其实就是指向函数的变量。因此，对于 abs（）这个函数，函数名 abs 看成变量，它指向一个可以计算绝对值的函数。如果把 abs 指向其他对象：

```
[in]        abs = 10
            abs(-10)
[out]       Traceback(most recent call last):
            File "<stdin>",line 1,in <module>
            TypeError:'int' object is not callable
```

abs 指向 10 后，abs（-10）调用该函数的解释就不同了。因为 abs 这个变量已经不指向求绝对值函数而是指向一个整数 10，整数 10 作为 int 的实例，不是可调用对象，因此产生 TypeError 错误。要恢复 abs 函数，需要重启 Python 交互环境。

abs 函数实际上是定义在 builtins 模块中的，builtins 是 Python 中的一个模块。该模块提供对 Python 的所有"内置"标识符的直接访问，不需要用户手动引用（import）。

3.传入函数

指向函数的变量，也是变量，函数的参数能接收变量。一个函数就可以接收另一个函数作为参数，这种函数就称为高阶函数。例如，最简单的高阶函数：

```
def     add(x,y,f):# x,y,f都是形参
        return f(x)+f(y)#返回的是f作为函数,x、y作为参数的函数表达式
```

当调用 add 函数时，我们传递的实参中 f 必须是指向函数的变量，如 add（-10，10，abs），参数 x，y 和 f 分别接收-10，10 和 abs，根据函数定义，推导计算过程为：

```
x = -10
y = 10
f = abs
f(x)+f(y)==> abs(-10)+abs(10)==> 20
```

（二）map/reduce 函数

1. map（）函数

Python 有两个特别的高阶函数——map（）和 reduce（）函数。map（）函数接收两个参数：一个是函数，一个是 Iterable 参数。Map 的功能是将传入的函数依次作用到可迭代序列的每个元素，并把结果作为新的 Iterator 返回。

语法：map（function，Iterable）

举例，我们有一个函数 $f(x) = x^2$，要把这个函数作用在一个列表 [0，1，2，3，4，5，6，7，8，9] 上，就可以用 map（）实现：

```
[in]    def f(x):
            return x * x
        res = map(f,[0,1,2,3,4,5,6,7,8,9])
        list(res)
[out]   [0,1,4,9,16,25,36,49,64,81]
```

map（）传入的第一个参数是 f，即函数对象本身。由于结果 res 是一个 Iterator，Iterator 是惰性序列，需要通过 list（）函数让其把整个序列都计算出来并返回一个列表。

2.reduce（）函数

我们再看一下 reduce 的用法。其语法类似：

reduce（function，Iterable）

Reduce 同样是把一个函数作用在一个序列 [x1，x2，x3，...] 上，该函数必须接收两个参数，reduce 把该函数的结果继续和序列的下一个元素做累积计算。我们假设列表有 4 个元素 x1、x2、x3、x4，则：

reduce（f，[x1，x2，x3，x4]）= f（f（f（x1，x2），x3），x4）

用 reduce 实现一个序列求和：

```
[in]    from functools import reduce
        def add(x,y):
            return x + y
        reduce(add,[1,3,5,7,9])
[out]   25
```

（三）filter（）函数

filter（）函数也是 Python 内建的，用于过滤序列，产生一个 Iterator。与 map（）类似，filter（）也接收一个函数和一个序列。与 map（）不同的是，filter（）把传入的函数依次作用于每个元素，然后根据返回值是 True 还是 False 决定保留还是丢弃该元素。语法：

filter（function or None，iterable）--> filter object

举例，删掉一个 list 中奇数，只保留偶数：

```
[in]    def is_even(n):
            return n % 2 == 0
        list(filter(is_odd,[1,2,4,5,6,9,10,15]))
[out]   [2,4,6,10]
```

又例，把一个序列中的空字符串删掉：

```
[in]    def not_empty(s):
            return s and s.strip()
        list(filter(not_empty,['C','','H',None,'I',' ','N','A']))
[out]   ['C','H','I','N','A']
```

filter（）函数返回的是一个 Iterator，也就是一个惰性序列，所以要强迫 filter（）完成计算结果，需要用 list（）函数获得所有结果并返回 list。

（四）sorted

另一个高阶函数 sorted（）可以对 list 进行排序。语法：

sorted（iterable，/，*，key=None，reverse=False）

例如，

```
[in]    sorted([36,1,-12,9,-20])
[out]   [-20,-12,1,9,36]
```

sorted（）函数的高阶性在于，它可以接收一个 key 函数来实现自定义的排序，例如按绝对值大小排序：

[in]	sorted([36,1,-12,9,-20],key=abs)
[out]	[1,9,-12,-20,36]

三、偏函数

1.函数返回值

Python 中，用 def 语句创建函数时，可以用 return 语句指定应该返回的值，该返回值可以是任意类型。需要注意的是，return 语句在同一函数中可以出现多次，但只要有一个得到执行，就会直接结束函数的执行。返回值省略不写，将返回空值 None。

一般情况下，一个函数只有一个返回值，函数直接返回多个值，用逗号分隔，Python 会自动将多个值封装到一个元组，它的返回值仍然是一个元组。

2. functools 模块

functools 模块是 Python 的标准库的一部分，其目的就是为用户建立高阶函数。高阶函数是作用于或返回另一个函数或多个函数的函数。任何可调用的对象都可以作为一个函数来处理，而且可以返回。functools 模块的内容较多，这里我们只介绍 Partial（偏函数）。

3.偏函数

函数在执行时，要带上所有必要的参数进行调用。但是，有时参数可以在函数被调用之前提前获知。这种情况下，可以创建一个新函数，以便能用更少的参数进行函数调用。这就是偏函数（Partial functions）的用意。

例如，round（x，n）函数是把函数中 x 参数保留 n 位小数。如果我们财务事先规定，所有金额账都保留两位小数，所有的数量账保留一位小数。这样我们就可以用到偏函数：

[in]	def round_a(x):
	return round(x,2)
	round_a(10.225)
[out]	10.22

采用标准模块 functools 中的 partial（偏函数）实现：

[in]	from functools import partial
	round_a = partial(round,ndigits=2)
	round_a(10.225)
[out]	10.22

使用后，可以锁定其中某个参数的值。比如 round_a = partial（round，ndigits=2），执行后 round_a 就是一个新函数，相当于 round（x，2）。

四、匿名函数

lambda 表达式，又称匿名函数（我们在第二章做了初步介绍），常用来表示内部仅包含 1 行表达式的函数。如果一个函数的函数体仅有 1 行表达式，则该函数就可以用 lambda 表达式来代替。

这里我们深入讨论一下。当传入函数时，不需要显式地定义函数，直接传入匿名函数更方便。如前面 map 的例子：

[in]　　list(map(lambda x:x * x,[0,1,2,3,4,5,6,7,8,9]))

[out]　　[0,1,4,9,16,25,36,49,64,81]

匿名函数也是一个函数对象，可以把匿名函数赋值给一个变量，再利用变量来调用该函数：

[in]　　f = lambda x:x * x

　　　　f

[out]　　<function <lambda> at 0x101c6ef28>

[in]　　f(5)

[out]　　25

五、装饰器

装饰器是函数的函数，其传入的参数是一个函数，通过实现各种功能来对这个函数的功能进行增强，然后再返回这个函数。因此，装饰器是通过某种方式来增强函数的功能。其主要使用的场景有如下几个：

（1）计算函数运行时间；

（2）给函数打日志；

（3）类型检查；

（4）其他重复操作的场景。

如果要对若干函数统计运行时间，不使用装饰器的方法：

```python
from time import time,sleep
def fun1():
    start = time()
    sleep(1)
    end = time()
    cost_time = end - start
    print("fun1 运行时间:{}".format(cost_time))
def fun2():
    start = time()
    sleep(2)
    end = time()
    cost_time = end - start
```

使用装饰器的方法是这样的，

装饰器：

```python
def run_time(func):
    def wrapper():
        start = time()
        func()        # 函数在这里运行
```

```
        end = time()
        cost_time = end − start
        print("func three run time {}".format(cost_time))
    return wrapper
```

装饰函数:

```
@run_time
def fun1():
    sleep(1)
@run_time
def fun2():
    sleep(2)
```

通过编写一个统计时间的装饰器run_time，函数作为装饰器的参数，然后返回一个统计时间的函数装饰器（wrapper），这就是装饰器的写法，用专业术语来说叫闭包，简单来说就是函数内嵌套函数。然后，在函数上面加上装饰器（@run_time）来对不同的函数统计时间。

第六节　Python模块与包

一、Python模块

前面的章节已经使用了很多模块（如 os，time，enum 等），通过向程序中导入模块，就能使用"现成"的类和函数实现想要的功能。

模块（Modules）本身就是Python 程序。也就是说，任何独立的 Python 程序都是模块。一个模块（.py 文件）可以比喻为有关联的零件集合，通过它可以组装一个达到某一目标功能的系统。模块可能包含若干函数、类、变量的定义等。当编写好一个模块后，只要编程过程中，需要用到该模块中的某个功能（变量、函数、类等），直接在程序中导入该模块即可使用该功能。

函数是对 Python 代码的封装；类是对方法和属性的封装，也可以说是对函数和数据的封装；模块可以理解为是对代码更高级的封装，即把能够实现特定功能的代码编写在同一个 .py 文件中，作为一个独立的模块文件。

Python 提供了强大的模块支持，不仅 Python 标准库中包含了大量的模块（称为标准模块），还有大量的第三方模块，开发者也可以开发自定义模块。

举个简单的例子，在某一目录下（桌面也可以）创建一个名为 mymodule.py 的文件，其包含的代码如下：

```
def afunction():
    print("这只是mymodule下的一个函数")
class AccountSet():# 企业会计账套基本信息
```

  "会计核算主体的基本信息及账套信息"

  COMPANY = "HG 汽车装备股份有限公司"

  indus_name ={"C36":"汽车制造业"} #行业代码：行业名称

  currency = "RMB" # 账本位币

  period_year = "2022" # 年会计期间，默认为当年

在同一目录下，再创建一个文件，其包含的代码如下：

[in] #通过 import 关键字，将 mymodule.py 模块引入此文件

   import mymodule as md

   md.afunction（ ）

[out] 这只是 mymodule 下的一个函数

[in] a = md.AccountSet（ ）

   print（a.COMPANY，a.indus_name）

[out] HG 汽车装备股份有限公司 {'C36'：'汽车制造业'}

  引入 mymodule.py，一个自定义的模块，只需要将模块导入当前文件中，就可以直接使用模块中的资源。模块名自成一个命名空间，引用方式为"模块名.函数""模块名.类名"等。

二、import 用法

  使用 Python 进行编程时，不是所有的功能都要自己实现，可以借助 Python 现有的标准库或者其他人提供的第三方库。我们可以通过如下命令查看自己安装的 Python 库的内容：

  ➤ 命令行下使用 pydoc 命令：pydoc modules。

  ➤ 在 Python 交互解释器中使用 help（ ）查看：help（"modules"）。

  ➤ 在 Python 交互解释器下导入 sys 模块查看：

import sys

sys.modules.keys（ ）

我们可以查看 Python 网站了解标准库和第三方库的内容。

  使用 import 导入模块的语法，主要有以下两种：

  （1）import 模块名 1 [as 别名 1]，模块名 2 [as 别名 2]，…：

  导入指定模块中的所有成员（包括变量、函数、类等）。当需要使用模块中的成员时，引用时需用该模块名（或别名）作为前缀。

  （2）from 模块名 import 成员名 1 [as 别名 1]，成员名 2 [as 别名 2]，…：

  导入模块中指定的成员，而不是全部成员。当程序中使用该成员时，不用附加任何前缀，直接使用成员名（或别名），也可以导入指定模块中的所有成员，即使用 form 模块名 import *。

三、Python 自定义模块

  本节之后的内容在于理解系统开发的环境管理。也就是我们使用 pycharm 或 spider 开发时会遇到的问题，这里只是把这些问题讲到，说明这里的问题其实都不是复杂问题。

以内建一个demo模块为例，论述一下自建模块的一般情况。Demo.py代码如下：

```python
import random
dufe="东北财经大学"
listname =[i for i in dufe]
class one(object):#"校名的一个随机字符"
    def __init__(self,name):
        self.chr = random.choice(name)
        print("随机一个字:%s"%(self.chr))
def randname(namelist,num):# "随机选出名字的字母组合"
    random.shuffle(namelist)
    #对列表取样
    print("校名中随机选出三个字:%s"%(random.sample(namelist,num)))
if __name__ == "__main__":
    a = one(listname)
    randname(listname,3)
```

首先，__name__是系统默认的模块名称，当在主模块运行时，__name__的值为"__main__"。至此能够理解一般主程序有 if __name__ == "__main__"的一段代码的目的。为了调试代码而引入模块，不需要执行。

另外编辑一段代码引入该模块：

```
[in]      importdemo
          dir(demo)
[out]     ['__builtins__','__cached__','__doc__','__file__','__loader__','__name__',
           '__package__','__spec__','dufe','listname','one','randname','random']
```

我们可以看到demo的成员变量。demo.py变量（dufe 和 listname）、函数（randname（））以及一个 one（）类，以及引入的 random。这些成员需要大家随着深入了解慢慢体会。

四、Python包

项目管理一般是系统开发人员的主要问题。一个项目往往需要使用很多Python模块，如果将这些模块都堆放在一起，势必不好管理。使用模块可以有效避免变量名或函数名重名引发的冲突，但模块名重复是有可能的，因此，Python提出了包（Package）的概念。

包就是文件夹，只不过在该文件夹下必须存在一个名为"__init__.py"的文件。①每个包的目录下都必须建立一个 __init__.py 的模块，可以是一个空模块，也可以写一些初始化代码，其作用就是告诉 Python 要将该目录当成包来处理。__init__.py 不同于其他模块文件，此模块的模块名不是 __init__，而是它所在的包名。

包是一个包含多个模块的文件夹，它的本质依然是模块，因此包中也可以包含包。例

---

① 　Python 2.x 的规定。在 Python 3.x 中，__init__.py 对包来说，并不是必需的。

如，安装了 numpy 模块之后可以在 Lib\site-packages 安装目录下找到名为 numpy 的文件夹。

五、Python创建包、导入包

1. 创建包

包的建立和导入，符合较大型项目开发，我们简单介绍一下。包其实就是文件夹，更确切的说，是一个包含"__init__.py"文件的文件夹。创建一个包，只需操作：

➤ 新建一个文件夹，名称就是新建包的包名；

➤ 在该文件夹中，创建一个 __init__.py 文件，可以不编写任何代码。当有其他程序文件导入包时，会自动执行该文件中的代码。

创建完包，就可以编写和存储该包的模块代码了。

2. 包导入

其实包本质上还是模块，导入模块的语法同样也适用于导入包。导入方法可归结为以下 3 种：

➤ import 包名［.模块名［as 别名］］

➤ from 包名 import 模块名［as 别名］

➤ from 包名.模块名 import 成员名［as 别名］

导入包时，会在包目录下生成一个含有 __init__.cpython-36.pyc 文件的 __pycache__ 文件夹。这 3 种导入方式，在引用时有不同之处，请注意观察，也思考一下原因。

六、Python的包管理器——pypi

pypi 是 Python Package Index 的首字母简写，其实表示的是 Python 的 Package 索引，这个也是 Python 的官方索引。一般需要的包基本上都可以从这里面找到。

pip 是一个针对 Python 的包管理器，比如，安装某个包（pip install <PACKAGE>）查看本管理器所管理的软件有哪些（pip list），搜索镜像服务器中有哪些包（pip search <KEYWORDS>），列出哪些包过时了需要更新一下（pip list --outdated），升级一下需要更新的某个包（pip install -U <PACKAGE>）等。pip3管理Python3的包。

第七节　Python异常处理机制

1. 错误类型

编写程序时遇到的错误可大致分为两类，分别为语法错误和运行时错误。前者是编写人员疏忽造成的错误；后者是程序内部隐含逻辑问题造成的数据错误或系统错误。

（1）Python语法错误

语法错误，也就是解析代码时出现的错误。当代码不符合 Python 语法规则时，解释器在解析时就会报出语法错误（SyntaxError），并会明确探测到错误的语句。只有将程序中的所有语法错误全部纠正，程序才能执行。这个问题多半是大家常见的，在此不举例了。

（2）Python运行时错误

运行时错误，即程序在语法上都是正确的，但在运行时发生了错误。例如：

```
[in]        a = 1/0
[out]

ZeroDivisionError          Traceback(most recent call last)
<ipython-input-135-6c16767f6731> in <module>----> 1 a = 1/0
ZeroDivisionError:division by zero
```

这一结果，指明了错误的位置和出错的类型。

2. 异常

在Python中，把运行时产生错误的情况叫作异常（Exceptions）。常见的几种异常类型见表4-2。

表4-2　　　　　　　　　　　　　　**Python常见异常类型**

异常类型	含义	实例
AssertionError	当 assert 关键字后的条件为假时，程序运行会停止并抛出 AssertionError 异常	assert 0>1
AttributeError	当试图访问的对象属性不存在时抛出的异常	a=1 a.len
IndexError	索引超出序列范围会引发此异常	list1=［'a'，'b'］ list1［2］
KeyError	字典中查找一个不存在的关键字时引发此异常	d={} d［'a'］
NameError	尝试访问一个未声明的变量时，引发此异常	Nonce
TypeError	不同类型数据之间的无效操作	10+'100'
ZeroDivision	除法运算中除数为 0 引发此异常	1/0

当一个程序发生异常时，则该程序出现了非正常执行，无法再继续执行。默认情况下，程序要终止运行。要避免程序退出就需要进行异常处理。

3. 异常处理

使用捕获异常的方式获取这个异常的名称，再通过一定的逻辑代码让程序继续运行，这种根据异常做出相应的逻辑处理叫作异常处理。异常处理可以全面地控制程序，并提高了程序的健壮性和人机交互的友好性。

Python捕获和处理异一般使用 try 语句来实现。

（1）try except

Python中，用try except语句块捕获并处理异常，其基本语法结构如下：

try:

有可能产生异常的代码块

```
except ［（Error1，Error2，...）［as e］］:
    处理异常的代码块 1
except ［（Error3，Error4，...）［as e］］:
    处理异常的代码块 2
...
except ［Exception］:
    处理其他异常
```

该格式中，［］括起来的部分可以使用，也可以省略。其中各部分的含义如下:

➢ Error1，Error2，Error3 和 Error4 都是具体的异常类型。一个 except 块可以同时处理多种异常。

➢ as e: 作为可选参数，表示给异常类型起一个别名 e，便于在 except 块中调用异常类型。

➢ Exception: 程序发生除上述异常以外的异常，执行的代码段。其通常用在最后一个 except 块。

try except 语法结构中，try 块有且仅有一个，但 except 代码块可以有多个，且每个 except 块都可以同时处理多种异常。当程序发生不同的意外情况时（捕获异常），会对应特定的异常类型，Python 解释器会根据该异常类型选择对应的 except 块来处理该异常（处理异常）。举例如下:

```
[in]    class FixedAsset():
            def __init__(self,name,code):
                self.name = name
                self.code = code
            try:
                a_building = FixedAsset('a','01-01')
                a.volume = 20
            except KeyError:
                print("字典中查找一个不存在的关键字。")
            except AttributeError:
                print("访问的对象属性不存在。")
            except Exception:
                print("不知道犯了什么错误！")
[out]   访问的对象属性不存在。
```

（2）try except finally

异常处理机制还提供了一个 finally 语句，通常用来为 try 块中的程序做扫尾清理工作。在整个异常处理机制中，finally 语句的功能是无论 try 块是否发生异常，最终都要进入 finally 语句，并执行其中的代码块。举个例子:

```
try:
    a = int(input("请输入一个数字:"))
    print("该数据的倒数为:",1/a)
```

```
except:
        print("发生异常！执行")
    else:
            print("没有发生异常！执行")
    finally:
        print("发没发生异常！都执行")
```

[in]   0,或a

[out]   请输入一个数字:a
        发生异常！执行
        发没发生异常！都执行

[in]   20

[out]   请输入一个数字:20
        该数据的倒数为:0.05
        没有发生异常！执行
        发没发生异常！都执行

4. raise 用法

抛出一个错误，raise 语句的基本语法格式为：

raise ［exceptionName ［（reason）］］

程序由于错误导致的运行异常，是需要程序员想办法解决的，但还有一些异常，是程序正常运行的结果，比如用 raise 手动引发的异常。我们举例方便理解：

```
try:
    p = int(input("请输入查询的会计期间:"))
    if(p not in range(1,13)):
        raise ValueError("必须输入1-12的数字！")
except ValueError as e:
    print("输入的数据错误",repr(e))
```

[in]   2

[out]   请输入查询的会计期间:2

[in]   13

[out]   请输入查询的会计期间:13
        输入的数据错误 ValueError('必须输入1-12的数字!')

[in]   q

[out]   请输入查询的会计期间:q
        输入的数据错误 ValueError("invalid literal for int( )with base 10:'q'")

第八节　Python 上下文处理

一、上下文管理器——with 子句

1. with 子句

with 子句可以看作对 try/finally 模式的简化，用于对软件系统中的资源进行管理，比如数据库连接、共享资源的访问控制等。其是利用了上下文管理器，例如，我们常使用到如下的代码块：

文件读取

with open（file，' r'）as f：

代码段

举例：

with open("./zen.txt")as f：

    zen = f.read（）

    print（zen）

2. 上下文管理器

上下文管理器包含 __enter__ （）和 __exit__ （）两个方法。也就是支持该协议的对象要实现这两个方法。

上下文管理器定义执行 with 语句时要建立的运行时上下文，负责执行 with 语句块上下文中的进入与退出操作。通常使用 with 语句调用上下文管理器，也可以通过直接调用其方法来使用。假设上下文管理器对象为 o：

o.__enter__ （self）#with 语句执行时，先获取上下文管理器对象，__enter__ （）返回上下文管理器对象本身；

o. __exit__ （self，exc_type，exc_val，exc_tb）# 带有 3 个参数 exc_type，exc_val，exc_tb，若上下文管理器对象执行无异常，则 3 个参数均为 None，若发生异常，则 3 个参数分别为异常类型（exc_type）、异常值（exc_val）和 tracback 信息（exc_tb）。

with 子句语法：

withEXPasVAR：# EXP：表达式，VAR：变量名，［as VAR］［可选］

BLOCK　　#代码块

我们考察一下 with 子句执行过程：

➢ 执行 with 子句

①通过 EXP 获取生成上下文管理器对象 context_manager；

②获取并调用该对象__enter__ （）方法，若有 as VAR 则把返回值 VAR。

➢ 执行 BLOCK 代码段

① 如果 BLOCK 代码段发生异常，调用上下文对象 __exit__ （）函数，并返回 exc_type，exc_val，exc_tb，结束上下文管理。如果执行过程中出现异常，则使用 sys.

exc_info得到的异常信息为参数调用 __exit__（exc_type，exc_value，exc_traceback）。

②没有异常，执行完BLOCK代码段，正常调用上下文对象__exit__（）函数，并结束上下文管理。如果执行过程中没有出现异常，或者语句体中执行了语句 break / continue / return，则以 None 作为参数调用 __exit__（None，None，None）。

二、自建上下文管理器类

我们设计一个会计过账（Posting）上下文管理器。在过账过程中，要把会计序时账汇聚到分类账和总分类账中去，期间如果出错则过账失败需要查验错误类型，并重新过账，因此需要上下文管理器执行操作，以确保数据安全性和完整性。我们简略设计：

```python
# 上下文管理器类
class Posting(object):
    def __init__(self):
        pass
    def __enter__(self):
        """进入with语句被调用,返回值赋给as语句的变量名"""
        print('已经进入过账 ...')
        return "var"
    def __exit__(self,exc_type,exc_val,exc_tb):
        """完成过账时被with调用"""
        print('过账正常完成')
        return True
if __name__ == '__main__':
    with Posting()as var:
        print(var)
```

【思考题与实践】

一、思考题

1.以系统分析和设计的结构化方法，分析一般企业会计信息系统的功能。

2.请举例说明前述3种数据模型。

3.尽可能详细地阐述企业会计系统的数据模型应用。

4.一般使用DFD（数据流图）的顶层图描述系统的功能，请选择一个会计信息系统的子系统（如应收会计），用DFD的顶层图（context level）描述其功能，以及其与外界环境的信息交换。

二、实践

1.请使用reduce（）实现把序列［8，4，7，6，0，1，1，4］变换成整数54760114。

2.用一组tuple表示公司代码和业绩，分别用代码和业绩进行排序，并给出业绩为正的公司代码列表。

数据：L=［（'000015'，75），（'300145'，-92），（'600001'，2），（'688001'，-30）］

3.沿用2题中的数据列表，采用map（）函数将对应的公司代码改成公司名称：

name =［'KF无限','WC银行,''GG服饰,''TFGA体育'］。

4.查阅资料，了解Python异常错误有哪些。尝试编写代码，得到这些错误类型。

第四章智能测评

第五章

数据分析基础

【本章知识结构】

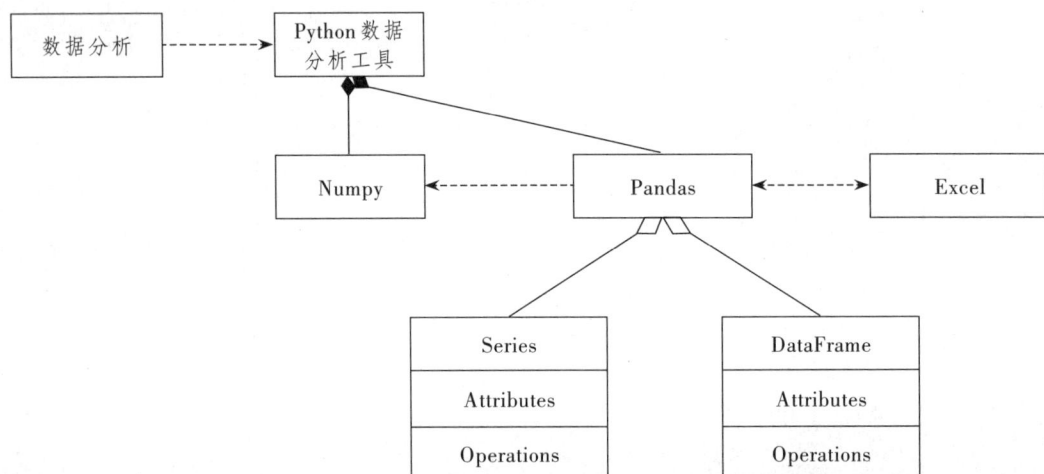

第一节　数据分析概述

一、数据分析

数据分析是利用数学、统计学理论相结合的科学方法，从数据中提取有价值的信息并形成结论的过程。数据分析的本质是通过揭示数据的规律，解决具体问题，以帮助实践者做出判断和决策。

随着信息技术的进步，大数据和人工智能技术日趋成熟，数据分析无处不在。对企业而言，数据分析可以发现企业自身的问题，分析问题原因，预测企业的未来，并为其发展提供可参考的行动、措施和战略等。

在具体实践中，无论从事哪种行业或不同岗位，数据分析都是基本能力，是职场必备技能。

二、数据分析分类

数据分析分为四类：描述性分析、诊断性分析、预测性分析和规范性分析。如图5-1

所示，这四类分析具有更大的实用价值。对于这四类数据分析的深入了解都需要学习更多的数据分析课程。

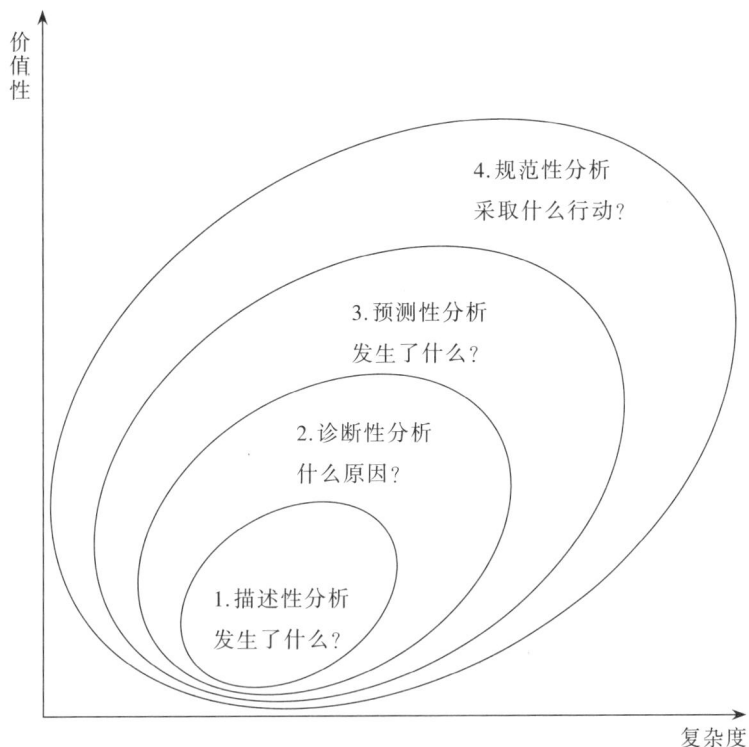

图5-1 数据分析类型

1. 描述性分析

描述性分析用于回答"发生了什么？"这一基本问题。例如，公司会计师通过计算财务指标的描述性分析来了解业务的表现。如单位成本、存货周转率、客户获取成本、预算与实际费用和收入的差异等指标都是描述性分析的内容。

描述性分析使用探索性数据分析技术。探索性数据分析是一种不使用特定的模型或假设而探索数据的方法。它包括了解数据的中心趋势、数据的分布、数据的相关性、数据的分散度等。通常用视觉描述，视觉表示可以快速解释，易于理解，并且揭示需要进一步探索的领域。数据的任何可视化表示，如图形、图表或动画，都被称为可视化视觉描述之一。

2. 诊断性分析

诊断性分析不只是检查"发生了什么？"，还试图回答"为什么会发生这种情况？"。诊断性分析建立在描述性分析的基础上，它包括使用逻辑或基于验证模型来试图揭示数据的关系，以解释为什么会发生这种情况。

使用一般逻辑分析，是非结构化提出为什么，之后用相应的事实证据去回答，直到找到事实发生的原因。例如，公司上个季度的整体毛利率有所下降（一种描述性分析），看看是否或多或少有高/低毛利率的产品销售，可能发现市场部在上个季度做了大量的广告，从一个侧面找到了原因，当然也可以从另一个侧面继续分析。

诊断性分析也可以更正式，并采用验证性数据分析技术。验证性分析检验一个假设，并提供了证据（数据）反驳或支持假设的可能性的统计测量方法。显然，统计检验超出了本文的范围，大家以后可以在更高级的课程学习。

3. 预测性分析

预测性分析要能回答"未来可能会发生什么"这个问题。预测性分析使用历史数据来寻找在未来可能出现结果的估计。一般历史数据越多，估计接近真实发生的可能性就越大。预测性分析的一般步骤：选择目标向量，查找并准备适当的数据，创建和验证预测模型。

创建预测性分析模型的第一步是决定要预测的要素。这个要素被称为目标变量、结果变量或因变量。目标变量可以是分类值或数值，前者是分类问题，后者为回归问题。

分类数据采用有限数量的分配值来代表不同的组。例如，预测公司是否会发生债务违约，如果用分类问题，可能的目标变量的值：有可能、很有可能、不可能等；也可以是回归问题，目标变量是债务违约发生的概率值。

有关该领域的知识设计内容较多，大家结合第一章有关机器学习和playgroud的演示内容，初步了解有关：数据集（训练集、测试集、验证集）、数据分布、模型假设、超参数调节、过拟合、欠拟合等概念。

4. 规范性分析

规范性分析回答了"应该做什么？"这一问题。规范性分析在以上三种分析的基础之上，给出可以采取的建议，也可以是系统基于预测性分析结果采取的行动方案。例如，快递公司每日数以万计的邮件，运送包裹的方式有很多，选择的路径也有多种。虽然业务人员最初根据他们的经验设计方式和路线，以节省时间，尽量减少驾驶距离，减少排放，增加安全为目标，可以设计一个实时的规定分析解决方案，并给出实时的路线建议。

规范性分析使用人工智能、机器学习和其他统计方法等技术来生成行动方案。成功的关键是开发一个初始预测模型，然后应用适当的算法，以便这些模型随着时间的推移继续改进它们的建议。

三、数据分析的常见问题

数据分析可以有巨大的价值。然而与所有分析相关的问题必须仔细考虑，因为它们可能导致糟糕甚至错误的结果。首先，"垃圾输入，垃圾输出"——GIGO，指的是如果底层数据不是高质量的，数据分析就没有价值，即数据本身没有被正确地设计、维护和记录时，也会有不良数据分析。

即便有高质量的数据，在创建分析时所涉及的建模也可能会有问题。如果数据过拟合产生的分析与一组数据过于精确对应，那么当模型使用额外数据时，它就不能可靠地预测未来的观察结果。在确定正确的模型时，需要使用测试数据集进行测试和评估。

如果两个常见的问题是相互关联的，数据分析不及预期可能与误用设计良好的模型有关。超出数据范围的外推是一个估计超出用于创建模式的数据的值的过程。假设你正在预测一个房屋的面积如何影响房屋的销售价格。如果创建一个模型的所有数据都是针对100平方米到200平方米的房屋。推断超出数据范围，如使用这个模型来预测1 000平方米的房屋的价格。由于该模型不是为如此大的房屋创建的，因此该模型可能无法准确预测如此大的房屋的价格。因此，使用尽可能类似于正在预测的数据创建的模型是很重要的。如果违反了这一点，可能会导致不良的后果。

再有，数据分析没有考虑到模型中固有的缺陷。如使用不足的样本数据进行预测，并盲目相信预测结果，也会带来不良的影响。例如，在利用数据来预测公司经营业绩，忽略了新冠肺炎疫情的影响，这一环境要素的变化，可能会得出相反的结论。

四、数据分析的基本流程

掌握一款数据分析工具至关重要，好的工具能够帮助快速解决问题，提高工作效率。常用的数据分析工具有 Excel、SPSS、R 语言、Python 语言等，而本书重点讲述 Python 语言，以及第三方模块 Pandas。

数据分析没有一定之规，但是数据分析具有一般的基本流程，如图 5-2 所示。

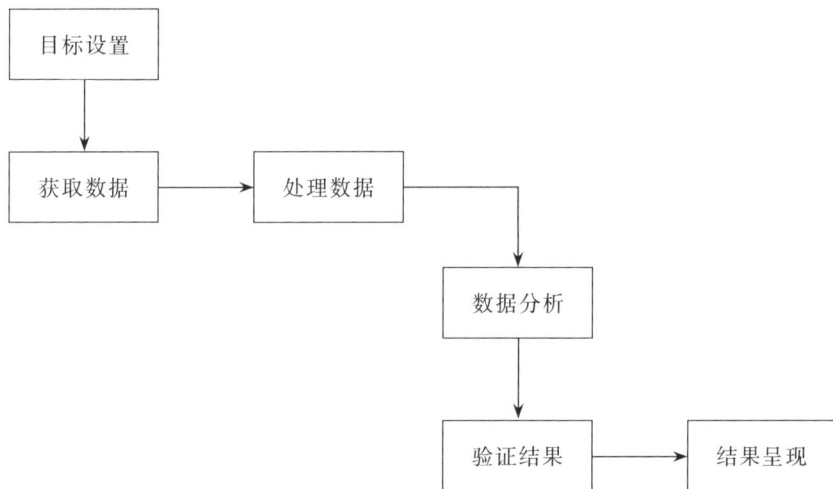

图 5-2　数据分析的基本流程图

1.目标设置

数据分析的重要环节是明确目的，就是确定为什么要进行数据分析。在数据分析方面，首先要花大量的时间确定：为什么要做数据分析？分析什么？想要达到什么目的？只有明确了分析目的，才能恰当地进行其他步骤，找到适合的分析方法，最终得到有意义的结论，并应用到实践中。

2.获取数据

我们在前面讲过数据和数字化，数据的本质是事实的表示。因此，数据的来源多且广泛。我们获取的数据对象需要与具体的问题有关，如会计业务领域数据往往是企业业务记录和财务特征，它们在企业经营过程中形成，被记录在我们熟悉的 Excel 数据、数据库中的数据、网站数据以及公开的数据集等。

获取数据之前，我们要清楚需要什么时间或时段的数据，数据来自哪些数据载体，数据是什么结构，以及如何获得，如何下载、复制，或是通过程序爬取等。

3.数据处理

我们取得了数据，但是数据未必满足我们设定的分析目标要求。能够满足目标设置的数据属性，我们称其为特征。因此，从数据属性转化为面向目标问题的特征，这一过程叫作特征工程。

特征工程把大量、杂乱无章、难以理解、缺失的数据，抽取并推导出对解决问题有价值、有意义的特征，包括数据规约、数据清洗、数据加工等过程。我们简单了解一下这些概念：

（1）数据规约：在保持或接近保持原数据完整性的同时，将数据集规模减小，以提高数据处理的速度。例如，从几十年的上市公司数据中，我们选取近三年的子集，这样做的目的是减小数据规模，提高数据处理速度。

（2）数据清洗：取得原始数据后，其中可能有很多数据不符合数据分析的要求，需要进一步处理，一般的处理包括缺失、异常值处理、重复数据处理等。

（3）数据加工：包括数据抽取、数据计算、数据分组和数据转换。

➢ 数据抽取：选取数据中的部分内容。

➢ 数据计算：进行各种算术和逻辑运算，以便得到进一步的信息。

➢ 数据分组：按照有关信息进行有效分组。

➢ 数据转换：数据标准化处理，以适应数据分析算法的需要，如 z-score 标准化、"最小和最大标准化"等。

4.数据分析

这里的数据分析，是指模型假设和求解过程。

5.验证结果

各类数据分析的结果，往往存在各种各样的约束条件和适用范围，也有其固有的偏差和误差，往往需要新的事实加以验证。

6.结果呈现

数据分析为业务决策带来的有效应用，需要通过结果呈现（信息传递和有效沟通）来实现。可视化则是数据分析结果呈现的重要步骤。可视化是以图表方式呈现数据分析结果的，这样的结果会更清晰、直观，容易理解。

第二节　常用的Python数据科学库

一、Python数据科学库概述

Python已成为当今使用最广泛的编程语言之一，尤其是在数据科学领域，具有广泛的库支持。这些库都有自己独特的功能，包含数学运算、工程运算、数据挖掘、数据可视化和神经网络等。在解决数据科学任务时，分析师、工程师和科学家等大多正在利用这些库的强大功能，来完成数据科学领域的工作。

Python的第三方库中，有关数据科学领域的很多，已经形成了Python的数据生态系统。Anaconda包含了NumPy、SciPy等180多个科学包及其依赖项，现在这里只介绍常用的，也是重要的数据科学库，主要包括NumPy、SciPy、Pandas、StatsModels、Scikit-Learn、Matplotlib。

二、NumPy

NumPy是Numerical Python的简写，是Python数值计算的基石。它用于处理大型多维数组和矩阵。NumPy 通常与 SciPy（Scientific Python）和 Matplotlib（绘图库）一起使用，这种组合广泛用于替代 MatLab。

NumPy 基本构成为一个由多维数组对象（ndarray）和处理这一对象的方法。NumPy 主要用于对数组执行数学运算和相关逻辑运算，包含：①强大的 N 维数组对象 Array；②广播功能函数库；③用于整合 C/C++ 和 Fortran 代码的工具包；④实用的线性代数、傅里叶变换和随机数生成函数等。

我们可能一时感受不到 NumPy 的重要程度。在这里，我们只要知道：NumPy 是一个强大的科学计算工具，有助于我们通过 Python 学习数据科学或者机器学习。

三、Pandas

Pandas 是基于 NumPy 的一种工具，该工具是为解决数据分析任务而创建的。Pandas 的名称来自于面板数据（panel data）和 Python 数据分析（data analysis）。panel data 是经济学中关于多维数据集的一个术语。Pandas 纳入大量数据模型，提供了高效地操作大型数据集所需的工具。Pandas 的功能主要是数据清洗、转换和分析。它能够读取、操作、聚合和可视化数据，并将所有内容转换为易于理解的格式。

Pandas 最重要的功能是简单、直观地处理关系型、标记型数据。Pandas 适用于处理以下类型的数据：

➢ 与 SQL 或 Excel 表类似的功能。

➢ 有序和无序的时间序列数据处理。

➢ 带行列标签的矩阵数据处理，包括同构或异构型数据。

➢ 任意形式数据转入 Pandas 接口管理。

Pandas 为了解决其他编程语言、科研环境的痛点，广泛用于金融领域。本章会详细讲述 Pandas 的使用。

四、Scikit-Learn

Scikit-Learn（sklearn）是基于 Python 语言的机器学习工具。sklearn 实际上是 Python 的本地机器学习库，它提供以下算法：支持向量机、随机森林、K-means 聚类、光谱聚类、均值偏移、交叉验证等。我们可以很方便地使用 sklearn 进行数据预处理、分类、回归、降维、模型选择等。

五、Matplotlib

数据呈现是数据分析的关键流程，其重要方法就是可视化。Matplotlib 是 Python 的绘图库，它能让使用者很轻松地将数据图形化。

Matplotlib 可以绘制静态、动态、交互式的图表，并且提供多样化的输出格式，包括线图、散点图、等高线图、条形图、柱状图、3D 图形，甚至是图形动画等。

Seaborn 是 Python 中的另一个数据可视化库。对于初学者，使用 Matplotlib，我们只能创建基本图，包括条形、线条、区域、散点图等。但是，使用 Seaborn 使可视化水平提高了一个档次，可以用更少的资源创建各种复杂的可视化图形。

第三节　Pandas数据对象

一、Pandas的数据结构

Pandas的数据结构主要是Series（一维数据）与DataFrame（二维数据），见表5-1。这两种数据结构足以处理金融、统计、社会科学、工程等领域里的大多数典型用例。Pandas的数据结构就像是低维数据的容器。比如，DataFrame是Series的容器，Series则是标量的容器。

表5-1　　　　　　　　　　　　　Pandas的数据结构

维数	名称	描述
1	Series	带标签的一维同构数组
2	DataFrame	带标签的大小可变的二维异构表格

二、Series

1. Series结构

Series结构，也称Series序列，是一种类似于一维数组的结构，由一组数据值（value）和一组标签组成，其中标签与数据值之间是一一对应的关系，如图5-3所示。

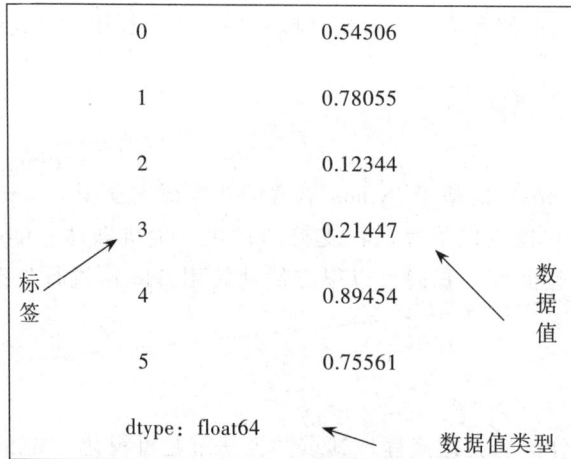

图5-3　Series结构图

Series可以保存任何数据类型，如整数、字符串、浮点数、Python对象等，它的标签默认为整数，从0开始依次递增。

2. 创建Series对象

Pandas使用Series（）函数来创建Series对象，语法：

```
import pandas as pd
s=pd.Series（data，index，dtype，copy）
```

参数说明：

data：输入的数据，可以是列表、常量、ndarray[①]数组等。

index：索引值必须是唯一的，如果没有传递索引，则默认为 np.arrange（n）[②]。

dtype：表示数据类型，如果没有提供，则会自动判断得出。

copy：表示对 data 进行拷贝，默认为 False。

［in］

```
import pandas as pd
import numpy as np
data = {'1001':"库存现金",'1002':"银行存款",'1601':"固定资产"}
account = pd.Series(data,index=['1001','1002','1003','1601'])
```

［out］

```
1001    库存现金
1002    银行存款
1003     NaN
1601    固定资产
dtype:object
```

当传递的索引值无法找到与其对应的值时，使用 NaN（非数字）填充。

3.访问 Series 数据

创建 Series 对象的多种方式，访问 Series 序列中元素分为两种方式，位置索引和索引标签。

（1）位置索引访问。

使用 slice（）函数：

［in］

```
s=slice(1,None,2)
print(account[s])
```

［out］

```
1002    银行存款
1601    固定资产
dtype:object
```

使用位置索引：

［in］

```
print(account[1:-1:2])
print(account[1:2])
```

［out］

```
1002    银行存款
1601    固定资产
dtype:object
```

---

① ndarray 为 Numpy 的数据结构，多维数组。
② np.arrange（n）是 Numpy 函数，生成带起点和终点的特定步长的排列。

      1002 银行存款

      dtype:object

（2）索引标签访问。

Series 类似于一个 dict，把 Series 的 index 中的索引标签当作 key，而把 Series 序列中的元素值当作 value，然后通过 index 索引标签来访问或者修改元素值。

[in]

      print(account['1001'])

      account['1003']="其他货币资金"

      print(account[['1001','1002','1003']])

[out]

      库存现金

      1001   库存现金

      1002   银行存款

      1003   其他货币资金

      dtype:object

这里请注意，account [['1001','1002','1003']] 的写法，并且两个 print 输出的类型不同，请思考为什么？

4.Series 常用属性

Series 的常用属性和方法。除了 loc 和 iloc 两个属性（我们后边结合 DateFrame 讲解），表 5-2 列出了 Series 的常用属性。

表 5-2   Series 的常用属性

属性名	说明
axes	以列表的形式返回所有行索引标签
dtype	返回对象的数据类型
empty	返回一个空的 Series 对象
ndim	返回输入数据的维数
size	返回输入数据的元素数量
.values	以 ndarray 的形式返回 Series 对象
index	返回一个 RangeIndex 对象，用来描述索引的取值范围

[in]

      print(account.axes)

      print(account.dtype)

      print(account.empty)

      print(account.ndim)

      print(account.size)

      print(account.values)

      print(account.index)

      s=pd.Series([1,2,5,8])

```
    print(s.index)
［out］
    ［Index（［'1001','1002','1003','1601'］,dtype='object'）]
    object
    False
    1
    4
    ['库存现金''银行存款''其他货币资金''固定资产'］
    Index（［'1001','1002','1003','1601'］,dtype='object'）
    RangeIndex（start=0,stop=4,step=1）
```

5.Series常用方法

（1）head（）、tail（）查看数据。

如果想要查看 Series 的某一部分数据，可以使用 head（）或者 tail（）方法。其中 head（n）返回前 n 行数据，默认显示前 5 行数据。

（2）isnull（）、notnull（）检测缺失值。

isnull（）和 notnull（）用于检测 Series 中的缺失值。isnull（）：如果值不存在或者缺失，则返回 True。notnull（）：如果值不存在或者缺失，则返回 False。

大家使用 dir（）列示 Series 实例方法，会发现很多方法，需要渐渐地接触掌握。

三、DataFrame

1. DataFrame结构

DataFrame是Pandas的重要数据结构，也是在使用Pandas进行数据分析过程中常用的结构。

DataFrame 是一种表格型的数据结构，如图 5-4 所示，既有行标签（index），又有列标签（columns），它也被称异构数据表，异构是指表格中每列的数据类型可以不同，如可以是字符串，也可以是整型或者浮点型等。

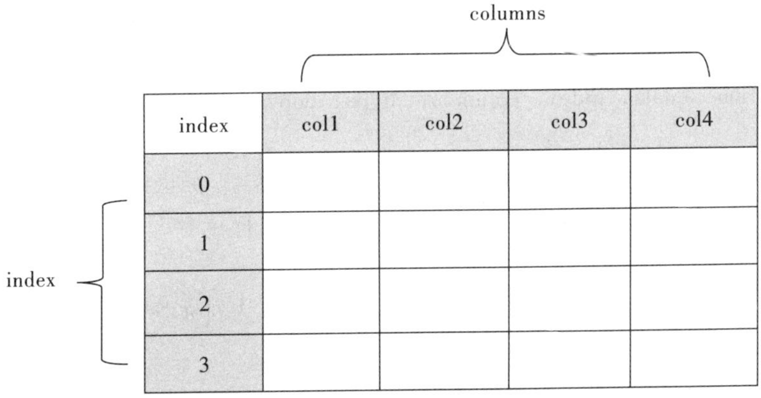

图5-4　DataFrame结构

表 5-3 的 DataFrame 展示了 A 股上市公司的基础数据。数据以行和列的形式来表示，其中每一列表示一个属性，而每一行表示一个上市公司条目的信息。

表5-3 A股上市公司的基础数据DataFrame

Scode	Coname	Listdt	RegCap	Prvn	IndusA	IndcodeA
600000	浦发银行	1999-11-10	29352156163	上海市	银行业	I01
600001	邯郸钢铁	1998-01-22	2816456569	河北省	黑色金属冶炼	C65
600002	齐鲁石化	1998-04-08	1950000000	山东省	石油加工及炼焦业	C41
600003	ST东北高	1999-08-10	1213200000	吉林省	交通运输辅助业	F11
600004	白云机场	2003-04-28	2366718283	广东省	交通运输辅助业	F11

DataFrame的dtypes属性，展示了每一列标签所描述数据的数据类型，如下所示：

Coname	object
Listdt	object
RegCap	int64
Prvn	object
IndusA	object
IndcodeA	object

dtype: object

我们可以把DataFrame视为若干Series组成的结构。DataFrame为这些行中每个数据值都有一个列标签。因此，DataFrame其实是从Series的基础上演变而来。

这里要讲"隐式索引"的概念。在没有指定索引时，Series和DataFrame自带行标签索引，默认即从0开始依次递增，行标签与DataFrame中的数据项一一对应。当然，也可以用"显式索引"的方式来设置行标签。

DataFrame数据结构的特点：

➢ DataFrame每一列允许使用不同的数据类型。

➢ DataFrame是具有行和列的表格型数据结构。

➢ DataFrame有两个方向的标签轴，分别是行标签和列标签。

➢ DataFrame可以对行和列执行算术运算。

2. DataFrame创建

创建DataFrame，与Series类似，语法格式：

import pandas as pd

pd.DataFrame（data，index，columns，dtype，copy）

其中，

data：输入的数据，可以是ndarray、series、list、dict、标量以及一个DataFrame。

index：行标签，如果没有传递index值，则默认行标签是np.arrange（n），n代表data的元素个数。

columns：列标签，如果没有传递columns值，则默认列标签是np.arrange（n）。

dype：dtype表示每一列的数据类型。

copy：默认为False，表示复制数据data。

举例，使用嵌套列表创建DataFrame对象：

[in]

import pandas as pd

```
data =[['库存现金',1000],['银行存款',520000],['其他货币资金',300000]]
df = pd.DataFrame(data,columns=['科目','余额'])
print(df)
```
[out]

	科目	余额
0	库存现金	1 000
1	银行存款	520 000
2	其他货币资金	300 000

3.列索引操作DataFrame

DataFrame可以使用列索引（columns index）来完成数据的选取、添加和删除操作。代码参考课程资源文件，这里仅仅给出简略代码：

（1）列索引选取数据列。

df['科目']

（2）列索引添加数据列。

df['余额方向']=pd.Series(["借","借","贷"])

（3）列索引删除数据列。

del df['科目']

df.pop('余额方向')

通过 del 和 pop（）都能够删除 DataFrame 中的数据列。大家可以仔细观察一下它们的不同。

4.行索引操作DataFrame

理解了列索引操作后，行索引操作就变得简单了。首先我们指定一个列为索引列：

[in]
```
df.index= pd.Series(['1001','1002','4001'])
```
[out]

	科目	余额	余额方向
1001	库存现金	1000	借
1002	银行存款	520000	借
4001	实收资本	4000000	贷

（1）标签索引选取。

可以将行标签传递给 loc 函数，来选取数据。

df.loc['1001']

df.loc['1001','科目']

df.loc['1001','科目':'余额方向']

loc 允许接收两个参数，分别是行和列，参数之间使用"逗号"隔开，但该函数只能接收标签索引。

（2）整数索引选取。

通过将数据行所在的索引位置传递给 iloc 函数，也可以实现数据行选取。

df.iloc［2］

df.iloc［:2,1］

iloc允许接收两个参数，分别是行和列，参数之间使用"逗号"隔开，但该函数只能接收整数索引。

5. DataFrames属性和方法

同样DataFrame方法很多，我们这里只是给出课后参阅教材资源，多加练习。举例来说：

（1）添加数据行。

使用append（）函数，在DataFrame中的行末追加数据行：

df = df.append(df1)

（2）删除数据行。

可以使用行索引标签，从DataFrame中删除某一行数据。如果索引标签存在重复，那么它们将被一起删除：

df.drop（'1001'）　　　　　#适合上例的数据

df = df.drop(n)　　　　　　#如果默认行标签是 np.arrange（），n 为行标签数字

（3）DataFrame其他属性和方法。

DataFrame 的属性和方法，见表5-4。它基本与 Series 相同。

表5-4　　　　　　　　　　　　　DataFrame 常见的属性和方法

属性名	说明
T	行和列转置
axes	返回一个仅以行轴标签和列轴标签为成员的列表
dtypes	返回每列数据的数据类型
empty	DataFrame中没有数据或者任意坐标轴的长度为0，则返回 True
ndim	轴的数量，也指数组的维数
shape	返回一个元组，表示了 DataFrame 维度
size	DataFrame中的元素数量
values	使用 Numpy 数组表示 DataFrame 中的元素值
head（）	返回前 n 行数据
tail（）	返回后 n 行数据
shift（）	将行或列移动指定的步幅长度

第四节　Pandas Excel读写操作

一、read_excel（）

Excel 在数据量较少的情况下，对于数据的处理、分析、可视化有其独特的优势。但是，当数据量非常大时，就会有操作重复、数据分析难等问题。Pandas 提供了操作 Excel

文件的函数，可以很方便地处理 Excel 表格。

读取 Excel 表格中的数据，使用 read_excel（）方法，语法：

pd.read_excel（io, sheet_name=0, header=0, names=None, index_col=None,
　　　　　usecols=None, squeeze=False, dtype=None, engine=None,
　　　　　converters=None, true_values=None, false_values=None,
　　　　　skiprows=None, nrows=None, na_values=None, parse_dates=False,
　　　　　date_parser=None, thousands=None, comment=None, skipfooter=0,
　　　　　convert_float=True，**kwds）

部分参数说明：

io：Excel 文件的存储路径。

sheet_name：要读取的工作表名称。

index_col：用作行索引的列，可以是工作表的列名称，如 index_col = ' 列名'，也可以是整数或者列表。

举例：

[in]

```
import pandas as pd
# 解决显示不对齐问题
pd.set_option('display.unicode.east_asian_width',True)
#读取 excel数据
df = pd.read_excel('c_info.xlsx',index_col='Scode',nrows=5)
print(df)
```

[out]

Scode	Coname	Listdt	RegCap	Prvn	IndusA	IndcodeA
600000	浦发银行	1999-11-10	29352156163	上海市	银行业	I01
600001	邯郸钢铁	1998-01-22	2816456569	河北省	黑色金属冶炼	C65
600002	齐鲁石化	1998-04-08	1950000000	山东省	石油加工及炼焦业	C41
600003	ST东北高	1999-08-10	1213200000	吉林省	交通运输辅助业	F11
600004	白云机场	2003-04-28	2366718283	广东省	交通运输辅助业	F11

二、to_excel（）

通过 to_excel（）函数可以将 DataFrame 中的数据写入到 Excel 文件，可分两种情况：①单个对象写入 Excel 文件，指定目标文件名；②要写入到多张 Excel 文件中，需要创建一个带有目标文件名的 ExcelWriter 对象，并通过 sheet_name 参数依次指定工作表的名称。

to_excel（）语法格式如下：

DataFrame.to_excel（excel_writer,sheet_name='Sheet1',na_rep='',
　　　　　float_format=None,columns=None,header=True,index=True,
　　　　　index_label=None,startrow=0,startcol=0,engine=None,
　　　　　merge_cells=True,encoding=None,inf_rep='inf',verbose=True,
　　　　　freeze_panes=None）

部分参数说明：

excel_wirter：文件路径或者 ExcelWrite 对象。

sheet_name：指定要写入数据的工作表名称。

columns：指定要写入的列。

index：表示要写入的索引。

engine：是一个可选参数，用于指定要使用的引擎，可以是 openpyxl 或 xlsxwriter。

举例：

[in]

```
#创建 DataFrame 数据
data1 = pd.DataFrame('code':['1001','1002','1012','4001'],
                     'name':['库存现金','银行存款','其他货币资金','实收资本'],
                     'balance':[1000,520000,300000,4000000],
                     'DrCr':['借','借','借','贷'])
writer = pd.ExcelWriter('data1.xlsx')#创建 ExcelWrite 对象
data1.to_excel(writer)
writer.save()
print('写入成功')
```

[out]

写入成功

上述代码执行后会自动生成 data1.xlsx 文件，图 5-5 为文件内容。

	A	B	C	D	E
1		code	name	balance	DrCr
2	0	1001	库存现金	1000	借
3	1	1002	银行存款	520000	借
4	2	1012	其他货币	300000	借
5	3	4001	实收资本	4000000	贷

图 5-5　自动生成 data1.xlsx 文件

第五节　Pandas 描述性统计

一、描述统计学

我们前述讲过描述性分析，其主要应用描述统计学（descriptive statistics）对数据规律、特征做出综合性的描述分析。Pandas 常用的统计函数，见表 5-5。

二、聚合计算

从描述统计学角度出发，可以对 DataFrame 结构执行聚合计算等其他操作，如 mean（）求均值、sum（）求和等方法。

表5-5 　　　　　　　　　　　　　　Pandas 常用的统计函数

函数名称	描述说明
count（）	统计某个非空值的数量
sum（）	求和
mean（）	求均值
median（）	求中位数
mode（）	求众数
std（）	求标准差
min（）	求最小值
max（）	求最大值
abs（）	求绝对值
prod（）	求所有数值的乘积
cumsum（）	计算累计和，axis=0，按照行累加；axis=1，按照列累加
cumprod（）	计算累计积，axis=0，按照行累积；axis=1，按照列累积
corr（）	计算数列或变量之间的相关系数，取值-1到1

在 DataFrame 中，使用聚合类方法时需要指定轴（axis）参数，如图5-6所示：

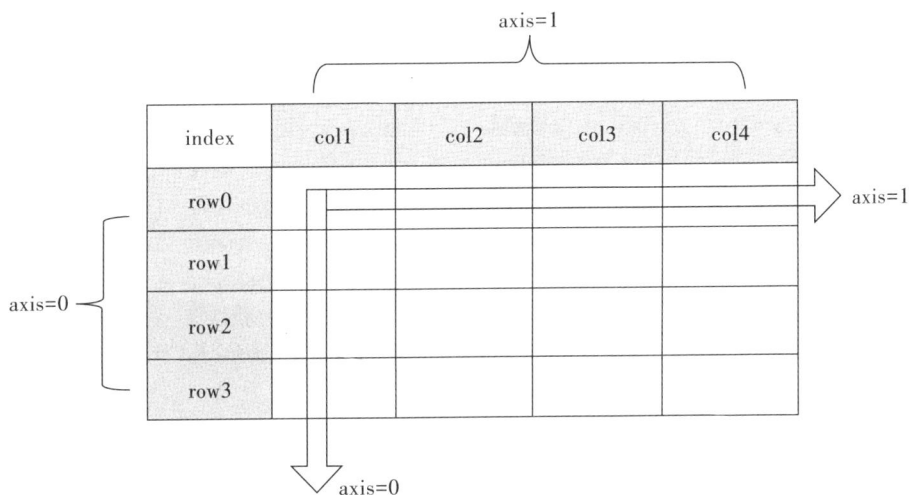

图5-6　axis轴示意图

➤ 以行为操作对象，axis=0 或者使用 "index"，表示按垂直方向进行计算。

➤ 以列为操作对象，axis=1 或者使用 "columns"，表示按水平方向进行计算。

我们以这个 DateFrame 为例：

［in］

```
import pandas as pd
# 解决显示不对齐问题
pd.set_option（'display.unicode.east_asian_width'，True）
#读取 Excel数据
```

```
df = pd.read_excel('inc_.xlsx', index_col='股票代码', nrows=5)
df
```
[out]

股票代码	营业总收入	营业总成本	利润总额	净利润	其他综合收益	综合收益总额	基本每股收益
600004	5.224638e+09	5.742003e+09	-1.483956e+08	-2.319300e+08	-2.403081e+07	-2.559608e+08	-0.1200
600006	1.373340e+10	1.361909e+10	5.077562e+08	5.529088e+08	1.873940e+05	5.530962e+08	0.2768
600007	3.097760e+09	2.040937e+09	1.105080e+09	8.261308e+08	NaN	8.261308e+08	0.8200
600008	1.922460e+10	1.739120e+10	2.240187e+09	1.601916e+09	4.203872e+08	2.022303e+09	0.2411
600009	4.303465e+09	6.562523e+09	-1.515625e+09	-1.168585e+09	NaN	-1.168585e+09	-0.6600

大家可以自己练习如下聚合函数：sum（）求和、mean（）求均值、std（）求标准差等，尤其注意 axis 的默认和指定情况。

三、数据汇总描述

1. describe（）函数

describe（）函数显示与 DataFrame 数据列相关的统计信息摘要。它输出了平均值、std 和 IQR 值（四分位距）等一系列统计信息。

[in]
```
print(df.describe())
```
[out]

	营业总收入	营业总成本	利润总额	净利润	其他综合收益	综合收益总额	基本每股收益
count	5.000000e+00	5.000000e+00	5.000000e+00	5.000000e+00	3.000000e+00	5.000000e+00	5.000000
mean	9.116774e+09	9.071150e+09	4.378005e+08	3.160882e+08	1.321813e+08	3.953970e+08	0.111580
std	7.036097e+09	6.259139e+09	1.401629e+09	1.057610e+09	2.498873e+08	1.196613e+09	0.546557
min	3.097760e+09	2.040937e+09	-1.515625e+09	-1.168585e+09	-2.403081e+07	-1.168585e+09	-0.660000
25%	4.303465e+09	5.742003e+09	-1.483956e+08	-2.319300e+08	-1.192171e+07	-2.559608e+08	-0.120000
50%	5.224638e+09	6.562523e+09	5.077562e+08	5.529088e+08	1.873940e+05	5.530962e+08	0.241100
75%	1.373340e+10	1.361909e+10	1.105080e+09	8.261308e+08	2.102873e+08	8.261308e+08	0.276800
max	1.922460e+10	1.739120e+10	2.240187e+09	1.601916e+09	4.203872e+08	2.022303e+09	0.820000

这一函数还有一个参数 include，使用方法为：

df.describe（include=［'object'］）

相关参数值说明如下：

object：表示对字符列进行统计信息描述。

number：表示对数字列进行统计信息描述。

all：汇总所有列的统计信息。

大家可以根据读入 c_info.xlsx 文件，尝试一下。

2. 查看数据信息 DataFrame.info（）

使用 Pandas 中的 DataFrame.info（）方法来获取 DataFrame 对象的简单摘要信息。如上例：

[in]
```
print(df.info())
```
[out]

```
<class 'pandas.core.frame.DataFrame'>
Int64Index:5 entries,600004 to 600009
Data columns(total 7 columns):
 #  Column  Non-null Count  Dtype
---  ------  --------------  -----
 0  营业总收入      5 non-null        float64
 1  营业总成本      5 non-null        float64
 2  利润总额       5 non-null        float64
 3  净利润        5 non-null        float64
 4  其他综合收益     3 non-null        float64
 5  综合收益总额     5 non-null        float64
 6  基本每股收益     5 non-null        float64
dtypes:float64(7)
memory usage:320.0 bytes
None
```

第六节　使用函数操作DataFrame

一、操作整个数据表

函数应用到 Pandas 对象中，会有三种可能：整个数据表、操作行或者列、操作单一元素。

通过给 pipe（）函数传递一个自定义函数和适当数量的参数值，把所有 DataFrame 中的元素作为操作对象。

下面示例，实现了数据表中的元素值依次除以 100 000，这样整个表格的单位变成"万元"。

首先自定义一个函数，计算两个元素相除的值：

```
def func（all_elements，k10）:
    return all_elements/k10
```

然后使用自定义的函数对 DataFrame 进行操作：

[in]
```
df.pipe(func,10000)# df.pipe(lambda x:x/10000)也可
```
[out]

股票代码	营业总收入	营业总成本	利润总额	净利润	其他综合收益	综合收益总额	基本每股收益
600004	5.224638e+05	5.742003e+05	-1.483956e+04	-2.319300e+04	-2403.080626	-2.559608e+04	-1.200000e-05
600006	1.373340e+06	1.361909e+06	5.077562e+04	5.529088e+04	18.739398	5.530962e+04	2.768000e-05
600007	3.097760e+05	2.040937e+05	1.105080e+05	8.261308e+04	NaN	8.261308e+04	8.200000e-05
600008	1.922460e+06	1.739120e+06	2.240187e+05	1.601916e+05	42038.724109	2.022303e+05	2.411000e-05
600009	4.303465e+05	6.562523e+05	-1.515625e+05	-1.168585e+05	NaN	-1.168585e+05	-6.600000e-05

二、操作行或列

通过给 apply（）函数传递一个自定义函数和适当数量的参数值，把 DataFrame 中的某一行或者某一列作为操作对象。该方法与描述性统计方法类似，都有可选参数 axis。举例如下：

```
[in]
    import numpy as np
    df.apply（np.mean）# df.apply（np.mean，axis=0）默认
[out]
    营业总收入    1.487433e+11
    营业总成本    1.440366e+11
    利润总额      8.076175e+09
    净利润        6.909702e+09
    其他综合收益  −3.609250e+08
    综合收益总额  6.580162e+09
    基本每股收益  3.042609e−01
    dtype：float64
```

又如，求每一列中，最大值与最小值之差，再除以最大值：

```
[in]
    print（df.apply（lambda x：（x.max（）− x.min（））/x.max（）））
[out]
    营业总收入    0.998750
    营业总成本    0.999283
    利润总额      1.316579
    净利润        1.283114
    其他综合收益  7.515039
    综合收益总额  1.286176
    基本每股收益  1.641667
    dtype：float64
```

三、操作单一元素

DataFrame 数据表结构的 applymap（）和 Series 系列结构的 map（）类似，它们都可以接收一个 Python 函数，并返回相应的值。针对 Series 的要素操作：

```
[in]
    print（df['营业总收入']. map（lambda x：round（x/100000000））.head（5））
[out]
    股票代码
    600004    52
    600006    137
```

600007　　31

600008　　192

600009　　43

Name：营业总收入，dtype：int64

对 DataFrame 的元素操作：

［in］

df.loc［：，'营业总收入'：'综合收益总额'］. head(5).applymap(lambda x：np.round (x/100000000))

［out］

股票代码	营业总收入	营业总成本	利润总额	净利润	其他综合收益	综合收益总额
600004	52.0	57.0	-1.0	-2.0	-0.0	-3.0
600006	137.0	136.0	5.0	6.0	0.0	6.0
600007	31.0	20.0	11.0	8.0	NaN	8.0
600008	192.0	174.0	22.0	16.0	4.0	20.0
600009	43.0	66.0	-15.0	-12.0	NaN	-12.0

第七节　Pandas 数据处理

一、重置索引

重置索引（reindex）可以更改原 DataFrame 的行标签或列标签，并使更改后的行、列标签与 DataFrame 中的数据逐一匹配。通过重置索引操作，可以完成对现有数据的重新排序。如果重置的索引标签在原 DataFrame 中不存在，那么该标签对应的元素值将全部填充为 NaN。

语法：

df_reindexed = df.reindex（index=list_index，columns=list_columns）

现有 df1、df2 两个 DataFrame 对象，如果想让 df1 的行索引与 df2 相同，可以使用 reindex_like（）方法：

df1= df1.reindex_like（df2）# df1、df2 的列索引标签必须相同。

reindex_like（）提供了一个可选的参数 method，使用它来填充相应的元素值，参数值为：

➢ pad/ffill：向前填充值。

➢ bfill/backfill：向后填充值。

➢ nearest：从距离最近的索引值开始填充。

请参考课程资源代码文件。

二、排序

1. 按标签排序

Pandas 提供了两种排序方法，分别是按标签排序 sort_index（）和按数值排序 sort_values（）。

（1）按行标签排序。

使用 sort_index（）方法对行标签排序，通过将布尔值传递给 ascending 参数，可以控制排序的顺序（行号顺序）。例如，sorted_df=df.sort_index（ascending=False）。

（2）按列标签排序。

默认情况下，axis=0 表示按行排序，axis=1 表示按列排序。例如，sorted_df=df.sort_index（axis=1）。

2. 按值排序

与标签排序类似，sort_values（）表示按值排序。sort_values（）接收一个 by 参数，该参数值是要排序数列的 DataFrame 列名。

例如，sorted_df =df.sort_values（by='营业总收入'）

当对'营业总收入'列排序时，相应其他列的元素值和行索引也会随'营业总收入'一起改变。by 参数可以接收一个列表参数值。

例如，sorted_df =df.sort_values（by=［'营业总收入'，'利润总额'］）

三、Pandas 处理字符串

Pandas 提供了一系列的字符串函数，因此能够很方便地对 Series 和 DataFrame 中的字符串数值进行处理。

```
[in]
    import pandas as pd
    # 解决显示不对齐问题。
    pd.set_option（'display.unicode.east_asian_width'，True）
    #读取 excel 数据。
    df1 = pd.read_excel（'c_info.xlsx'，index_col='Scode'）
    # 对上市公司中公司名称中第一个字符为"中"的记录，建立一个新的 DataFrame。
    new = df1［df1［'Coname'］. str.starts with("中")］. head（3）
    new
[out]
```

Scode	Coname	Listdt	RegCap	Prvn	IndusA	IndcodeA
600007	中国国贸	1999-03-12	1007282534	北京市	租赁服务业	K39
600020	中原高速	2003-08-08	2247371832	河南省	交通运输辅助业	F11
600026	中远海能	2002-05-23	4762691885	上海市	水上运输业	F07

Series 和 DataFrame 的 str 类的方法很多，如 lower（）、len（）、get_dummies（）等，请同学们逐渐深入了解掌握。

四、去重函数

"去重"就是删除重复的数据。在一个数据集中，找出重复的数据并将其删除，保留一个唯一存在的数据项，这就是数据去重的整个过程。删除重复数据是数据分析中经常会遇到的一个问题。

Panda DataFrame 对象提供了一个数据去重的函数 drop_duplicates（）。

函数格式：

df.drop_duplicates（subset=［' A'，' B'，' C'］，keep=' first'，inplace=True）

参数说明：

subset：表示要进行去重的列名，默认为 None。

keep：有 first、last、False 三个可选参数，默认为 first，表示只保留第一次出现的重复项，last 表示只保留最后一次，False 则表示删除所有重复项。

inplace：布尔值参数，默认为 False 表示删除重复项后返回一个副本。

五、Pandas缺失值处理

数据分析业务中，数据缺失是经常遇见的问题。缺失值会导致数据质量的下降，从而影响数据分析的结果，尤其是对机器学习和数据挖掘的影响较大。

我们还要了解一下稀疏数据的概念。稀疏数据是指在数据库或者数据集中存在大量缺失数据或者空值，这样的数据集称为稀疏数据集。稀疏数据通过适当的方法就可以"变废为宝"。

1. NaN

在 Pandas 中有个另类的存在就是 NaN，其解释是：not a number，不是一个数字，但是它的类型却是一个 float 类型。Numpy 中也存在关于 NaN 的方法，如：np.nan。

对 Pandas 中 NaN 的处理，简单地介绍以下几种方法。

➤ Pandas 提供了 isnull（）和 notnull（）两个函数，适用于 Series 和 DataFrame 对象，查看是否是 NaN、s.isnull（）和 s.notnull（）。

➤ 丢弃有 NaN 的索引项，s.dropna（）。

➤ 将 NaN 填充为其他值，df.fillna（）。

2. 清理并填充缺失值

Pandas 提供了多种方法来清除缺失值。fillna（）函数可以实现用非空数据"填充"NaN 值。

（1）用标量值替换 NaN 值。

将 NaN 值替换为 0，df.fillna（0）。当然可以根据自己的需求，也可以用其他值进行填充。

（2）向前和向后填充 NA。

在学习重建索引（reindex）时，我们介绍了 ffill（）向前填充和 bfill（）向后填充，这两个函数也可以处理 NaN 值。例如，df.fillna（method=' ffill'）。

（3）使用 replace 替换通用值。

在某些情况下，可以使用 replace（）将 DataFrame 中的通用值替换成特定值，这种方法与使用 fillna（）函数替换 NaN 值是类似的。例如，df.replace（{59：60，100：99，0：20}）

（4）删除缺失值。

如果想删除缺失值，那么使用 dropna（）函数与参数 axis 可以实现。默认 axis=0，这意味着行中存在 NaN 值将会删除整行数据。例如，df.dropna（）。

【思考题与实践】

一、思考题

1.思考您未来的职业，假如是会计师、审计师、证券分析师、投资人等，想象一下你所在的岗位，你会有哪些数据分析工作？用什么工具？这些工作对你的决策或业绩有何影响？

2.假设你现在大学三年级了，放暑假回家，

家长问：你这学期学得怎样呀？

你怎么回答？

家长继续问：这学期成绩怎么提高这么快？

你又怎么回答？

家长继续问：下学期课程很关键，期望有更好的成绩。

你又如何应对？

3.查阅资料，了解 Pandas 和 Excel 有什么区别与联系。

二、实践

1.查看你的计算机是否有 Numpy 和 Pandas 模块。

2.从相关网站下载某一天的股票交易记录，用 Pandas 进行读取，完成以下工作：

（1）初步统计描述和汇总统计；

（2）按股票代码进行重新索引；

（3）按成交量进行排序，并打印出成交量前 10 名的股票。

3.从图书馆数字数据库中，下载中国 A 股上市公司名单、上市公司行业分类，完成以下工作：

（1）分类统计每个行业的上市公司数量；

（2）把上市公司分成两类，注册资本大于 10 亿元和小于等于 10 亿元，并给出分类汇总统计描述；

（3）考察数据集的完整性，并把缺失的数据做适当处理。

第五章智能测评

第六章

基本会计信息系统模型

【本章知识结构】

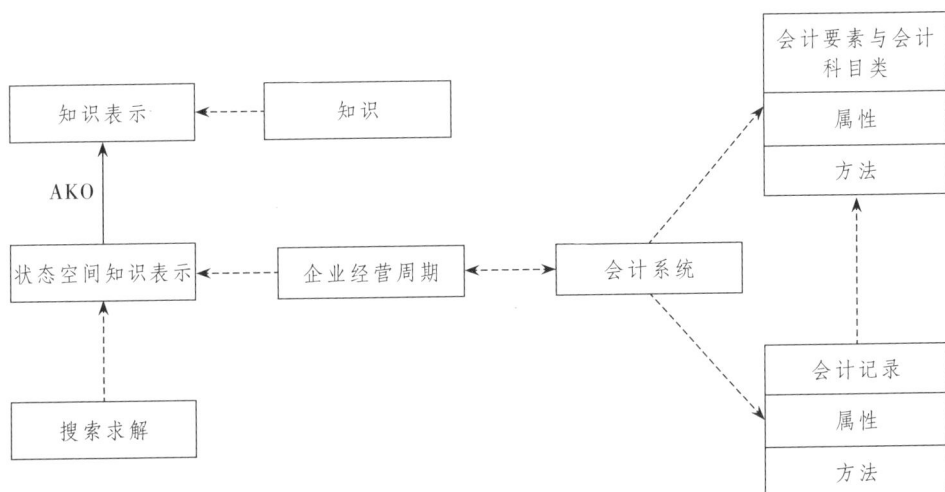

第一节　状态空间表示法

一、搜索求解

我们在第二章粗略讨论了状态空间法与搜索求解的关系，本节将更具体地进行讨论。

在人工智能领域状态空间表示法与搜索求解有关。由于会计知识一般为连续空间问题，而搜索求解一般为离散问题，因此会计知识映射到搜索求解需要比较复杂的数据变换，我们暂时只讨论简单问题。

1. 搜索的概念

依靠经验或是利用已有知识，根据问题的已知事实和进展情况，不断寻找可利用知识，从而构造一条代价最小的推理路线，使问题得以解决的过程称为搜索。

2. 搜索求解的分类

（1）按是否使用启发式信息划分。

➢ **盲目搜索**：按预定的控制策略进行搜索，在搜索过程中获得的中间信息并不改变控制策略。

➢启发式搜索：在搜索中加入了与问题有关的启发性信息，用于指导搜索朝着最有希望的方向前进，加速问题的求解过程并找到最优解。

（2）按问题的表示方式划分。

➢状态空间搜索：用状态空间法来求解问题时所进行的搜索。

➢与或树搜索：用问题归约法来求解问题时所进行的搜索。

受篇幅限制，我们只介绍最为基础的内容。

二、状态空间法知识表示

1.状态

状态（state），是指问题求解过程中不同时刻下状况（如初始状况、事实等叙述性知识）间的差异，而引入一组变量的有序组合，常常用矢量（向量）形式表示。

我们可以理解为，状态是表示问题求解过程中每一步问题状况的数据结构，它可表示为：

$$S_k = (S_{k0}, S_{k1}, \cdots)$$

其中，S_k 表示第 k 点的状态，S_{ki} 表示该状态的第 i 个分量。当对每一个分量都给予确定的值时，就得到了一个具体的状态。

2.操作

操作也称算符或算子（operator），是把问题从一种状态变换为另一种状态的手段。操作可以是一个运算、一个机械步骤、一条规则或一个过程，也可以是一个流程。操作可理解为状态集合上的一个函数，它描述了状态之间的关系。状态空间的转化函数涉及矢量表示等数学问题，我们这里不去引用。

3.状态空间

状态空间（state space）用来描述一个问题的全部状态以及这些状态之间的相互关系。常用一个三元组表示为：

$$(S, F, G)$$

其中，S 表示问题的所有初始状态的集合；F 表示操作的集合；G 表示目标状态的集合。

状态空间也可用一个赋值的有向图来表示，该有向图称为状态空间图。在状态空间图中，节点表示问题的状态，有向边表示操作，如图6-1所示。

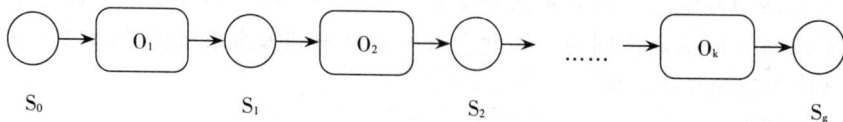

图6-1　有向图表示状态空间

三、状态空间法求解

状态空间法是一种基于解答空间的问题表示和求解方法，该方法以状态和操作符为基础，利用状态空间图表示，从某个初始状态开始，每次迭代一个操作符，从而递增地建立操作符的序列，直到达到目标状态为止。这个操作符序列就是问题空间的解。

状态空间法由于可能扩展过多的节点容易出现"组合爆炸",因此求解过程一般比较复杂。状态空间法求解问题的基本过程:

➤ 表示问题,选择适当的"状态"及"操作"的形式化描述。

➤ 从某个初始状态出发,每次迭代使用一个"操作",递增建立起操作序列,直到达到目标状态为止。

➤ 获取问题的解,整理由初始状态到目标状态所使用的算符序列。

四、状态空间法求解举例

我们用一个人工智能教材中经典的例子——猴子摘香蕉问题(如图6-2所示),说明状态空间法求解过程。由于受篇幅限制,我们假设这个猴子没头脑,行为盲目,因此我们只做盲目搜索求解。

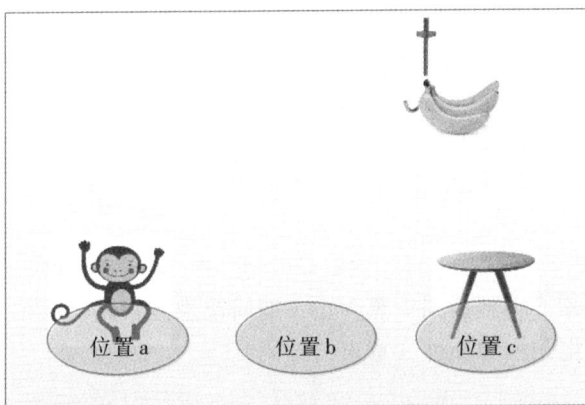

图6-2　猴子摘香蕉问题

为了简化问题,我们假设猴子和桌子只在水平方向移动,在水平方向上有三个位置点:a、b、c,而且每次只能移动一个位置。如果猴子和桌子在同一位置,可以移动桌子,或站在桌子上。只有桌子、猴子都在c位置,且猴子在桌子上,猴子可摘取香蕉,则问题得解。

1.问题表示

问题的状态可用4元组表示:

(Pm, Pb, L, G)

其中,Pm表示猴子的水平位置;Pb表示桌子的水平位置;L表示猴子是否在桌子上,当猴子在桌子上时,L取1,否则,L取0;G表示猴子是否拿到香蕉,当拿到香蕉时,G取1,否则,G取0。

[code]

```
# 初始化变量
p = {'a','b','c'}        #位置空间
Pm = 'a'                 #猴子目前位置未定
Pb='c'                   #桌子的初始位置
Pn='c'                   #香蕉的初始位置
```

所有可能的初始状态为:

S0：(a, a, 0, 0) S1：(a, a, 0, 0) S2：(a, b, 1, 0) S3：(a, c, 0, 0)

S4：(b, a, 0, 0) S5：(b, b, 0, 0) S6：(b, b, 1, 0) S7：(b, c, 0, 0)

S8：(c, a, 0, 0) S9：(c, b, 0, 0) S10：(c, c, 0, 0) S11：(c, c, 0, 0)

目标状态：

S4：(c, c, 1, 1)

操作空间：

（1）goto（u）：猴子由位置v走到位置u，v、u∈{a, b, c}，且v≠u，L=G=0，即：

(v, Pb, 0, 0) → (u, Pb, 0, 0)

（2）push table（v）：猴子在x位置推着桌子到水平位置v，x、v∈{a, b, c}，且Pm=Pb=x，L=G=0，即：

(x, x, 0, 0) → (v, v, 0, 0)

（3）climb table（）：猴子在x位置，跳上桌子，x∈{a, b, c}，且Pm=Pb, =x，即：

(x, x, 0, 0) → (x, x, 1, 0)

（4）off table（）：猴子在x位置，跳下桌子，x∈{a, b, c}，且Pm=Pb, =x，即：

(x, x, 1, 0) → (x, x, 0, 0)

（5）grasp（）：猴子在c位置拿到香蕉，Pm=Pb=c，L=1，即：

(c, c, 1, 0) → (c, c, 1, 1)

2. 求解

我们采用盲目搜索，直到摘到香蕉为止，期间记录搜索路径。

代码请参见本章电子资源文件（章末二维码）。

第二节　企业经营周期与会计循环

一、企业经营周期

《企业会计准则》是这样介绍经营周期的："正常经营周期，是指企业从购买用于加工的资产起至实现现金或现金等价物的期间"。正常经营周期通常短于一年。因生产周期较长等导致正常经营周期长于一年的，尽管相关资产往往超过一年才变现、出售或耗用，仍应当划分为流动资产。正常经营周期不能确定的，应当以一年（12个月）作为正常经营周期。

每个企业、每个行业和特定产品都有其相应的经营周期——有时称为营业循环。企业的营业活动本质上就是由一个接一个、相互继起、此消彼长的经营周期构成的链条。

经营周期是指企业从购入存货（营业现金流出）到销售、最后收回应收账款（营业现金流入）所经历的时间。

经营周期计算公式为：

经营周期 = 存货周转天数 + 应收账款周转天数

有关存货周转率、应收账款周转率，这些指标反映企业的资产营运效率与管理能力，也可用于计算经营周期和营业现金周期，它们在许多重要的管理决策中有着重要的应用。

二、企业经营周期的知识表示

本节我们给出企业经济活动一个较为严格的划分，目的在于会计信息分类和归集。

1.日常经营/相关活动

一般来说，企业的经营周期是由企业的主营业务决定的。如供应链的思想描述，主营业务流程决定企业的经营周期，其他支持业务围绕这些流程的进程而进行活动。如图6-3所示，决定经营周期的业务流程包括：

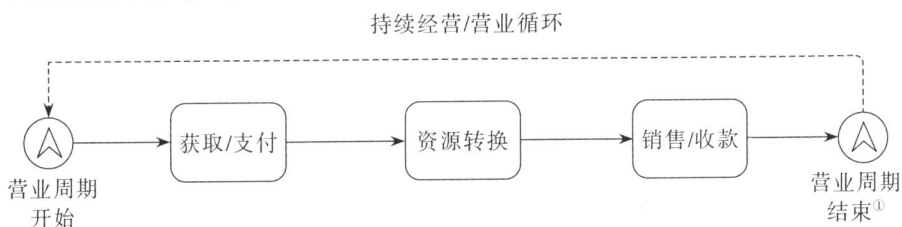

图6-3 经营周期与业务流程

（1）获取/支付流程，包括获取、支付和维持企业所需要的资源。这些活动的目标是获取企业所需要的且能够支付得起的资源（商品或服务），支付获得资源的款项，适当维护所获得的资源。

（2）资源转换流程，目标是将获得的资源通过转换变成客户需要的商品和服务。该流程贯穿于整个组织，形式多样，依赖于所提供商品和服务的类型；依赖于使用的技术和资源；依赖于管理者、政府、客户、社会的限制；依赖于客户和管理者的偏好。

（3）销售/收款流程，包括一系列与支付商品、提供服务和收取款项相关的活动，其目的是通过销售/收款流程，将商品和服务作为输出提供给客户，并尽可能及早收回款项，保证资金回笼。

企业的其他业务，如人力资源、筹资投资、产品研发等，这些业务活动的时间安排，都会围绕业务周期进行。

我们把一个经营周期的业务流程归为一个单元，企业从创立开始到企业基于某种原因不再存在，整个生命周期都在经营业务迭代循环之中，如图6-4所示。

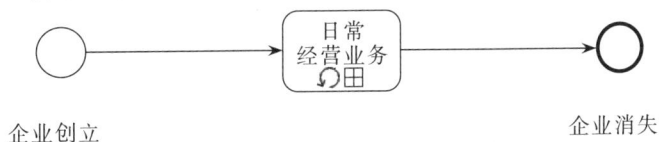

图6-4 企业生命周期与日常业务循环

人力资源、产品研发、固定资产等相关业务与日常经营业务直接相关，为了简化问题，我们把相关业务归类于"日常经营/相关业务"（名称加上"相关"）。

2.其他经营业务

通常我们可以称日常经营业务为主营业务，除了主营业务，企业还可能有从事除主营业务以外的其他业务活动，不具有经常性。例如，材料物资销售、无形资产转让、固定资

---

① 本书的流程图采用BPMN的制作规范，由于篇幅限制，不在正文介绍，请参阅本书电子资源文件（前言中的二维码）。

产出租、包装物出租、运输、废旧物资出售等。

因此，在图6-4中我们加上可能存在的"其他业务"，属于经营业务，但不是主营业务，也不具有周期性。但是，既然是经营活动（经营行为），也具有"获取/支付—资源转化—销售/收款"这样的流程环节，会产生营业收入和支出（成本），即非主营业务之外的经营行为形成的收入，如图6-5所示。

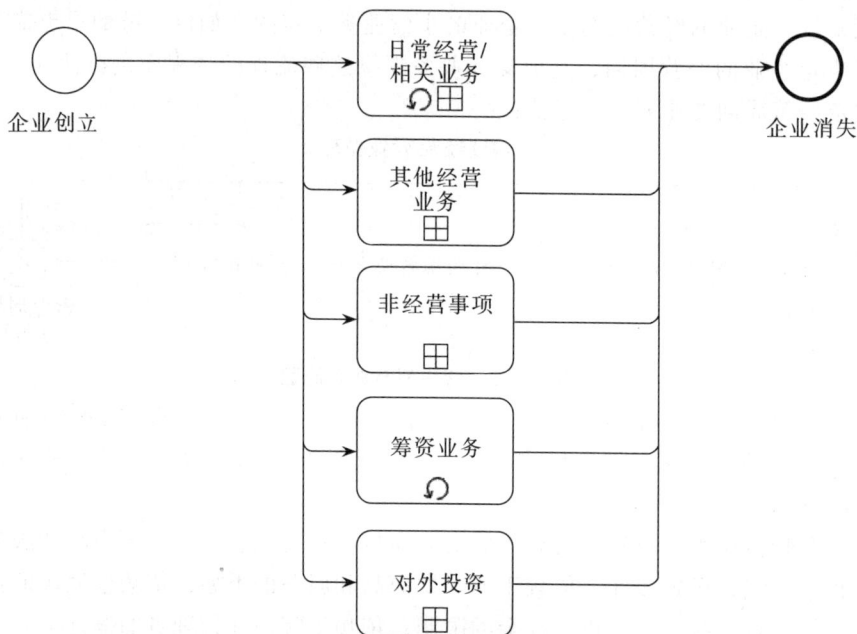

图6-5　企业经济业务或事项划分

3.非经营事项

主营业务活动和其他业务活动之所以成为"业务"，是因为这是企业有意愿的活动，受企业管理、支配和控制。企业生存在社会经济环境、自然环境之中，经济资源会受到环境影响，这种影响会计上视为利得或损失，我们这里给它们归类为"非经营事项"。非经营事项与企业生产经营活动没有直接关系。利得或损失由两部分构成：一是直接计入所有者权益；二是计入当期损益的营业外收入或营业外支出。这里不详细讨论。

4.筹资业务

筹资业务是指导致企业资本及债务规模和构成发生变化的活动，包括吸收投资、发行股票、分配利润、支付债权人的本金和利息以及融资租入资产等。筹资业务的经济后果是企业经营资金迭代的量增大。筹资业务也具有周期性。

5.对外投资

企业对外投资是相对于对内投资而言的。所谓企业对外投资，就是企业在其本身经营的主要业务以外，以现金、实物、无形资产方式，或者以购买股票、债券等有价证券方式向境内外的其他单位进行投资，以期在未来获得投资收益的经济行为。对外投资同样具有周期性。

根据图6-5，我们尝试从会计视角给出企业经济活动集合的一个划分：

$$
\begin{matrix}
企业经济 \\
业务或事项
\end{matrix}
=
\begin{matrix}
日常经营/ \\
相关业务
\end{matrix}
+
\begin{matrix}
其他经营 \\
业务
\end{matrix}
+
\begin{matrix}
非经营 \\
事项
\end{matrix}
+
\begin{matrix}
筹资 \\
业务
\end{matrix}
+
\begin{matrix}
对外 \\
投资
\end{matrix}
$$

这种划分我们没有严格的定义，这样做便于后续会计业务知识表示和智能处理。

三、会计期间与经营周期

根据经营周期的定义和计算公式，经营周期受具体产品、行业、业务管理以及外部环境等多方面的影响。虽然企业的经营周期对企业经营管理很重要，一般不存在多个企业具有统一的经营周期，但是为了提供可比性的信息，引入"会计期间"的概念。

一个会计个体在持续经营的情况下，其经济活动是循环往复、周而复始的。为了及时提供决策和管理所需要的信息，在会计工作中，人为地在时间上把连续不断的企业经营活动及其结果用起止日期加以划分，形成会计期间——会计分期的假设。我国《企业会计准则》规定：会计期间一般应从公历1月1日开始，12月31日结束，又称会计年度。

假设企业的经营周期为 T，会计期间为一年。经营周期与会计期间存在比例关系，即：

k = 会计期间/经营周期

对多数企业而言，k 大于 1 的常数，或者对长周期而言，k 的数学期望为常数。我们基于这个假设改造图 6-5，改造后如图 6-6 所示。图 6-6 中的"日常经营/相关业务"有符号"↻"。"筹资业务"中的"↻"被去除。这样做是因为"日常经营/相关业务"循环的周期为 T，而"筹资业务"循环的周期为会计期间，刚好等于会计分期。因此我们可以理解为：会计期间是经营周期的 k 倍。

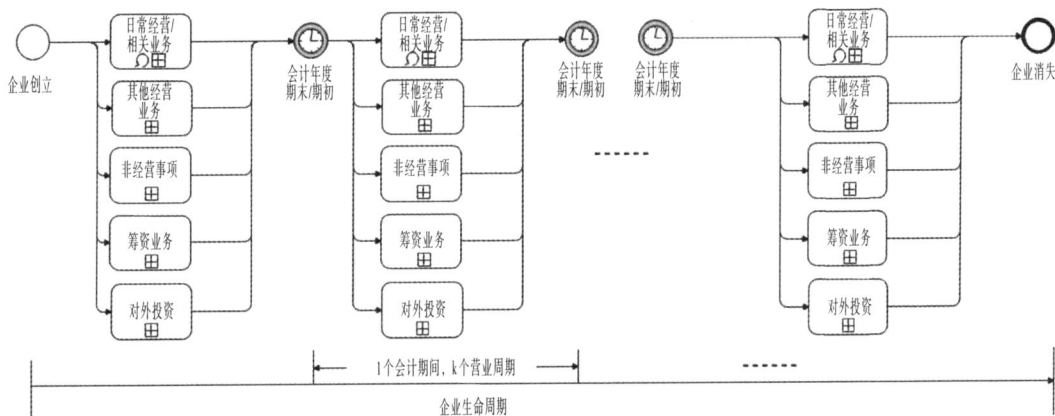

图 6-6 会计期间与经营周期

因为这种等比关系，在实务中企业可能不区分会计期间和经营周期。这样给管理带来方便，同时不影响工作效率。

四、财务状况与经营成果

《企业会计准则》规定："企业应当划分会计期间，分期结算账目和编制财务会计报告。"财务会计报告是指企业对外提供的反映企业某一特定日期的财务状况和某一会计期间的经营成果、现金流量等会计信息的文件。

1.资产负债表

资产负债表也称财务状况表，表示企业在一定日期（通常为各会计期末）的财务状况（即资产、负债和所有者权益的状况）的会计报表。

2.利润表

利润表是反映企业经营资金运动、反映企业经营资金动态表现的报表，主要提供有关企业经营成果方面的信息。利润表是根据"收入－费用=利润"的基本关系来编制的，是动态会计报表。

3.现金流量表

现金流量表所表达的是在一个会计期间内，根据其用途划分为经营、投资及融资三个活动分类的现金（包含银行存款）的增减变动情形。

基于以上概念，我们可以进一步完善企业经营周期，如图6-7所示。

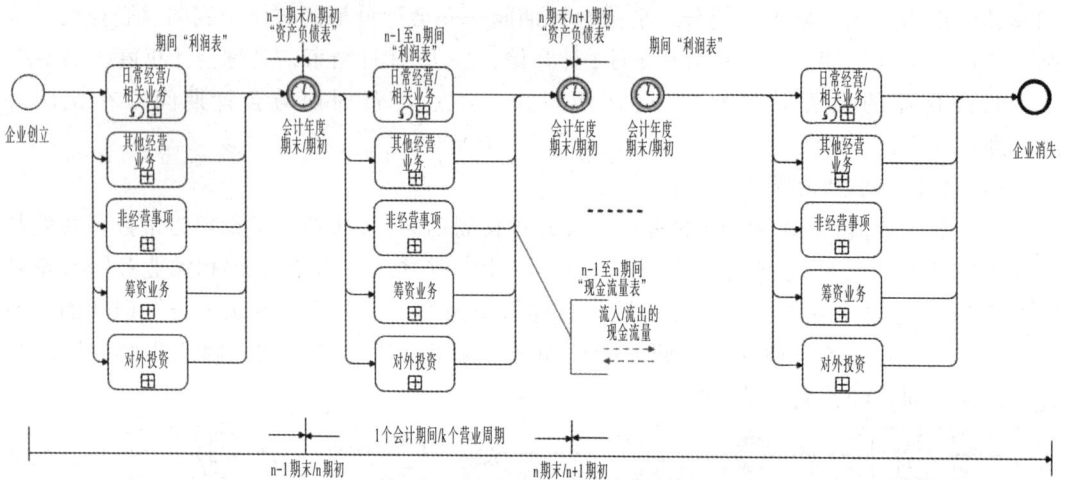

图6-7 经营周期与财务会计报表

五、企业经营的状态空间表示

1.状态空间

基于状态空间的企业经营周期：

企业在第n-1个会计期间末，财务状况（资产负债表）的状态为：S_{n-1}。

S_{n-1}可以用一个三元组表示：

$(A_{n-1}, L_{n-1}, SE_{n-1})$

其中，A_i，L_i，SE_i分别为企业资产、负债和所有者权益向量，向量的分量代表它们的构成，i表示会计年度。又由于A_i，L_i，SE_i期初与期末的分量值会不同，我们再修正一下，企业第i个会计周期的期初用bi表示，期末用ei表示，即：

$S_{bi}= (A_{bi}, L_{bi}, SE_{bi})$，$S_{bi}$表示i会计年度的期初状态。

$S_{ei}= (A_{ei}, L_{ei}, SE_{ei})$，$S_{ei}$表示i会计年度的期初状态。

2.操作（算子）

企业经营周期能够改变企业财务状况的操作是经济业务或会计事项，每一笔经济业务或会计事项我们给它一个表示e，e是一个会计记录（关于e的表示方法或模型，我们下一章深入讨论），这类企业一个会计期间的e归为两类：一类是我们上面讨论的业务，包括日常经营/相关业务、其他经营业务、非经营事项、筹资业务和对外投资，即根据规则，业务流程的据实反映；另一类是依据会计职业判断把会计账簿的会计数据转化为财务报告信息，即会计的再确认。

3.操作序列

企业从期初（A_{bi}，L_{bi}，SE_{bi}）到（A_{ei}，L_{ei}，SE_{ei}）的过程，也就是企业经历的业务流程和会计事项，其中业务流程的会计记录是根据规则的据实反映，这个操作序列是由业务本身决定的；接续业务操作的是基于会计原则的会计循环，这一操作序列是由企业公司章程和企业会计准则决定的。

从下一章开始我们逐步讨论这一序列的知识表示和智能化方案。

第三节 会计要素与会计科目类

一、会计科目

1.会计要素

在基础会计中我们学到：会计要素是对会计对象所作的基本分类，是会计核算对象的具体化，是用于反映会计主体财务状况和经营成果的基本单位。这句话表明，会计要素就是会计核算对象的抽象。

会计要素包括资产、负债、所有者权益、收入、费用和利润等。资产、负债和所有者权益三项会计要素侧重反映企业的财务状况，构成资产负债表要素；收入、费用和利润三项会计要素侧重反映企业的经营成果，构成利润表要素。

从技术角度分析，会计要素是一个具体会计核算对象的抽象，如现金是一个具体的会计对象，我们可以称"库存现金"是会计要素一个实例（instance），我们在语义网络中用isa表示（如图6-8所示），在Python用isinstance，表示它们之间的关系。

图6-8 会计要素类与实例

我们知道在现代计算机软件的思想中，所有的东西都归结为对象（object）。也就是说，我们把会计要素定义为类对象（class），那么"库存现金"是基于这个类对象而存在的一个具体对象（instance）。两个对象之间的连线说明它们之间的关系，箭头方向为泛化（generalization）方向，说明"会计核算对象"是"库存现金"的抽象概念。在Python中，我们基于类"会计要素（）"，创建了实例对象"库存现金"，会有：

[in]

    isinstance(库存现金,会计要素)

[out]

> True

进一步考察，我们为了某种需求，会计要素需要进一步分类。这种情况是基于类对象（会计要素）分析，往往是存在类属性或方法的共性。例如，出现在资产负债表中的会计要素有共同的作用，即反映企业经营状况。因此，我们按不同的维度和深度把会计要素分成若干子类（subclass）。

图6-9是一个简化的UML类图①，图中AKO（a kind of），表示下方的概念是连线上方的一个子类（subclass），箭头所指的方向为泛化（generalization）方向，如"反映经营成果会计要素"是"利润"的一种泛化归类。相反的方向为具体化（specialization），如"资产"是"反映经营状况会计要素"的一个具体化。

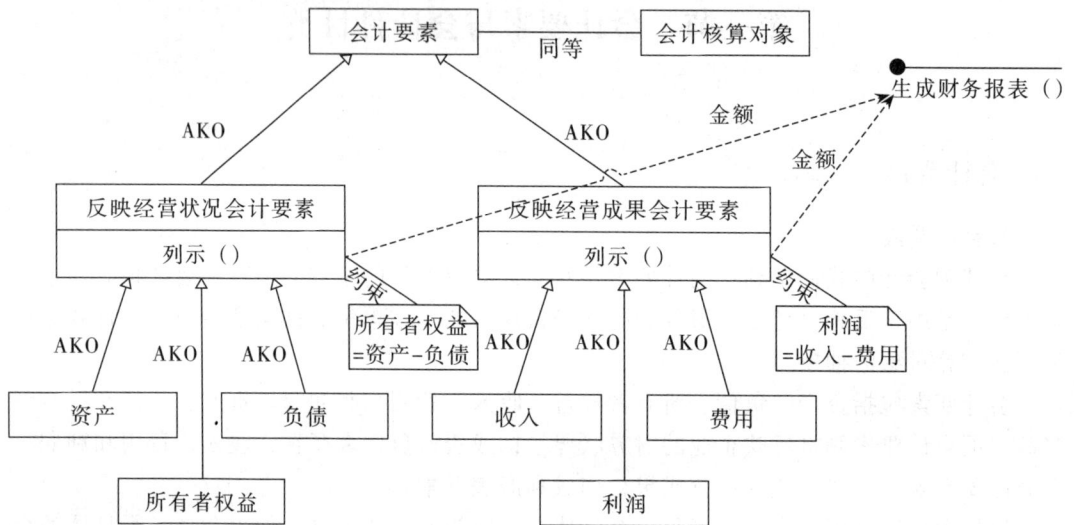

图6-9　会计要素类图

在Python中，我们基于类"会计要素（）"，创建了类对象"反映经营状况会计要素"，并基于类"反映经营状况会计要素"创建了类对象"所有者权益"，则：

[in]

    is subclass(所有者权益,会计要素)

[out]

    True

图6-9中"列示（）"表示的是类方法（method）调用接口（interface）对象——"生成财务报表（）"来实现列示这一对象"行为"。

2.会计科目设置

按照会计理论，会计科目是根据会计对象的具体内容和经济管理的要求，事先规定分类核算的项目或标志的一种。会计科目是进行会计核算和提供会计信息的基础。

设置会计科目，需要将会计对象中具体内容相同的归为一类，设立一个会计科目，凡是具备这类信息特征的经济业务，都应该在这个科目下进行核算。

（1）会计科目按其归属的会计要素分类。

---

① 有关UML类图的知识，由于篇幅的限制，我们不在本书的正文中阐述，参见本书电子资源文件（前言中的二维码）。

➤ 资产类科目：按资产流动性分为反映流动资产的科目和反映非流动资产的科目。

➤ 负债类科目：按负债偿还期限分为反映流动负债的科目和反映长期负债的科目。

➤ 共同类科目：会计准则中的共同类科目是指既有资产性质，又有负债性质，需要从其期末余额所在方向界定性质，共同类多为金融、保险、投资、基金等公司使用。

➤ 所有者权益类科目：按权益的形成和性质可分为反映资本的科目和反映留存收益的科目。

➤ 成本类科目：成本类科目是反映成本费用和支出的、用于核算成本的发生和归集情况，提供成本相关会计信息的会计科目，主要包括"生产成本""劳务成本""制造费用"等科目。

➤ 企业损益类科目：是指核算企业取得收入和发生成本费用的科目。它具体包括：

a）收入类科目：主营业务收入、其他业务收入、投资收益等；

b）费用类科目：主营业务成本、其他业务成本、资产减值损失、信用减值损失、销售费用、管理费用、研发费用、财务费用、所得税费用等；

c）直接计入当期利润的利得：营业外收入、固定资产处置损益等；

d）直接计入当期利润的损失：营业外支出、固定资产处置损益等。

按照会计科目的经济内容进行分类，遵循了会计要素的基本特征，它将各项会计要素的增减变化分门别类进行归集，清晰反映了企业的财务状况和经营成果。

以上划分并不是严格按照图6-9的类图划分的，问题出在哪里呢？我们在后面讨论。

（2）会计科目按其核算信息详略程度分类。

一般情况下，可以将会计科目分为总分类科目和明细科目分类。

总分类科目又称一级科目或总账科目，是对会计要素具体内容所做的总括分类，它提供总括性的核算指标，如"固定资产""原材料""应收账款""应付账款"等。

根据需要总分类科目可以继续划分，企业自己确定会计科目级次的深度，通常的做法最多分为四级。我们这里给出一个分三级的实例，如图6-10所示。

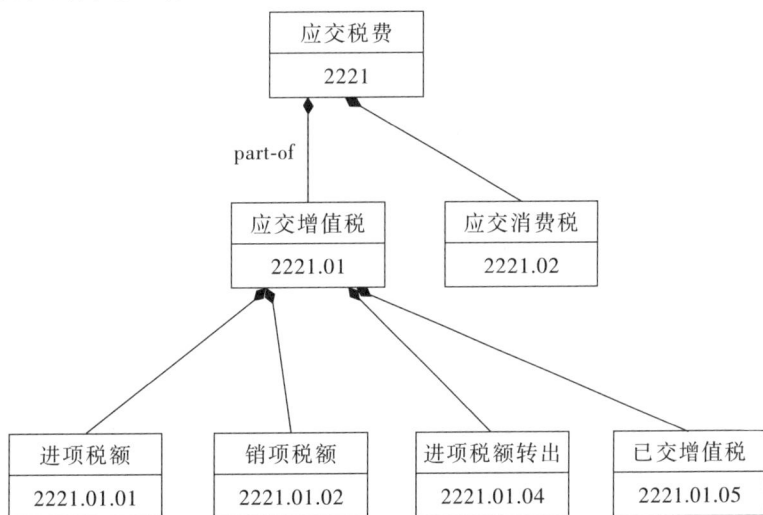

图6-10 会计科目的级次

明细分类科目是科目的最末级，不再往下划分。明细分类科目可能是一级，也可能是二级等其他级次。例如，"应收账款"总分类科目下按照具体单位名称分设的明细科目，具体反映应向该单位收取的货款金额。

（3）其他分类。

会计科目按照不同的维度可能进行不同的归类，如盘存类科目、结算类科目、跨期摊配类科目、资本类科目、调整类科目、集合分配类科目、成本计算类科目、损益计算类科目和财务成果类科目等。

3.会计账户

会计账户是根据会计科目设置的，具有一定的结构和格式，用来对会计对象的具体内容进行分类核算和监督的一种工具。我们这里不严格区分会计账户和会计科目。

二、技术视角的会计要素

1.会计要素不是一个集合

我们首先讨论前面的疑问：会计科目没有严格按照会计的六个要素分类。这是因为会计的六个要素分类并不是严谨数学集合论中的分类。

首先，会计的六个要素不是同一个时空的概念。也就是说，不能用数学思维理解会计要素，它们不是在同一个时空存在的事物。"资产"与"所有者权益和负债"是时点量，反映企业处于静态的财务数据。而"利润"与"收入与费用"是时期量，一段时间的资金流入和流出的加总，反映的是企业财务动态结果。在某一时点上，不存在企业"利润"与"收入与费用"，只有"资产"与"所有者权益和负债"。

其次，会计的六个要素并不是一种物理结构关系。也就是说，会计核算对象本身并不是一个集合。我们可以把这些要素视为讨论问题的六个维度，每个维度有不同的经济业务视角。例如，"资产"与"所有者权益和负债"都是指向企业同一事物，只是前者是事物的经济资源表征，而后者是附着在经济资源之上的权利和义务。"利润"与"收入与费用"也是一样的，它们对同一事物，前者表征的是聚合之后的增量，后者则是流量的加总。

企业会计准则及应用指南对一级会计科目进行编码和说明。一般的建议编码规则为：

（1）一级科目用四位数字表示，如现金1001。数字的首位为科目类别码，其他各位没有给出详细说明，但是通过所有一级科目编码的建议，可以看出：

➤科目编码不是连续的，只有特别科目编码实例是连续的，如库存现金1001和银行存款1002，为其他编码预留了空间。

➤科目编码前两位一般能够构成一类会计对象，如"10"开头的科目基本为"货币资金"。

（2）二级及以上会计科目企业自行设置。从通用的ERP软件来观察，一般级次码为两位。例如，1002.01.02这个科目编码可能的科目名称为：银行存款—人民币存款—建设银行，又如1501.01.01可能对应的科目名称为：持有至到期投资—股票投资—成本。

因此，我们提出一个会计科目数字化方案：

➤科目编码级次：4-2-2-2（xxxx［［.xx］.xx］.xx］）#含义与《企业会计准则应用指南》一致。

➤关于类别，我们构造一个类实例绑定属性，科目类别（Account_cat（））为枚举类，定义认为：

```
from enum import Enum
class Account_cat(Emu):
    流动资产 ="流动资产"
    非流动资产 ="非流动资产"
    …         #参见模块 Account_cat.py
```

➢ 科目类 Account（）实例属性：科目编码（code）、科目名称（name）、科目说明（describe）、科目类别（account_cat）和余额方向（DrCr）。

代码请参见本章电子资源文件（章末二维码）。

2. 会计科目反映信息粒度

为了使企业提供的会计信息更好地满足各会计信息使用者的不同要求，必须对会计科目按照其核算信息的详略程度进行级次划分。科目设置本质上是确定会计反映企业经营状况和经营成果的信息粒度。

信息系统中信息粒度的大小反映了信息表示的聚集度，即分类越粗糙，信息粒度越大；分类越细，信息粒度越小。会计科目分类越细，对财务信息使用者的相关性就越强。但是，越是细致地划分，就越会付出更大的代价，如更高的信息化、数字化程度，更高的人力成本等。会计科目分类、分级操作均是在不同的粒度之下对会计核算对象进行确认和计量。

这里我们举一个例子，某企业有1 000余种原材料，如果要给每种原材料设置一个科目，会有1 000余个原材料明细科目，这对每种原材料数据的会计核算非常详尽，但是这会给信息系统的初始化设置、材料耗用、采购业务数据录入、材料成本核算等带来很大困难。正因如此，才有了ABC分类库存控制法。

会计科目数字化方案（续）：

➢ 解决"聚合"与"明细"问题。只有处于级次最末端（科目树的树叶）的科目，随着业务发生，有增减变化。而非明细科目，只是在金额属性有聚合明细科目的数据时，才能得到相应的数据。

增设科目类 Account（）属性：

明细科目（detailed）：［True，False］ #True—明细科目，False—聚合科目

```
if self.detailed == True:
    …   #该科目属于一类，具有记账（）方法
else:
    …   #该科目属于另一类，具有聚合（）方法
```

➢ 科目过多问题。在软件实践中，一般通过增加核算项目属性，来解决明细科目无限扩张的问题。例如，"应收账款"的核算项目一般为客户，"原材料"的核算项目为物料和供应商等。解决方案，科目设置属性：

byitems=［客户，供应商，物料，…］

3. 会计科目含有经济业务性质属性

会计科目本身服务于会计核算过程，如盘存、结算、调整、分配等，这都是会计核算不同的业务类别。

例如，盘存类会计科目主要有库存现金、银行存款、原材料、库存商品、固定资产、

周转材料、生产成本等。这些会计科目都可以通过实地盘点和对账户核对账面数额与实际结存是否相符。

会计科目数字化方案（续）：

这些与业务性质有关，在核算时需要有不同的会计业务，因此可以设置不同的基类，而绑定不同的方法。

举例：

会计中备抵科目是指用于准备抵销的科目，是所对应科目的减项。

资产类备抵账户是用来抵减某一资产的数额，以求得该资产账户实有数额的账户。"累计折旧"账户就是一个典型的资产类备抵账户，它与"固定资产"账户之间的关系，就是调整与被调整的关系。属于该类备抵账户的包括"短期投资跌价准备""坏账准备""存货跌价准备""长期投资减值准备""固定资产减值准备""无形资产减值准备"等。

所有者权益类备抵账户是用来抵减某一所有者权益账户余额，以求得所有者权益账户实际余额的账户。如"利润分配"账户就是"本年利润"账户的备抵账户。负债类科目"长期应付款"也有备抵账户"未确认融资费用"。

构建以上科目的基类：Account_allowance（Account），绑定特定的基类方法。形成会计科目的多重继承。

class Account_allowance（Account）：

'备抵科目基类'

def 计提（self, amount, …）：

…

4. 会计科目类 Account (object)

框架<会计科目类 Account>

科目编码：4-2-2-2（xxxx［［［.xx］. xx］. xx］），如 1002.01.01

科目名称：#子科目用下划线连接，如银行存款_人民币存款_建行高新支行

科目类别：Account_cat（）

明细科目：［True, False］

余额方向：［Dr, Cr］

项目辅助核算：Byitems（）

业务性质：［派生类列表］

余额：if needed

调用余额方法，参数：科目实例，会计期间

方法：

借记——debt（）

贷记——credit（）

余额——balance（）

一个科目实例：

1002 银行存款

一、本科目核算企业存入银行或其他金融机构的各种款项。银行汇票存款、银行本票

存款、信用卡存款、信用证保证金存款、存出投资款、外埠存款等，在"其他货币资金"科目核算。

二、企业增加银行存款，借记本科目，贷记"库存现金""应收账款"等科目；减少银行存款做相反的会计分录。

三、企业可按开户银行和其他金融机构、存款种类等设置"银行存款日记账"，根据收付款凭证，按照业务的发生顺序逐笔登记。每日终了，应结出余额。"银行存款日记账"应定期与"银行对账单"核对，至少每月核对一次。企业银行存款账面余额与银行对账单余额之间如有差额，应编制"银行存款余额调节表"调节。

四、本科目期末借方余额，反映企业存在银行或其他金融机构的各种款项。

我们用一个框架表示这一科目实例：

实例框架：<银行存款科目>

instance：Account，银行存款日记账类，…

科目编码：1002

科目名称：银行存款

科目类别：科目类别，流动资产

业务性质：［银行存款日记账，盘存类，…］

明细科目：False

余额方向："Dr"　#反映企业存在银行或其他金融机构的各种款项

方法：

借记——debt（self）

贷记——credit（self）

余额——balance（self）

对账（银行对账单，self）#所属基类方法属于盘存类科目绑定方法

科目余额（会计时点数，self）：绑定方法，即返回余额具体数值 #反映在该时点企业存在银行或其他金融机构的各种款项

三、会计科目主文件

1. 会计科目主文件设计

根据会计科目类的属性列表，我们给出会计科目主文件数据结构，见表6-1。

表6-1　　　　　　　　　　　**会计科目主文件数据结构（略）**

编号	数据项名称	数据项编码	描述	数据项说明
1	科目编码	code	参照《企业会计准则应用指南》	str类型
2	科目名称	name	参照《企业会计准则应用指南》	str类型
3	余额方向	Dr/Cr	借："Dr" 贷："Cr" 无："None"	str类型
4	项目辅助核算	Byitem	项目辅助核算	List类型 Default：[]
5	业务性质	Baselist	科目特有的业务属性	List类型 Default：[]

项目辅助核算主文件有供应商主表、客户主表、物料、成本项目等。

业务性质：可以建立枚举类Baselist（）。参照金蝶ERP系统，枚举类包括往来业务核算、数量金额辅助核算、现金科目、银行科目、日记账和现金等价物、预算科目、期末调汇等。为了简化问题，便于处理，所有数据的存储采用Excel的xlsx文件[①]。

2.科目方法举例

（1）建立主文件。

参照主文件建立（略），假设系统已有核算项相关的主文件，分别为：

Class Baselist（），Class Byitem（）

（2）新建一个会计科目。

Build（）

（3）查询一个会计科目。

Show（）

代码参见本章电子资源文件（章末二维码）。

第四节　会计记录

一、记账凭证

记账凭证记载经济业务简要内容，确定会计分录，作为记账依据的会计凭证。当人工会计核算时，初始确认需要制作记账凭证，如图6-11所示。

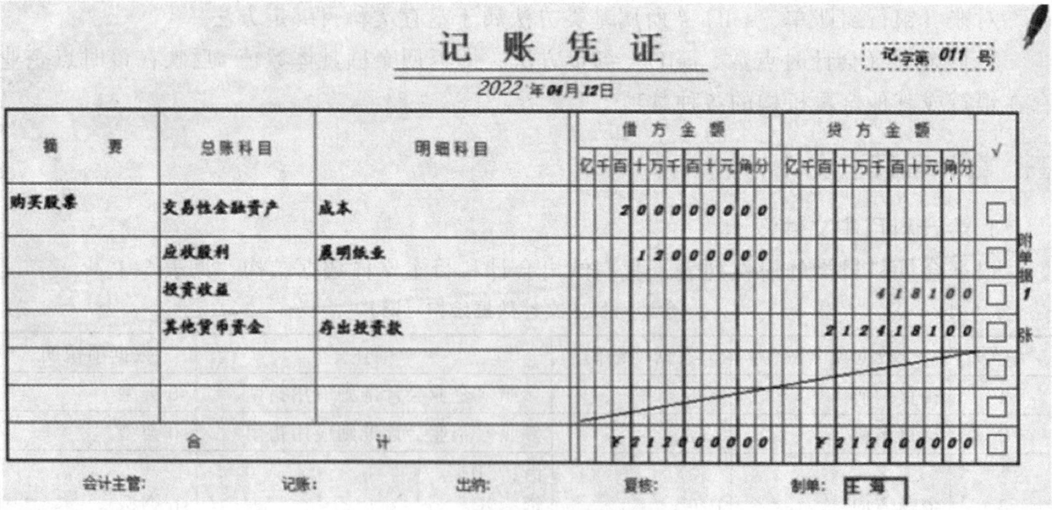

记账凭证　　记字第 011 号

2022年04月12日

摘要	总账科目	明细科目	借方金额（亿千百十万千百十元角分）	贷方金额（亿千百十万千百十元角分）	√
购买股票	交易性金融资产	成本	200000000		□
	应收股利	晨明纸业	12000000		□
	投资收益			418100	□
	其他货币资金	存出投资款		212418100	□
					□
					□
合计			¥212000000	¥212000000	□

附单据 1 张

会计主管：　记账：　出纳：　复核：　制单：王海

图6-11　手工会计核算的记账凭证

记账凭证主要内容包括总账科目、明细科目、借方金额和贷方金额等，是登记明细分类账和总分类账的依据。其实，我们不能简单地把它理解为会计分录，它代表的是一个经

① 现实的系统一般需要关系型数据库存储。

济业务（我们下一章详细讨论），也就是要尽可能完整地描述交易本身。制作记账凭证是一种交易事项特征提取的过程，这些数据包括：

（1）记账凭证属性——直接赋值"槽"。

➤凭证编号——"记字第011号"，一般为顺序编码，可以作为数据完整性的校验。

➤日期——"2022年04月12日"，凭证制作日期。

➤附单据——"一张"，附原始凭证数量，财政部《会计基础工作规范》要求，一般记账凭证需要附原始凭证。

➤会计主管、记账、出纳、复核和制单，图中显示的记账凭证是刚刚制作完成的。

一张记账凭证要经过制单→复核→记账等流程。"制单"——凭证是谁做的；"复核"——审核是谁；"出纳"——当涉及收支时，则需要；"记账"——是谁将凭证登记到账簿。接下来的程序应该是复核→会计主管→出纳→记账。

（2）会计分录——至少分为两个"槽"，即借方和贷方，一般存在三种情况：一借一贷、一借多贷、多借一贷。一个会计分录如下侧面：

➤摘要——交易事项的类型分类，目前在手工会计或电算化会计的实践中还没有很好的规范或范式。一般是每个分录都相同，至少与经济业务相关。

➤总账科目——把经济资源的来龙去脉反映到会计要素，总账科目是信息粒度较高的数据，一般与会计报表项目相关。

➤明细科目——是信息粒度最低的数据，一般直接记录具体的经济资源或最小的经济资源统计单元。对于手工会计，明细科目越是划分越细，往往带来的工作量就越大。总账科目与明细科目之间，根据管理需要可以设置各种分类账，以统计信息。我们前面讲过设置核算项目byitems，对凭证信息可以进行多个维度核算，包括客户、个人、存货等。明细科目之下分两个侧面，它们是异或关系：贷方金额、借方金额。

➤合计是所有借方合计与所有贷方合计，其目的是满足复式记账要求：借方金额＝贷方金额。

我们把上述记账凭证赋一个状态码：（会计主管，记账，出纳，复核，制单），那么图中凭证的状态为（0，0，0，0，1），或者为（False，False，False，False，True）。

二、会计记录数据结构

根据计算机辅助或自动进行经济业务的初始确认，确认的结果就是会计记录，取代纸质的记账凭证。我们讨论一下如何构建会计记录的数据模型。

1.经济业务或事项

经济业务是会计数据的来源，有很大的异质性，一般作为业务记录存储在ERP系统中，会计系统可调用读取。我们这里简单概括构建其数据内容：

框架＜经济业务＞

业务编号：#具有唯一的值

业务日期：#业务发生的日期

任务人员：#一般为经办人

业务描述：#包含会计数据

2.记账凭证

我们考察图6-11，记账凭证存在"会计分录"多个侧面问题，因此应避免"表中有表"的不规范问题，将其规划为一对多的结构：<记账凭证>_（1）--<会计分录>_（n）。

在<会计分录>中，我们引用<会计科目>，而不是科目名称，用外键解决参照完整性问题。

3.完整的数据名

为简化问题，我们忽略数量账、外币核算和结算方式等。构建会计凭证的数据结构，见表6-2。

表6-2 　　　　　　　　　　　　　　记账凭证相关文件数据结构

表名	字段	主键	外键
记账凭证	日期 凭证字号 摘要 制单 审核 过账 出纳 [状态码] 业务编号	凭证字号	业务编号
会计分录	凭证字号 分录号 科目代码 金额 方向	凭证字号 分录号	凭证字号 科目代码
经济业务	业务编号 经办 业务日期 业务描述	业务编号	
科目	科目编码 名称 类别 性质	科目编码	

有关关系型数据库的范式术语等问题，如果没有学过可以忽略，只需理解这样做是为了数据质量和操作。为了简化问题，我们并没有严格满足范式要求，如实体完整性、属性有依赖关系、数据冗余等。我们用扩展的实体关系（语义网络）构建其存储结构（如图6-12所示）。

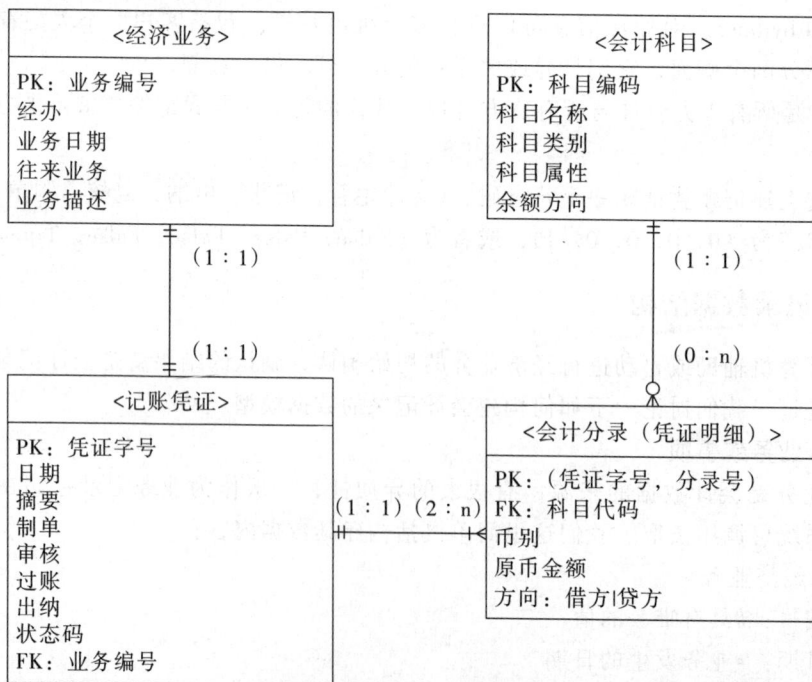

图6-12 记账凭证数据概念模型

我们简单解释一下图6-12的概念模型：

（1）图中（m∶n）数字代表数据表的基数关系，即表记录，对应所链接表的最大和最小记录（基数）。例如，<会计科目>与<会计分录（凭证明细）>，（1∶1）的含义是<会计分录（凭证明细）>的一条记录通过"科目编码"（外键）在<会计科目>最少能够找到一条记录，最多也能够找到一条对应记录；（0∶n）是<会计科目>的一条记录在<会计分录（凭证明细）>表最少则可能找到0条记录，最多能够找到n（n≥0）个记录。

（2）<经济业务>会计确认的信息产生会计记录——<记账凭证>。它们可以说是因果关系。会计系统记录更多的业务数据，有助于会计与业务融合，但是两者在手工会计或电算化会计中是脱离的。它们在这里各自完整且独立，符合数据规范的要求——在<记账凭证>表中只保留链接<经济业务>的外键——业务编码，在<经济业务>表中含有记账凭证的编号——凭证字号。

（3）"摘要"是手工会计的产物。如果我们深入讨论，在<记账凭证>中"摘要"是没有必要的，是一个冗余项，其实没有意义。

（4）<记账凭证>与<会计分录（凭证明细）>，一个基数项为（2∶n），这里是会计借贷记账的特殊约束：有借必有贷，借贷必相等。n≥2，是一项确认包含一借多贷和一贷多借。

（5）<会计科目>中的"科目类别"和"科目属性"。前面讲过，由于"科目类别"是一个常量，我们构建一个枚举类进行存储。

科目性质与派生的科目类别有关，需要构建不同的基类。我们也可以创建一个类似于科目类别的枚举类，如{"1"：现金，"2"：银行，"3"：应收，"4"：应付，"5"：存货，"6"：其他}。

（6）操作员表。操作员记录与<记账凭证>的状态有关，表示记录的责任人，也从一个侧面描述了该项数据记录的状态。一般的会计信息系统需要较为复杂的操作员的权限管理，见表6-3。

表6-3　　　　　　　　　　　　　　操作员表

列名	术语	类型	缺省	说明
ZT	账套号	Char（2）	非空	企业可能有多个会计账
CZY Code	操作员编码	Char（10）	非空	
CZY Name	操作员	Char（30）	非空	
Password	密码	Char（30）	非空	

第五节　基本会计系统

一、会计账簿数据结构

1.明细分类账会计账簿

原始凭证（经济业务）经过记录（）[1]转化为会计记录（记账凭证），会计记录经过

---

[1]　这里加"（）"表示该过程为方法或函数，下同。

审核（）之后，进行记账（）。记账的结果：生成<明细分类账>实例记录，并且更新<明细分类账>余额数据，如图6-13所示。

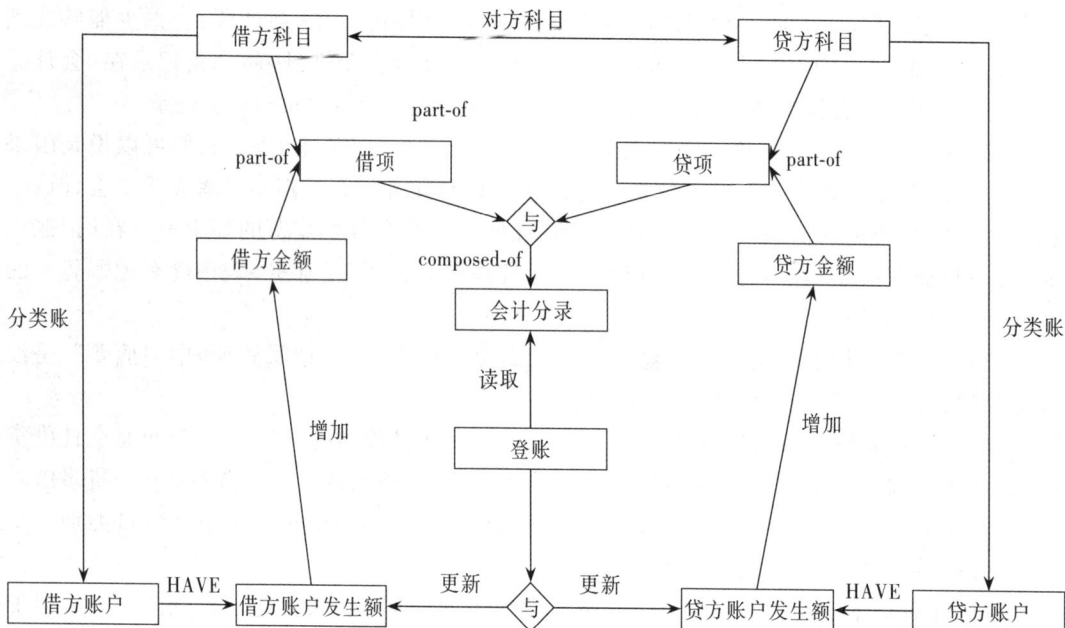

图6-13 会计分录记账（）与过账（）过程

明细分类账是以会计期间为分割的，一个文件对应一个会计期间。其数据框架为：

框架<明细分类账（2022.10）>

科目代码：#明细科目，非明细账科目为分类账

日期：#2022.10.X

凭证号：if needed #调用凭证记录

记录：

对方科目：#凭证记录的对应科目

方向：[Dr，Cr]

金额

余额：if needed #本次记录记账后的余额

方向：[Dr，Cr]

金额

2.总分类账会计账簿

分类账或总分类账是由明细分类账过账（）进行更新的，其主索引为非明细科目，可分级次操作。其属于聚合数据，数据框架如下：

框架<分类账（2022）>

科目代码：#非明细账科目，明细科目为明细分类账

期间：#2022.10

本期发生额：

借方发生额：

贷方发生额：

本年发生额：

借方发生额：

贷方发生额：

余额：

余额方向：［Dr，Cr］

期初余额：

本期余额：

3.核算项目明细账

本质上，核算项目明细账是<明细分类账>的子集。在输入<记账凭证>时，对于有核算项目的科目，要对应输入明细科目核算项目。因此，核算项目明细账也是会计记录经过审核（）之后，进行记账（）生成的记录。

核算项目明细账是以会计年度为分割的，一个文件对应一个会计期间。其数据框架为：

框架<核算项目明细账（2022）>-应收账款实例

科目代码：1122 #明细科目，非明细账科目为分类账

会计期间：10

核算项目类别：客户 #核算项目根据需要可以设计多层结构

核算项目：大连财通有限公司

凭证号：记账007

记录：

方向：Dr

金额：45 000 000

余额：　　#本次记录记账后的余额

方向：Dr

金额：89 000 000

4.核算项目总分类账

核算项目总分类账不进行单独的数据存储，而是通过<核算项目明细账>查询（）得到。核算项目聚合的维度可以有很多，如<项目类别>、<会计科目>、<会计期间>等。

5.其他

企业根据业务情况，可能设置不同的账簿，如<数量金额账>、<多栏账>等。

二、会计报表

1.科目余额表

<科目余额表>是反映所有科目当前的记账状态，其在各个不同的记账阶段有不同意义。

➢ 区分某些<记账凭证>过账前、后，体现特定业务对会计科目的影响。

➢ 业务系统结账后，计提项目前、后，体现会计再确认对会计科目的影响。

➢ 损益科目结转前、后，体现当期经营成果的影响等。

计算机编制（）科目余额表本身没有成本，因此任意时点可立即生成。其数据框架为：

框架<科目余额表>（2022.10.10）

科目代码：#不区分明细科目，所有科目，可分级次

期初余额：（方向，余额）#为了节省篇幅，元组表示侧面

本期发生额：（借方发生额，贷方发生额）

本年累计：（借方发生额，贷方发生额）

当前余额：（方向，余额）

2. 试算平衡表

<试算平衡表>不需要物理存储，其本质上是在一级科目上进行聚合汇总。试算平衡表是指某一时点上的各种账户及其余额的列表。基于计算机软件的记账（）和过账（），如果有严格的控制程序，试算平衡（）可能没有必要，只是手工会计沿袭的习惯。其数据框架为：

框架<试算平衡表>（2022.10.30）

总账科目：

科目代码：#所有总账科目

期初余额：（借方余额，贷方余额）#为了节省篇幅，元组表示侧面

本期发生额：（借方发生额，贷方发生额）

当前余额：（借方余额，贷方余额）

…

汇总：

（期初借方，期初贷方，本期借方，本期贷方，当前借方，当前贷方）

3.其他报表（暂不讨论）

由于篇幅限制，我们不详细讨论其他会计报表的生成。

三、会计循环

会计循环是企业将一定时期发生的所有经济业务，依据一定的步骤和方法，加以记录、分类、汇总直至编制会计报表的会计处理全过程。在连续的会计期间，这些工作周而复始地不断循环进行，因此称为会计循环。会计核算的一般流程，如图6-14所示。会计核算的一般流程说明，见表6-4。

以上过程，我们会逐步完善一个基于Python、Excel和Pandas的教学案例，供教学参考。参见本章电子资源文件（章末二维码）。

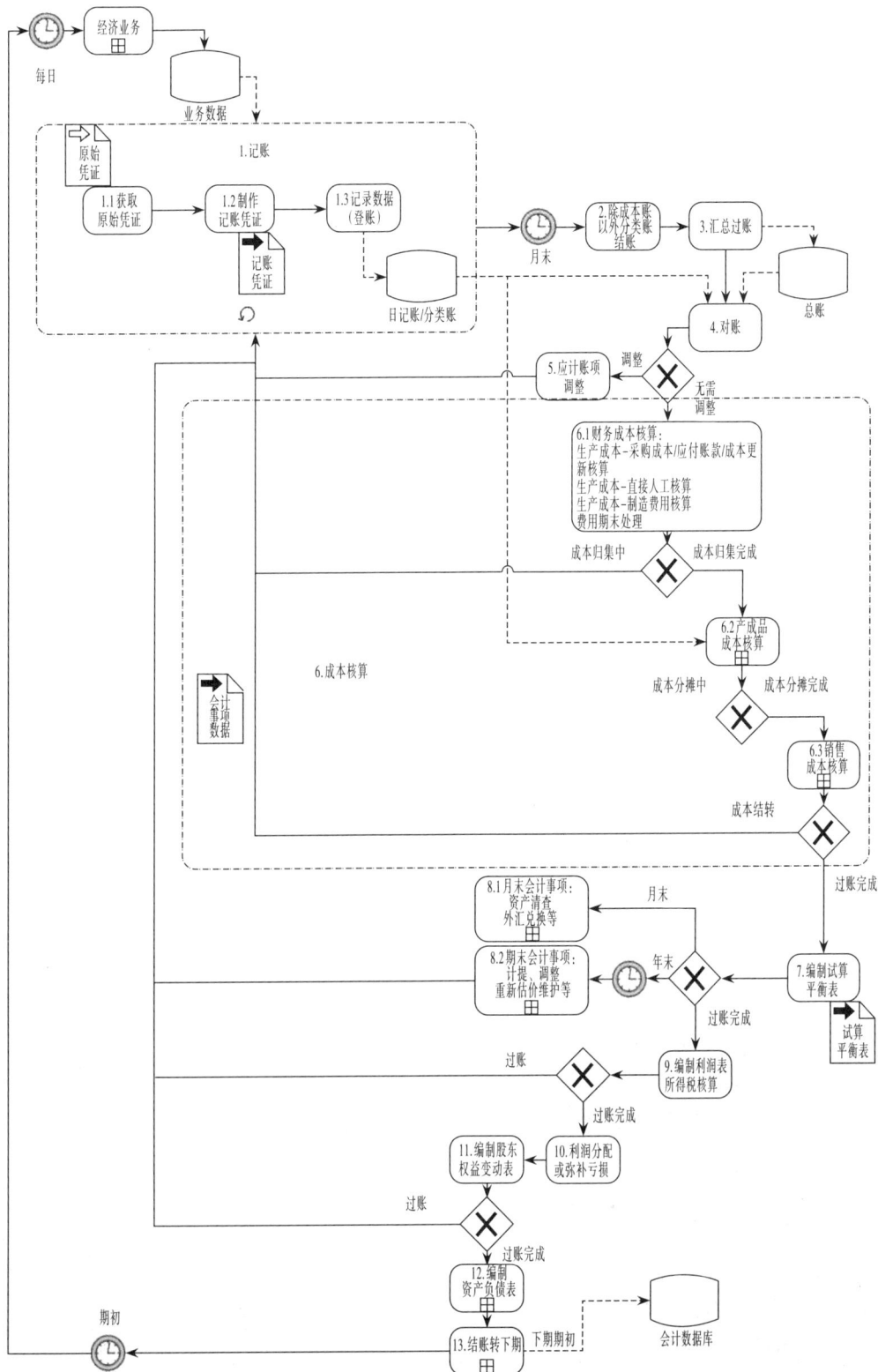

图6-14 会计循环

表6-4 会计核算的一般流程说明

流程步骤	工作内容的简要描述	输入	输出
1	凭证处理		
	1.1 收集原始凭证	业务数据	原始凭证
	1.2 制作会计凭证	原始凭证	会计（记账）凭证
	1.3 登账	会计（记账）凭证	日记账、分类账
2	期末除成本账以外分类账结账，不再处理任何本期业务数据	分类账	已关闭分类账
3	汇总过账，总账数据更新	分类账	总账
4	对账，判断结果是否异常	分类账 总账	对账表
5	应计账项调整 进行总账或分类账 调整，返回1 无需调整，进入6	对账表	分类账 总账
6	成本核算		
	6.1 财务成本核算并过账： 生产成本-采购成本/应付账款/成本更新核算 生产成本-直接人工核算 生产成本-制造费用核算 费用期末处理等 成本归集并核算，返回1 全部归集并过账，进入6.2	成本相关分类账 归集规则方案	生产成本
	6.2 产成品成本核算并过账 成本分摊并核算，返回1 全部分摊并过账，进入6.3	生产成本 分摊方案	产品成本
	6.3 销售成本核算并过账 成本核算，返回1 成本核算完成，进入7	产品成本 销售相关费用	销售成本/营业成本
7	编制试算平衡表	总账	试算平衡表
8	期末会计事项 8.1 月末会计事项 8.2 年末会计事项 过账完成，转9，否则返回1	总账、分类账	总账、分类账
9	编制利润表 所得税核算 过账完成，转10，否则返回1	初步利润表	总账、分类账 利润表
10	利润分配或弥补亏损 过账完成，转11，否则返回1	利润表	初步股东权益变动表
11	编制股东权益变动表	初步股东权益变动表	股东权益变动表
12	编制资产负债表及附注	总账	资产负债表及附注
13	结账转下期	本期期末分类账、总账 期初财务报表	期初分类账、总账 期初财务报表

【思考题与实践】

一、思考题

1.思考使用状态空间表示法表示"企业资本结构"，尝试描述"企业资本结构"的转变、算子。如果企业要达到某一目标状态，分析可能的途径，如何求解。

2.从对象系统设计出发，给出一个除了本书提到的会计系统要素，思考其数据模型、类和实例创建。

3.企业会计系统和业务系统，这两个系统的哪些侧面是联系的，这种联系作用如何体现会计的职能。

二、实践题

假设企业<原材料>科目，以及科目核算，需要数量账和金额账，请参照本书的数据模型和系统模型，设计有关<原材料>的数据模型与核算的相关方法，并给出相关程序代码。

第六章智能测评

第七章
会计系统智能化

【本章知识结构】

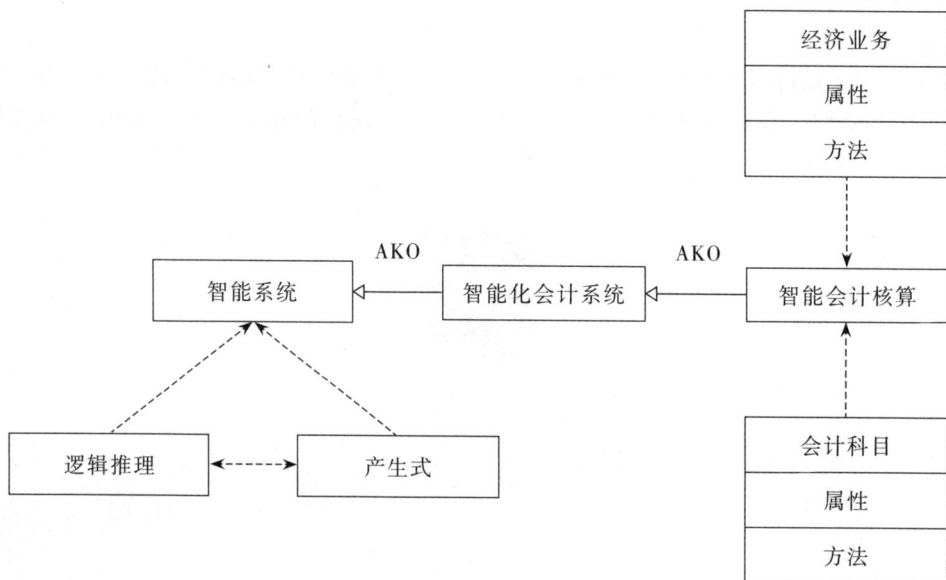

第一节 逻辑推理概述

一、推理的概念

一般人工智能系统就是实现机器推理过程。按照推理过程所用知识的确定性，推理可分为确定性推理和不确定性推理。对于推理的这两种不同类型，我们只讨论确定性推理。

推理是指按照某种策略从已知事实出发去推出结论的过程。推理所用的事实包括初始证据（推理已知）和中间结论（推理过程中所得到）。推理过程由推理机来完成，所谓推理机，就是智能系统中用来实现推理的那些程序。智能推理组成，如图7-1所示。

例如，审计专家系统，专家知识保存在知识库中。推理开始时，先把公司的财务数据和检查结果放到综合数据库中，然后再从综合数据库的初始证据出发，按照某种策略在知识库中寻找，并使用知识，直到推出最终审计结论为止。

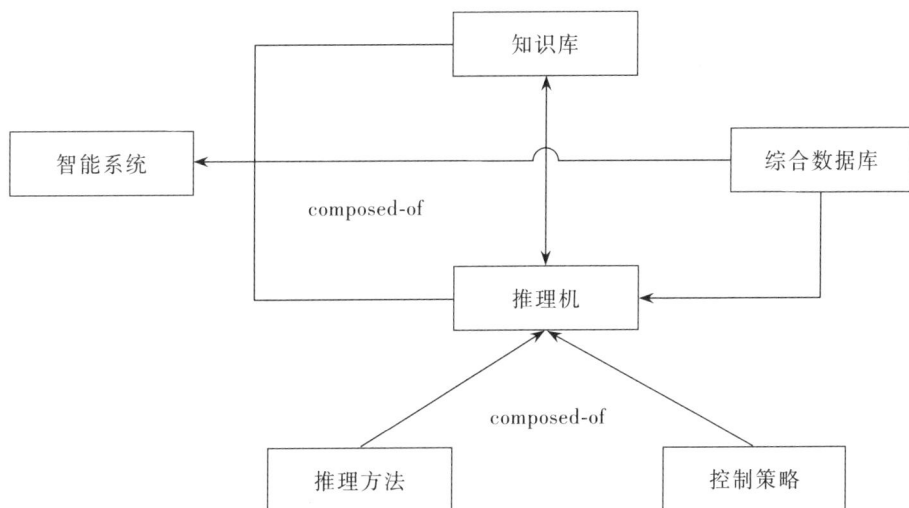

图 7-1　智能推理组成

推理的两个基本问题：①推理的方法：解决前提和结论的逻辑关系，不确定性传递；②推理的控制策略：解决推理方向，冲突消解策略。推理的构成，如图 7-2 所示。

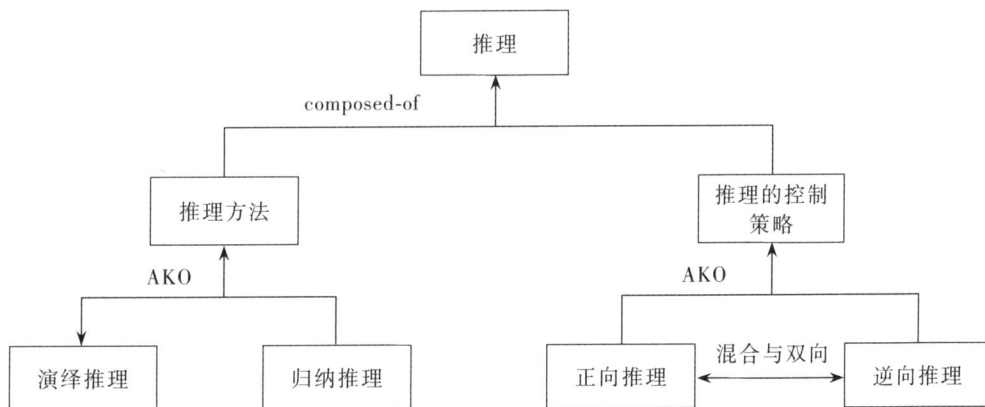

图 7-2　推理的构成

二、推理方法

1. 演绎推理

演绎推理是从已知的一般性知识出发，推导出蕴含在这些已知知识中的适合于某种个别情况的结论。演绎推理是一种由一般到个别的推理方法，其核心是自然演绎推理。

自然演绎推理，是从一组已知为真的事实出发，直接运用经典逻辑中的推理规则推出结论的过程。自然演绎推理最基本的推理规则是三段论推理，包括：

假言推理　　　　$P，P \rightarrow Q \Rightarrow Q$

拒取式　　　　　$P \rightarrow Q，\neg Q \Rightarrow \neg P$

假言三段论　　　$P \rightarrow Q，Q \rightarrow R \Rightarrow P \rightarrow R$

自然演绎推理的例子：

设已知如下事实：

$A，B，A \rightarrow C，B \wedge C \rightarrow D，D \rightarrow Q$

求证：Q为真。

证明：因为 A，A→C ⇒ C　　　假言推理

　　　　B，C⇒B∧C　　　　　　　引入合取词

　　　　B∧C，B∧C →D ⇒ D　　假言推理

　　　　D，D→Q ⇒ Q　　　　　假言推理

因此，Q为真。

常用的三段论是由一个大前提、一个小前提和一个结论三部分组成的。其中，大前提是已知的一般性知识或在推理过程中得到的判断；小前提是关于某种具体情况或某个具体实例的判断；结论是由大前提推出的，并且适合于小前提的判断。

例如，有如下三个判断：

①符合费用定义和费用确认条件的项目，应该列入利润表（一般性知识）；

②主营业务成本一种费用（具体情况）；

③主营业务成本应该列入利润表（结论）。

2.归纳推理

归纳推理是一种由个别到一般的推理方法。

归纳推理的类型：

➤ 按照所选事例的广泛性可分为完全归纳推理和不完全归纳推理。

➤ 按照推理所使用的方法可分为枚举、类比、统计和差异归纳推理等。

（1）完全归纳推理是指在进行归纳时需要考察相应事物的全部对象，并根据这些对象是否都具有某种属性，推出该类事物是否具有此属性。例如，考察所有上市公司是否定期披露年报。

（2）不完全归纳推理是指在进行归纳时只考察了相应事物的部分对象，就得出了关于该事物的结论。例如，审计师对企业部分应收账款实施函证程序。

（3）枚举归纳推理是指在进行归纳时，如果已知某类事物的有限可数具体事物都具有某种属性，则可推出该类事物都具有此种属性。

例如，设有以下事例：

恒大是房地产企业，资产负债率高；

万科是房地产企业，资产负债率高；

……

当这些具体事例足够多时，就可归纳出一个一般性的知识：

凡是房地产企业，就一定资产负债率高。

（4）类比归纳推理是指在两个或两类事物有许多属性都相同或相似的基础上，推出它们在其他属性上也相同或相似的一种归纳推理。

设 A、B 分别是两类事物的集合：

A={a1，a2，…}

B={b1，b2，…}

并设 ai 与 bi 总是成对出现，且当 ai 有属性 P 时，bi 就有属性 Q 与此对应，即：

P（ai）→Q（bi）　　　i=1，2，…

则当 A 与 B 中有一新的元素对出现时，若已知 a' 有属性 P，b' 有属性 Q，即：

P（a'）→Q（b'）

类比归纳推理的基础是相似原理，其可靠程度取决于两个或两类事物的相似程度以及这两个或两类事物的相同属性与推出的那个属性之间的相关程度。

例如，固定资产折旧与无形资产摊销的方法均是根据与其有关的经济利益的预期实现方式选择的。无形资产摊销和固定资产折旧在会计处理上都应当考虑该项固定资产、无形资产所服务的对象，并以此为基础将其折旧、摊销价值计入相关资产的成本或者当期损益。

这样，固定资产与无形资产存在类比关系：

固定资产属性——服务对象、折旧基础、使用年限、折旧、折旧计入成本或当期损益。

无形资产属性——服务对象、摊销基础、使用年限、摊销、摊销计入成本或当期损益。

3.演绎推理与归纳推理的区别

演绎推理是在已知领域内的一般性知识的前提下，通过演绎求解一个具体问题或者证明一个结论的正确性。它所得出的结论实际上早已蕴含在一般性知识的前提中。因此，演绎推理只不过是将已有事实揭露出来，因此它不能增加新知识。

归纳推理所推出的结论是没有包含在前提内容中的。这种由个别事物或现象推出一般性知识的过程，是增加新知识的过程。

例如，我们从大量上市公司的财务年报中，发现资产负债率在90%以上的公司，出现财务危机的概率很大。这是一种归纳推理方式，从实例中的大量事实，而得出一般性结论。而 CPA 运用会计知识和企业经营一般性规律，从而发现企业违反这一规律，得出财务风险的某一个具体事实。这种运用一般性会计知识去发现识别财务风险则是演绎推理。

三、推理的控制策略

1.推理的控制策略

推理的控制策略是指如何使用领域知识使推理过程尽快达到目标策略。推理过程不仅依赖于所用的推方法，还依赖于推理的控制策略。

由于智能系统的推理过程一般表现为一种搜索过程，因此推理的控制策略又可分为推理策略和搜索策略（上一章我们只讨论了无策略的搜索）。

2.推理策略类型

推理策略主要解决推理方向、冲突消解等问题。

➢ 推理方向控制策略用于确定推理的控制方向，可分为正向推理、逆向推理、混合推理及双向推理。

➢ 求解策略是指仅求一个解，还是求所有解或最优解等。

➢ 限制策略是指对推理的深度、宽度、时间、空间等进行的限制。

➢ 冲突消解策略是指当推理过程有多条知识可用时，如何从多条可用知识中选出一条最佳知识用于推理的策略。

第二节　推理的逻辑基础

一、公式的解释

1.命题公式的解释

在命题逻辑中，命题公式的一个解释就是对该命题公式中各个命题变元的一次真值指派。有了命题公式的解释，就可据此求出该命题公式的真值。

2.谓词公式的解释

由于谓词公式中可能包含个体常量、变元或函数，因此必须先考虑这些个体常量和函数在个体域上的取值，然后才能根据它们的具体取值为谓词分别指派真值。

定义：设 D 是谓词公式 P 的非空个体域，若对 P 中的个体常量、函数和谓词按如下规定赋值：

（1）为每个个体常量指派 D 中的一个元素；

（2）为每个 n 元函数指派一个从 D^n 到 D 的一个映射，其中：

$D^n =\{（x1，x2，\cdots，xn）| x1，x2，\cdots，xn\in D\}$

（3）为每个 n 元谓词指派一个从 D^n 到 {F，T} 的映射。

则称这些指派为 P 在 D 上的一个解释。

例：设个体域 D={1，2}，求公式 A=（$\forall x$）（$\exists y$）P（x，y）在 D 上的解释，并指出在每一种解释下公式 A 的真值。

解：由于公式 A 中没有包含个体常量和函数，因此可直接为谓词指派真值，这就是公式 A 在 D 上的一个解释。从这个解释可以看出：

当 x=1，y=1 时，有 P（x，y）的真值为 T

当 x=2，y=1 时，有 P（x，y）的真值为 T

即对 x 在 D 上的任意取值，都存在 y=1 使 P（x，y）的真值为 T。因此，在此解释下公式 A 的真值为 T。

二、谓词公式的永真性和可满足性

1.谓词公式的等价性和永真蕴含性

等价式和永真蕴含式都是演绎推理的主要依据，也称它们为推理规则。

谓词公式的等价式可定义如下：

设 P 与 Q 是 D 上的两个谓词公式，若对 D 上的任意解释，P 与 Q 都有相同的真值，则称 P 与 Q 在 D 上是等价的。如果 D 是任意非空个体域，则称 P 与 Q 是等价的，记作 P⇔Q。

2.等价式

我们在"谓词逻辑知识表示"一节中列出了一些等价式，这里进行补充：

（1）量词转换率。

¬（∃x）P ⇔（∀x）（¬P）

¬（∀x）P ⇔（∃x）（¬P）

（2）量词分配率。

（∀x）（P∧Q）⇔（∀x）P∧（∀x）Q

（∃x）（P∨Q）⇔（∃x）P∨（∃x）Q

3.永真蕴含式

定义：对谓词公式P和Q，如果P→Q永真，则称P永真蕴含Q，且称Q为P的逻辑结论，P为Q的前提，记作P⇒Q。

常用的永真蕴含式如下：

（1）化简式：P∧Q⇒P，P∧Q⇒Q。

（2）附加式：P⇒P∨Q，Q⇒P∨Q。

（3）析取三段论：P，P∨Q⇒Q。

（4）假言推理：P，P→Q⇒Q。

（5）拒取式：Q，P→Q⇒¬P。

（6）假言三段论：P→Q，Q→R⇒P→R。

（7）二难推理：P∨Q，P→R，Q→R⇒R。

（8）全称固化：（∀x）P（x）⇒P（y）。其中，y是个体域中的任意个体，依此可消去谓词公式中的全称量词。

（9）存在固化：（∃x）P（x）⇒P（a）。其中，a是个体域中某一个可以使P（x）为真的个体，依此可消去谓词公式中的存在量词。

三、范式

范式是谓词公式的标准形式。在谓词逻辑中，范式分为两种：前束范式和Skolem范式

1.前束范式

定义：设F为谓词公式，如果其中的所有量词均非否定地出现在公式的最前面，且它们的辖域为整个公式，则称F为前束范式。一般形式为：

（Q₁x₁）…（Qₙxₙ）M（x₁，x₂，…，xₙ）

其中，Q_i（i=1，2，…，n）为前缀，它是一个由全称量词或存在量词组成的量词串；M（x₁，x₂，…，xₙ）为母式，它是一个不含任何量词的谓词公式。

例如，（∀x）（∀y）（∃z）（P（x）∧Q（y，z）∨R（x，z））是前束范式。

任意谓词公式均可化为与其对应的前束范式，其化简方法将在后面子句集的化简中讨论。例如：

∀xP（x）∧∃xQ（x）

⇔∀xP（x）∧∃yQ（y）

⇔∀x∃y（P（x）∧Q（y））

2. Skolem 范式

定义：如果公式α是前束范式，且消去所有的存在量词，则称α′是Skolem范式，即：

$\forall x1 \forall x2 \cdots \forall xn M（x1, x2, \cdots, xn）$

定理：任意公式 α 都可转化为 Skolem 范式 α'，并且 α 可满足，且仅当 α' 可满足。

求 Skolem 范式的方法有：

①求前束范式；

②消去∃量词（引入个体常项或函数）。

例如：

$\exists x \exists y \exists z P（x, y, z）$

$\Rightarrow \forall y \exists z P（a, y, z）$（引入个体常项 a 代入 x）

$\Rightarrow \exists y P（a, y, f（y））$（引入个体与 y 有关，用函数 f（y）代替）

$\Rightarrow P（a, x, f（x））$

第三节　归结演绎推理

一、归结演绎推理概述

归结演绎推理是一种基于鲁宾逊归结原理的机器推理技术。鲁宾逊归结原理又称消解原理，是鲁宾逊于 1965 年在海伯伦理论的基础上提出的一种基于逻辑的反证法。

在人工智能中，几乎所有的问题都可以转化为一个定理证明问题。定理证明的实质，就是要对前提 P 和结论 Q，证明 P→Q 永真。但是要证明 P→Q 永真，就是要证明 P→Q 在任何一个非空的个体域上都是永真的。这将是非常困难的，甚至是不可实现的。

为此，人们进行了大量的探索，后来发现可以采用反证法的思想，把关于永真性的证明转化为关于不可满足性的证明。

因为：

$\neg（P \to Q）\Leftrightarrow（\neg P \vee Q）\Leftrightarrow \neg（P \wedge \neg Q）$

即要证明 P→Q 永真，只要能够证明 P∧¬Q 是不可满足的就可以了。这方面最有成效的工作就是鲁宾逊归结原理。它使定理证明的机械化成为现实。

二、子句集及其化简

1.子句和子句集

鲁滨逊归结原理是在子句集的基础上讨论问题的。因此，讨论归结演绎推理之前，需要先讨论子句集的有关概念。

定义：原子谓词公式及其否定统称为文字。

例如，P（x）、Q（x）、¬P（x）、¬Q（x）等都是文字。

定义：任何文字的析取式称为子句。

例如，P（x）∨Q（x），P（x, f（x））∨Q（x, g（x））都是子句。

定义：不含任何文字的子句称为空子句。

由于空子句不含有任何文字，也就不能被任何解释所满足，因此空子句是永假的，不可满足的。空子句一般被记为 NIL。

定义：由子句或空子句所构成的集合称为子句集。

2.子句集的化简

在谓词逻辑中，任何一个谓词公式都可以通过应用等价关系及推理规则化成相应的子句集。其化简步骤如下：

（1）消去连接词"→"和"↔"。

反复使用以下等价公式：

$P \rightarrow Q \Leftrightarrow \neg P \vee Q$

$P \leftrightarrow Q \Leftrightarrow (P \wedge Q) \vee (\neg P \wedge \neg Q)$

即可消去谓词公式中的连接词"→"和"↔"。

例如，公式：

$(\forall x)((\forall y) P(x, y) \rightarrow \neg (\forall y)(Q(x, y) \rightarrow R(x, y)))$

经等价变化后为：

$(\forall x)(\neg (\forall y) P(x, y) \vee \neg (\forall y)(\neg Q(x, y) \vee R(x, y)))$

（2）减少否定符号的辖域。

反复使用双重否定率：

$\neg (\neg P) \Leftrightarrow P$

摩根定律：

$\neg (P \wedge Q) \Leftrightarrow \neg P \vee \neg Q$

$\neg (P \vee Q) \Leftrightarrow \neg P \wedge \neg Q$

量词转换率：

$\neg\neg (\forall x) P(x) \Leftrightarrow (\exists x) \neg P(x)$

$\neg\neg (\exists x) P(x) \Leftrightarrow (\forall x) \neg P(x)$

将每个否定符号"¬"移到仅靠谓词的位置，使得每个否定符号最多只作用于一个谓词。

例如，上式经等价变换后为：

$(\forall x)((\exists y) \neg P(x, y) \vee (\exists y)(Q(x, y) \wedge \neg R(x, y)))$

（3）对变元标准化。

在一个量词的辖域内，把谓词公式中受该量词约束的变元全部用另一个没有出现过的任意变元代替，使不同量词约束的变元有不同的名字。

例如，上式经变换后为：

$(\forall x)((\exists y) \neg P(x, y) \vee (\exists z)(Q(x, z) \wedge \neg R(x, z)))$

（4）转化为前束范式。

化为前束范式的方法：

把所有量词都移到公式的左边，并且在移动时不能改变其相对顺序。由于第（3）步已对变元进行了标准化，每个量词都有自己的变元，这就消除了任何由变元引起冲突的可能，因此这种移动是可行的。

例如，上式转化为前束范式后为：

$(\forall x)(\exists y)(\exists z)(\neg P(x, y) \vee (Q(x, z) \wedge \neg R(x, z)))$

（5）消去存在量词。

消去存在量词时，需要区分以下两种情况：

若存在量词不出现在全称量词的辖域内（即它的左边没有全称量词），只要用一个新的个体常量替换受该存在量词约束的变元，就可消去该存在量词。

若存在量词位于一个或多个全称量词的辖域内，即：

$$(\forall x_1) \cdots (\forall x_n)(\exists y) P(x_1, x_2, \cdots, x_n, y)$$

则需要用 Skolem 函数 $f(x_1, x_2, \cdots, x_n)$ 替换受该存在量词约束的变元 y，然后再消去该存在量词。

例如，第（4）步的公式中存在量词（$\exists y$）和（$\exists z$）都位于（$\forall x$）的辖域内，因此需要用 Skolem 函数来替换。设替换 y 和 z 的 Skolem 函数分别是 $f(x)$ 和 $g(x)$，则替换后的式子为：

$$(\forall x)(\neg P(x, f(x)) \lor (Q(x, g(x)) \land \neg R(x, g(x))))$$

（6）化为 Skolem 标准形。

Skolem 标准形的一般形式为：

$$(\forall x_1) \cdots (\forall x_n) M(x_1, x_2, \cdots, x_n)$$

其中，$M(x_1, x_2, \cdots, x_n)$ 是 Skolem 标准形的母式，它由子句的合取词所构成。

把谓词公式化为 Skolem 标准形需要使用以下等价关系：

$$P \lor (Q \land R) \Leftrightarrow (P \lor Q) \land (P \lor R)$$

例如，前面的公式化为 Skolem 标准形后为：

$$(\forall x)((\neg P(x, f(x)) \lor Q(x, g(x))) \land (\neg P(x, f(x)) \lor \neg R(x, g(x))))$$

（7）消去全称量词。

由于母式中的全部变元均受全称量词的约束，并且全称量词的次序已无关紧要，因此可以省掉全称量词。但剩下的母式，仍假设其变元是被全称量词量化的。

例如，上式消去全称量词后为：

$$\neg P(x, f(x)) \lor Q(x, g(x)) \land (\neg P(x, f(x)) \lor \neg R(x, g(x)))$$

（8）消去合取词。

在母式中消去所有合取词，把母式用子句集的形式表示出来。其中，子句集中的每一个元素都是一个子句。

例如，上式的子句集中包含以下两个子句：

$$\neg P(x, f(x)) \lor Q(x, g(x))$$

$$\neg P(x, f(x)) \lor \neg R(x, g(x))$$

（9）更换变量名称。

对子句集中的某些变量重新命名，使任意两个子句中不出现相同的变量名。由于每一个子句都对应母式中的一个合取元，并且所有变元都是由全称量词量化的，因此任意两个不同子句的变量之间实际上不存在任何关系。这样更换变量名是不会影响公式的真值的。

例如，可把前面公式的第二个子句集中的变元名 x 更换为 y，得到以下子句集：

$$\neg P(x, f(x)) \lor Q(x, g(x))$$

$$\neg P(y, f(y)) \lor \neg R(y, g(y))$$

在上述化简过程中，由于在消去存在量词时所用的 Skolem 函数可以不同，因此化简后的标准子句集是不唯一的。

这样，当原谓词公式为非永假时，它与其标准子句集并不等价。但当原谓词公式为永假（或不可满足）时，其标准子句集则一定是永假的，即 Skolem 化并不影响原谓词公式的永假性。这个结论很重要，是鲁宾逊归结原理的主要依据。

三、用归结反演求取问题的答案

鲁宾逊归结原理除了可用于定理证明外，还可用来求取问题答案，其思想与定理证明相似。其一般步骤为：

（1）把问题的已知条件用谓词公式表示出来，并转化为相应的子句集。

（2）把问题的目标否定用谓词公式表示出来，并转化为子句集。

（3）对目标否定子句集中的每个子句构造该子句的重言式（即把该目标否定子句和此目标否定子句的否定之间再进行析取所得到的子句），用这些重言式代替相应的目标否定子句式，并把这些重言式加入到前提子句集中，得到一个新的子句集。

（4）对这个新的子句集，应用归结原理求出其证明树，这时证明树的根子句不为空，称这个证明树为修改的证明树。

（5）用修改的证明树的根子句作为回答语句，则答案就在此根子句中。

下面再通过一个例子来说明如何求取问题的答案。

已知：甲材料和乙材料是构成企业丙产品的直接材料，如果 x 和 y 是企业产品的直接材料，x 与 y 在同样的条件下计提减值准备。现在甲材料需要计提减值准备，比例为 10%。

问：乙材料是否需要计提减值准备？

解：首先定义谓词：

C（x，y）　　　　　　　x 和 y 是企业同一产品的直接材料

Provision（x，u）　　　　x 需要计提减值准备，u 为计提比例

把已知前提用谓词公式表示如下：

C（甲，乙）

（∀x）（∀y）（∀u）（C（x，y）∧Provision（x，u）→Provision（y，u））

Provision（甲，10%）

把目标的否定用谓词公式表示如下：

¬（∃v Provision（乙，v））

把上述公式转化为子句集：

C（甲，乙），¬C（x，y）∨¬Provision（x，u）∨Provision（y，u），Provision（甲，u）

把目标否定转化为子句式，并用重言式代替：

¬（Provision（乙，v））∨（Provision（乙，v））

把此重言式加入前提子句集中，得到一个新的子句集，对这个新的子句集，应用鲁宾逊归结原理求出其证明树。其求解过程如图 7-3 所示。该证明树的根子句就是所求的答案，即"乙材料是否需要计提减值准备 10%"。

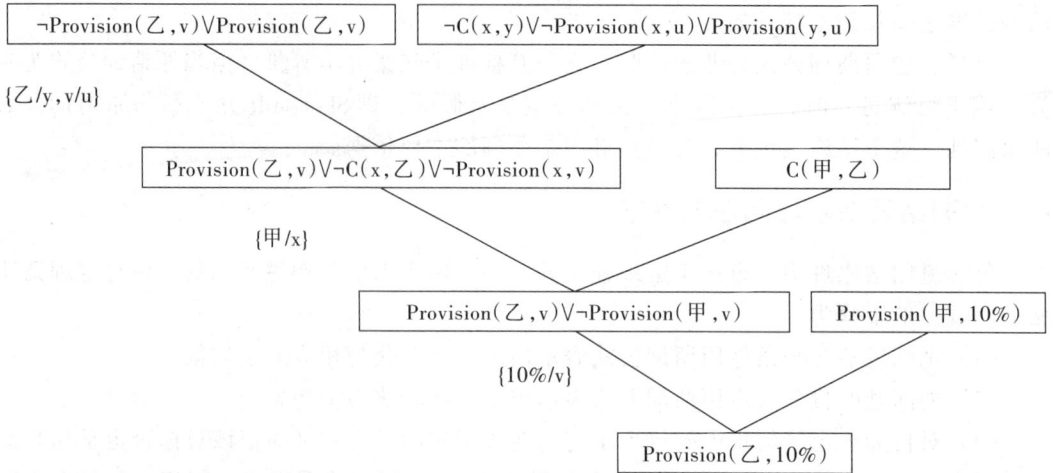

图7-3 证明树

第四节 产生式系统

一、产生式表示法

产生式（production）是目前人工智能中使用最多的一种知识表示方法。其主要思想是用产生式规则符号串代替运算。许多成功的专家系统都是采用产生式知识表示方法。产生式用来描述事实、规则及其不确定性度量，适合于表示事实性知识和规则性知识。

1.事实性知识表示

前面我们讨论过事实性知识。事实可看成是断言一个语言变量的值或是多个语言变量间的关系的陈述句，语言变量的值或语言变量间的关系可以是一个词。这里我们拿会计的专业领域事实举例，如A公司的净资产为负，其中净资产是语言变量，其值是负的。又如，B公司投资A公司，B公司和A公司是两个语言变量，它们之间的关系是投资。

产生式用于表示事实性知识时，区分确定性事实知识和不确定性事实知识。

（1）确定性事实知识的产生式表示。

事实性知识可以看作一个断言，表示一个语言变量或者多个语言变量之间的关系。事实性知识一般使用三元组来表示：

（对象，属性，值）

或者：

（关系，对象1，对象2）

其中，对象就是语言变量。这种表示就像关系型数据库的关系，表示对象的属性值，或者对象之间的关联关系。

用三元组表示上面的举例，A公司的净资产为负，便写成（净资产，账面价值，负）；B公司投资A公司，便写成（投资，B公司，A公司）。

（2）不确定性事实知识的产生式表示。

有些事实性知识带有不确定性，如确认资产是否减值时，"某项存货（A材料）的处置，有可能给企业带来收益是100万元"，因为是很可能，可能性为大于80%。这种情况下，事实性知识一般使用四元组来表示：

（对象，属性，值，可行度值）

或者：

（关系，对象1，对象2，可行度值）

上述资产确认的知识表示可以为：（A材料，可变现净值，100万，0.8）。又如，前面提到的例子，B公司很可能投资A公司，经评估可能性为90%，则表示为：（投资，B公司，A公司，0.9）。这里假设前者的置信度为0.8，后者为0.9。

2.规则性知识表示

规则是表示事物间的因果关系或使动关系，以下列形式表示：

condition→action

condition作为前件或模式，而action称为动作、后件或结论。前件部分常是一些事实的合取，而结论常是某一事实B，如考虑不确定性，则需要另附可信度度量值。

（1）确定性规则知识的产生式表示。

确定性规则的产生式形式为：

P→Q 或者 IF P THEN Q

P是产生式的前提，也称前件，它给出了该产生式可否使用的先决条件，由事实的逻辑组合来构成；Q是一组结论或操作，也称产生式的后件，它指出当前提P满足时，应该推出的结论或应该执行的动作。产生式的含义是如果前提P满足，则可推出结论Q或执行Q所规定的操作。例如，如果企业拥有的资产账面价值大于负债，那么该公司的净资产为正。其表示为：

（资产，大于，负债）→（净资产，大于，0）

或者：

IF 资产>负债 THEN 净资产>0

我们再举一个执行动作的例子，"上市公司连续两年亏损，被证监会特别提醒"表示为：

（利润$_{2021}$，小于，0）∧（利润$_{2022}$，小于，0）→（ST，证监会，公司）

或者：

IF 利润$_{2021}$< 0 and 利润$_{2022}$< 0 THEN 公司 = ST公司

（2）不确定性规则知识的产生式表示。

不确定性规则的产生式形式为：

P→Q（可信度）

或者：

IF P THEN Q（可信度）

这一表示主要在不确定性推理中，当已知事实与前提中所规定的条件不能精确匹配时，只要按照"可信度"要求达到一定阈值，就认为已知事实与前提条件相匹配，再按照一定的算法将这种可能性传递给结论或操作。

例如，如果企业年报披露利润大幅增长50%，公开市场上该公司的股价大概（来自统计数据80%）上涨10%。

IF rate（利润）> 50% THEN increase（股价）>10%（0.8）

另外，对前提也可以设置可信度，这涉及模糊推理，我们不再深入讨论。

二、产生式与蕴涵式的区别

产生式与蕴涵式类似，但是它们是有区别的：

➤ 蕴涵式是一个逻辑表达式，其逻辑值只有真和假。而产生式只是说明事实或规则，无所谓真假。

➤ 蕴涵式表示的知识只能是精确的，产生式表示的知识可以是不确定的。原因是产生式的前提条件和结论都可以是不确定的，所以其匹配也可以是不确定的。

产生式与程序控制同样类似，但也有区别：

➤ 首先，前件结构不同，产生式的前件可以是一个复杂的结构。而传统程序设计语言中的左部仅仅是一个布尔表达式。

➤ 其次，控制流程不同，产生式系统中满足前提条件的规则被激活后，不一定被立即执行，能否执行将取决于冲突消解策略。传统程序设计语言是严格地从一个条件语句向下一个条件语句传递的。

三、产生式系统

多数较为简单的专家系统（expert system）都是以产生式表示知识的，相应的系统称为产生式系统。产生式表示格式固定，形式单一，规则（知识单位）间相互较为独立。另外，推理方式单纯，也没有复杂的计算。所以，产生式表示知识常作为构造专家系统的第一选择的知识表示方法。

图7-4中的产生式系统由知识库和推理机两个部分组成。其中，知识库由规则库和数据库组成。规则库是产生式规则的集合，数据库是事实的集合。

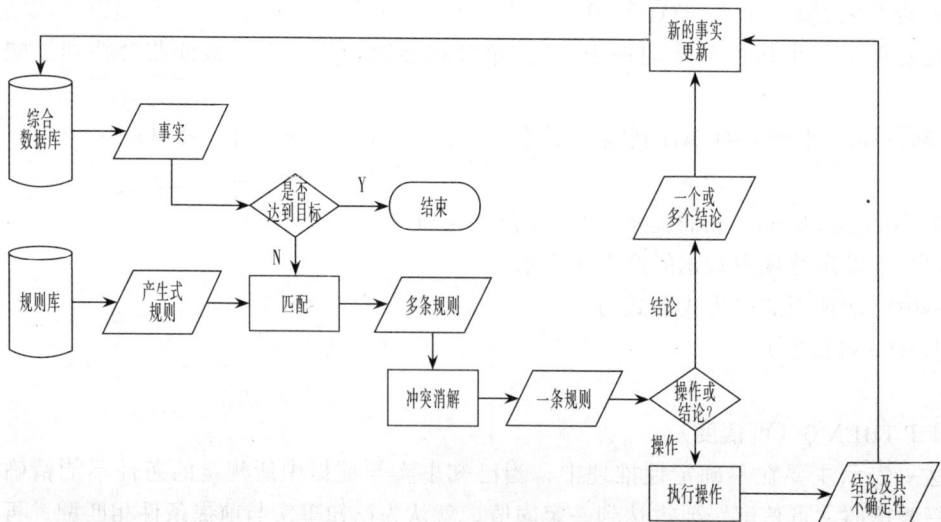

图7-4 产生式系统推理过程

规则集蕴涵着将问题从初始状态转换为解状态的那些变换规则，规则是以产生式表示的。规则库是专家系统的核心，可以是表结构或"与或树"形式，基于数据库中的事实，进行搜索的求值过程就是推理。综合数据库中存放初始事实、外部数据库输入的事实、中间结果事实和最后结果事实。

图7-4中并没有表示一个推理机，其实推理机就是一个程序，控制协调规则库与数据库的运行，包含推理方式和控制策略。

第五节 正向推理与逆向推理

一、正向推理

1.正向推理算法

从已知事实出发、正向使用推理规则，称为数据驱动推理或前向链推理，如图7-5所示。算法描述：

（1）把已知事实作为初始证据放入综合数据库。

（2）检查综合数据库中是否包含了问题的解。若已包含，则求解结束，并成功退出；否则，执行下一步。

（3）检查知识库中是否有可用知识。若有，形成当前可用知识集，执行下一步；否则，执行第（5）步。

（4）按照某种冲突消解策略，从当前可用知识集中选出一条规则进行推理，并将推出的新事实加入综合数据库中，然后执行第（2）步。

（5）询问用户是否可以进一步补充新的事实。若可补充，则将补充的新事实加入综合数据库中，然后执行第（3）步；否则，表示无解，失败退出。

对于如何根据综合数据库中的事实到知识库中选取可用知识，或当知识库中有多条知识可用时应该先使用哪一条知识等，这些问题涉及知识的匹配方法和冲突消解策略，以后将会分别讨论。

我们先举一个一般化的例子。

假设知识库中包含以下2条规则：

R1：IF B THEN C

R2：IF A THEN B

已知初始证据A，求证目标C。

推理过程如下：

（1）推理开始前，综合数据库为空。先把A放入综合数据库。

（2）然后检查综合数据库中是否含有该问题的解，回答为"N"。

（3）接着检查知识库中是否有可用知识，显然R2可用，形成仅含R2的知识集。从该知识集中取出R2，推出新的事实B，将B加入综合数据库，检查综合数据库中是否含有目标C，回答为"N"。

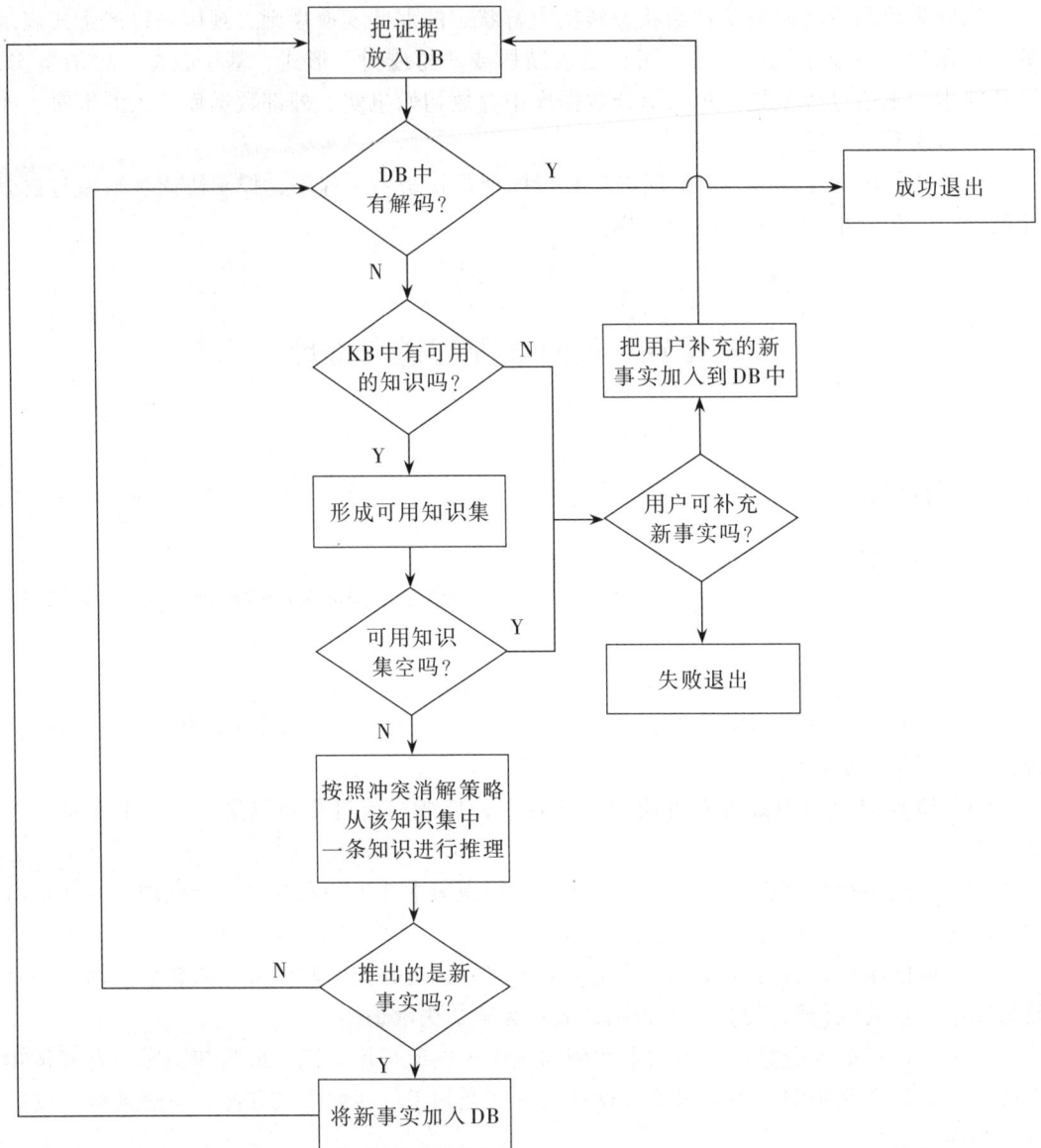

图 7-5 正向推理流程

（4）再检查知识库中是否有可用知识，此时由于 B 的加入使得 R1 为可用，形成仅含 R1 的知识集。从该知识集中取出 R1，推出新的实事 C，将 C 加入综合数据库，检查综合数据库中是否含有目标 C，回答为 "Y"。这说明综合数据库中已经含有问题的解，推理成功结束，目标 C 得到验证。

2.正向推理算法举例

为了理解正向推理，我们举一个存货计提跌价准备的逻辑推理实例。

会计实例（用谓词逻辑结合产生式推理）：

（1）规则。

会计准则规定：存货成本高于其可变现净值的，应当计提存货跌价准备，计入当期损益。可变现净值，是指在日常活动中存货的估计售价减去至完工时估计将要发生的成本、估计的销售费用以及相关税费后的金额。

通常表明存货的可变现净值低于成本的情形有：

➢ 该计提减值的存货的市场价格持续下跌，并且在可预见的未来无回升的希望。

Decline（x）市场价格持续下跌　　　　　# x为存货

NoHopeRecovery（x，Decline（x））　　# x价格未来无回升的希望

➢ 企业使用该项原材料生产产品的成本大于产品的销售价格。

函数 cost（y）产品成本　　　　　　　　# y为存货

函数 salesPrice（y）　　　　　　　　　# 为存货产品 y 的售价

Use（y，x）　　　　　　　　　　　　　# y使用x作为材料

Bigger（cost（y），salesPrice（y））　　# y的成本大于y的销售价格

➢ 企业因产品更新换代，原有库存原材料已不适应新产品的需要，而该原材料的市场价格又低于其账面成本。

¬∃（x）Use（y，x）　　　　　　　　　#产品 y 不使用 x 作为材料

函数 price（x）　　　　　　　　　　　#原材料的市场价格

函数 bookcost（x）　　　　　　　　　#原材料的账面成本

Lower（bookcost（x），price（x））　　#原材料的市场价格又低于其账面成本

➢ 因企业所提供的商品或劳务过时或消费者偏好改变而使市场的需求发生变化，导致市场价格逐渐下跌。

函数 preference（x）　　　　　#消费者对产品的偏好

（OutofDate（y）∧Changed（preference（y））∧Use（y，x）→Decline（y）

➢ 其他足以证明该项存货实质上已经发生减值的情形。

ImPairment（x）　　　　　　　　　　#x已经发生减值

Evidence（x，ImPairment（x））　　　#足以证明该项存货实质上已经发生减值

Provision（x）表示x需要计提跌价准备，用谓词公式表示上面的规则：

R1：

IF Decline（x）∧NoHopeRecovery（x，price（x））THEN Provision（x）

R2：

IF Bigger（cost（y），salesPrice（y））∧Use（y，x）THEN Provision（x）

R3：

IF ¬∃（y）（Use（y，x））∧Lower（bookcost（x），price（x））THEN Provision（x）

R4：

IF ¬（OutofDate（y））∨Changed（Preference（y））∧Use（y，x）→ Decline（y，Price（y））THEN Provision（x）

R5：

IF Evidence（x，ImPairment（x））THEN Provision（x）

（2）事实。

实例：假定A公司20×5年12月31日库存W型机器12台，成本（不含增值税）为360万元，单位成本为30万元。该批W型机器全部销售给B公司。A公司与B公司签订的销售

合同约定，20×6年1月20日，A公司应按每台30万元的价格（不含增值税）向B公司提供W型机器12台。A公司销售部门提供的资料表明，向长期客户B公司销售的W型机器的平均运杂费等销售费用为0.12万元/台；向其他客户销售W型机器的平均运杂费等销售费用为0.1万元/台。20×5年12月31日，W型机器的市场销售价格为32万元/台。请问资产负债表日W型机器的账面价值是多少？[①]

我们从这个实例中抽取以下事实：

存货：Inventory = Product = 12台W型机器

成本：cost（Inventory）= 30 × 12 = 360（万元）

售价：salesPrice（Inventory）=（30 - 0.12 - 0.1）× 12 = 357.36（万元）

产品成本大于销售价格：Bigger（cost（Product），salesPrice（Product））

或者可这样分析：根据合同，Evidence（Inventory，ImPairment（Inventory））

（3）推理。

正向推理过程：

①推理开始前，综合数据库为空。先把Bigger（cost（Product），salesPrice（Product））放入综合数据库。

②然后检查综合数据库中是否含有该问题的解，回答为"N"。

③接着检查知识库中是否有可用的知识，显然R2可用，形成仅含R2的知识集。从该知识集中取出R2，推出新的事实Provision（Inventory），将Provision（Inventory）加入综合数据库，检查综合数据库中是否含有目标C，回答为"Y"。这说明综合数据库中已经含有问题的解，推理成功，Provision（Inventory）需要计提跌价。

证明该项存货实质上已经发生减值。

从上面的例子我们可以看出，实例是非常简单的问题，但是从描述中获取所需的事实是非常困难的。在这里我们强调业务（包括凭证、流程等）的数字化、结构化，甚至是我们智能推理的前提；否则，从叙述中抽取语义（自然语言分析NLP）是非常困难的。

正向推理的主要优点：比较直观，允许用户主动提供有用的事实信息，适合于诊断、设计、预测、监控等领域的问题求解。

正向推理的主要缺点：推理无明确目标，求解问题时可能会执行许多与解无关的操作，导致推理效率较低。

二、逆（反）向推理

1.逆（反）向推理算法

从某个假设目标出发，逆向使用规则，称为目标驱动推理或逆向链推理。反向推理也称自顶向下控制、目标驱动控制、后向推理。在推理过程中，首先从目标出发，不断地找出能够满足目标的所有情况、条件，反向地向着最初的情况、条件逼近，重复完成此项工作，直至达到或符合最初的或最原始的情况条件。同正向推理一样，要实现反向推理也需要具备数据库、知识库和推理机三个部分。逆向推理流程如图7-6所示。

---

① 资料来源：企业会计准则编审委员会. 企业会计准则详解与实务：条文解读+实务应用+案例讲解［M］. 北京：人民邮电出版社，2020.

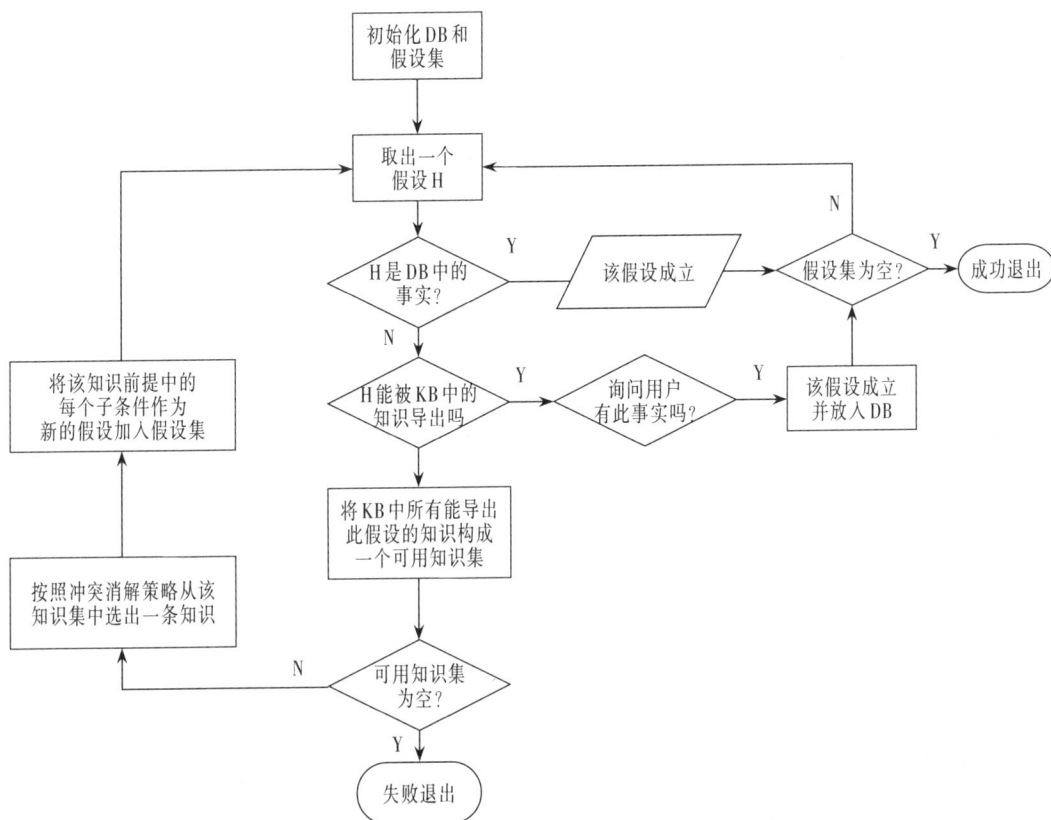

图 7-6　逆向推理流程

算法描述：

（1）将要求证的目标（称为假设）构成一个假设集。

（2）从假设集中选出一个假设，检查该假设是否在综合数据库中。

➤ 若不在，则执行第（3）步。

➤ 若在，则该假设成立，删除假设集中成立的假设，重复执行第（2）步。

➤ 此时，若假设集为空，则成功退出；否则，仍执行。

（3）检查该假设是否可由知识库的某个知识导出，将知识库中可以导出该假设的所有知识构成一个可用知识集。

（4）检查可用知识集是否为空。若是，失败退出；否则，执行下一步。

（5）按冲突消解策略从可用知识集中取出一个知识。将该知识前提中的每个子条件都作为新的假设放入假设集，删除原假设，然后执行第（2）步。

2.逆（反）向推理举例

我们还是先看一个一般化的例子。

假设知识库中包含以下 2 条规则：

R1：IF　B　THEN　C

R2：IF　A　THEN　B

已知初始证据 A，求证目标 C。

采用逆向推理，其推理过程如下：

（1）推理开始前，综合数据库和假设集均为空。

（2）推理开始后，先将初始证据A和目标C分别放入综合数据库和假设集中，然后从假设集中取出一个假设C，查找C是否为综合数据库中的已知事实，回答为"N"。

（3）再检查C是否能被知识库中的知识所导出，发现C可由R1导出，于是R1被放入可用知识集。由于知识库中只有R1可用，因此可用知识集中仅含R1。

（4）接着从可用知识集中取出R1，将其前提条件B作为新的假设放入假设集。从假设集中取出B，检查B是否为综合数据库中的实事，回答为"N"。再检查B是否能被知识库中的知识所导出，发现B可由R2导出，于是R2被放入可用知识集。由于知识库中只有R2可用，因此可用知识集中仅含R2。

（5）从可用知识集中取出R2，将其前提条件A作为新的假设放入假设集。从假设集中取出A，检查A是否为综合数据库中的实事，回答为"Y"。这说明该假设成立，由于无新的假设，因此推理过程成功结束，目标C得到验证。

第六节　企业经营活动分析

一、会计视角的企业经营活动

企业基本业务流程和支持性业务流程共同构成了企业业务活动的整个价值链。企业经营活动作为一个集合，其中一个子集是经济业务或会计事项，需要会计进行核算。

我们在上一章尝试从会计视角给出企业经营活动集合的一个划分：

企业经济业务或事项 = 日常经营/相关业务+其他经营业务+非经营事项+筹资业务+对外投资

从会计视角观察，企业作为持续经营的主体从会计期初到期末周而复始地运动。这些运动的表现形式为业务流程周期性运转，同时带动企业资金的流转，资本的进入与退出。我们把上一章图6-5在一个会计期间进行展开，会把以上五个流程集合进一步划分。采用BPMN2.0的表示规则，从会计视角来看，企业的运行可以表示为图7-7模型。

图7-7表示在经营周期的开始企业基于上期的经营成果，利用"期初资产"作为资本，开启新的经营周期。

1.日常经营/相关业务（P_{NO}）——大量重复事项

根据企业的经营目标（企业注册的主营业务），我们把主营业务与其相关的业务归为企业日常经营/相关业务。这类经济业务具有大量且重复操作的特征。这类业务采用自动化核算，会节省大量人力资源开销。

这类业务过程可进一步拆分为：

（1）获取和支付（经营投入）（P_{PtP}）。

正常的经营需要经济资源投入，从企业外部获取。企业这部分用资金换取资源的过程，其经营投入或是费用化支出，或是资本化支出，即进入"获取和支付"流程（P_{PtP}），

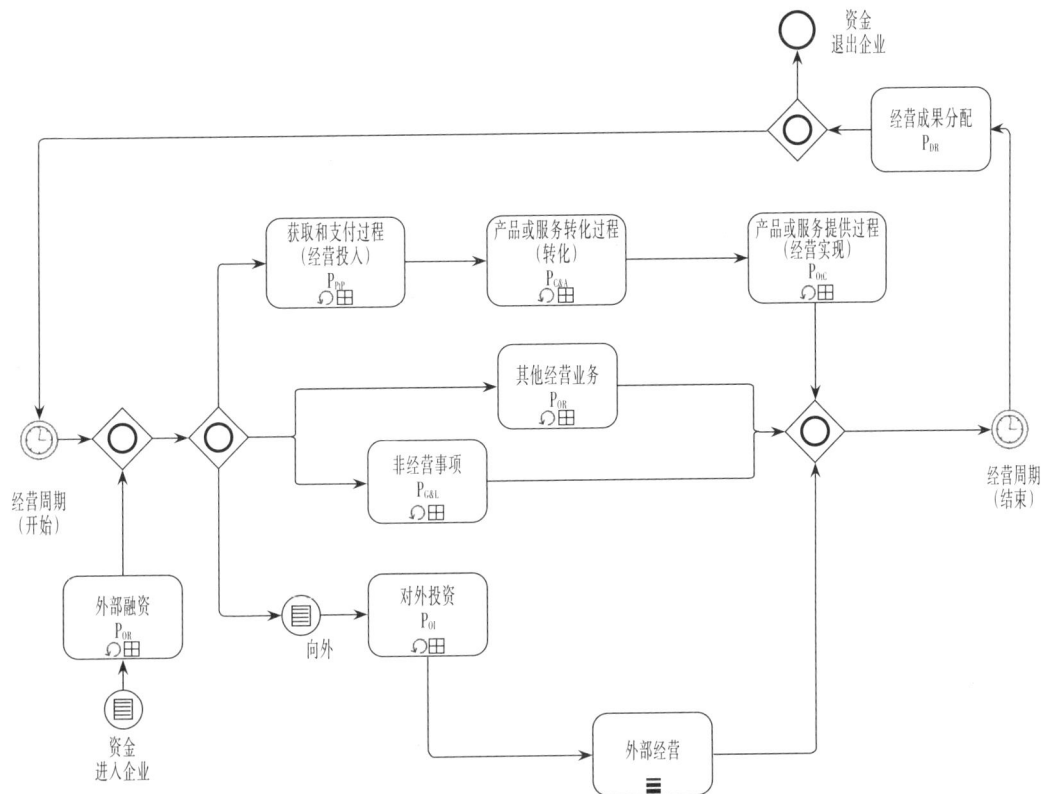

图 7-7 经营周期业务流程领域

取得外部资源。这些资源包括原材料（存货）、委外加工元件（存货）、固定资产、人力资源和无形资产等。

（2）产品或服务转化过程（转化）（$P_{C\&A}$）。

经营投入流程是使企业具备产品或服务的"转化"条件，"转化"流程完成资源到产品的转化，实现企业增值的过程。

如果需要借助外部资源，我们归类于 $P_{C\&A}$ 中的"委外加工元件"。从会计视角来看，产品或服务的"转化"流程实质上是通过"耗用与摊销"过程（$P_{C\&A}$），实现企业满足市场需求的产品或服务，耗用针对的是前期费用化支出，摊销针对的是前期资本化支出。

（3）产品或服务提供过程（经营实现）（P_{OtC}）。

经营实现过程，是企业根据客户合同提供产品或服务，获取对价资金的流程（P_{OtC}），实现销售获得收入。

以上三类业务共同构成企业的日常经营业务，这样划分有利于实现资本化支出与费用化支出的划分，有利于收入与费用的配比，有利于收入与费用的权责发生制操作。在实务操作时，依据会计专业的判断，对业务流程恰当分类，使三个集合没有交集。

$$P_{NO} = P_{PtP} \bigcup P_{C\&A} \bigcup P_{OtC}$$

且：

$$P_{PtP} \bigcap P_{C\&A} = \Phi$$

$$P_{PtP} \bigcap P_{OtC} = \Phi$$

$$P_{C\&A} \bigcap P_{OtC} = \Phi$$

2.其他经营业务（P_{OR}）

区分 P_{NO} 业务流程经营活动，虽然其他经营业务是企业有目的进行的经营活动，但是这种事项是偶然的、少量的，一般不会重复发生。其会计处理方式与 P_{NO} 类似，只是企业不会像主营业务那样设置较明细的科目或项目进行核算。

3.非经营事项（$P_{G\&L}$）

非经营事项不是企业发起的业务流程，而是外部环境对企业经济资源产生影响。我们在讨论财务报表形成时，再详细讨论。

4.筹资业务（P_{RM}）

（1）外部融资（P_{OR}）。

企业从期初到期末或有外部融资引入，我们利用一个包含网关表示"外部融资"流程（P_{OR}）与期初资本并入。

（2）经营成果分配（P_{DR}）。

企业外部投资、企业经营与营业外事项的结果合并，形成了企业会计期末财务结果，经过"经营成果分配"流程（P_{DR}），进行利润分配和缴纳所得税，资本或是流出企业，或是进入企业下一期的经营运行。

5.对外投资（P_{OI}）

进行"外部投资"流程（P_{OI}），履行直接和间接外部投资业务，资本流出企业，流入外部机构。

在图 7-7 中，从会计视角观察，作为企业端对端的业务流程，是企业业务流程全集 A 的子集，它们两两不相交，$P_{OR} \cup P_{PP} \cup P_{C\&A} \cup P_{OC} \cup P_{G\&L} \cup P_{OI} \cup P_{DR} = A$，且构成全集 A 的一个划分。

二、经营活动与经济业务

1.业务流程与经营活动

我们讨论企业的时候经常提及这些词汇，如商业模式、经营模型、收入模式等。我们不深入讨论这些概念，这里假设企业是一个运营系统，是由组织结构、经济资源（静态结构）和业务流程（动态机制）构成的持续与外界环境进行物质和信息的交换。

前面我们讨论了业务流程全集和一种会计视角的划分（流程领域）。流程这种层级划分与具体管理有关。但无论如何划分，最终必然会划分到不能再划分。这种情况就会出现流程的最小单元。

企业所有的业务流程是由原子化（atomization）的活动构成，我们称这种原子化业务单元活动为经营活动。假设所有的企业原子化活动是有限的，记作 a_1，a_2，a_3，…，a_N。所有原子化的活动构成一个集合，记作全集 A，A={a_1，a_2，a_3，…，a_N}。所有业务流程都是 A 的子集，与一般的集合不同，业务流程（如图 7-7 所示）中的每个流程表示为有业务逻辑关系的企业活动集合，即这些活动有链式链接关系。反过来讲，经营活动往往是有前续和后继关系的，这样就构成了一个业务链，这一种业务活动的关联就构成了一个业务流程，所有业务流程之间的关联构成了企业运营。

企业的商业模式和业务流程是依赖关系，即企业经营目标是依靠业务流程实现的，如图 7-8 所示。业务流程是由经营活动构成的，但是它不是简单的集合关系，而是有前续和后继的关系，因此可以把业务流程称为业务链（有时称为价值链）。我们这里先简单地把业务链和经营活动表示为 Part-of 关系，链式结构我们稍后讨论。

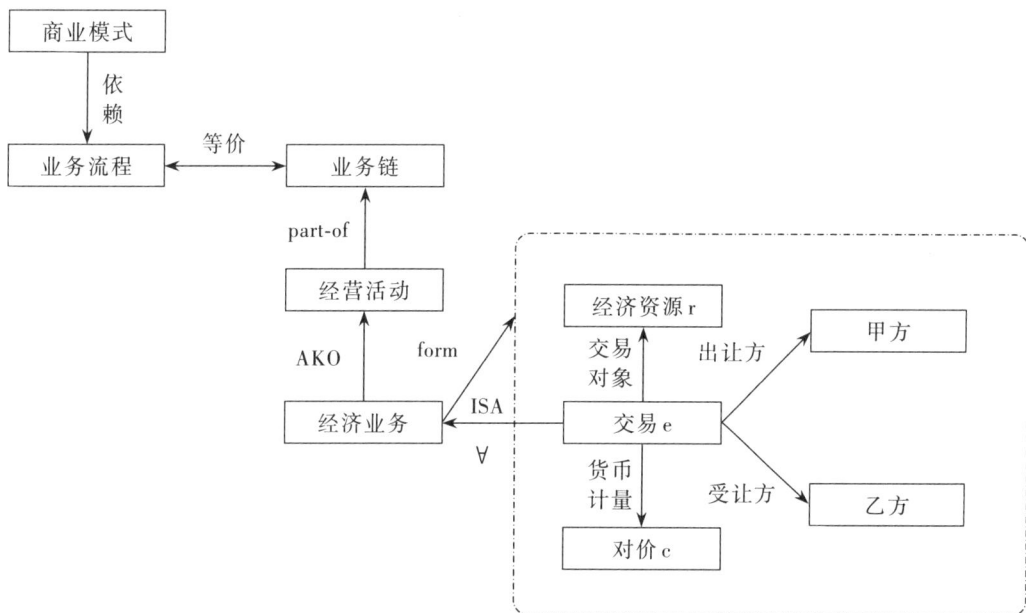

图 7-8 经营活动与经济业务

2.经营活动与经济业务

经营活动范围很宽泛，有些经营活动并不是会计核算的经济业务或会计事项。这个问题我们不深入讨论。本书把经营活动理解为经济业务或会计事项，也没有关系。不严格定义经营活动，我们给出 2 个限定条件：

①经营活动导致主体经济资源发生变动；

②经济资源这种变动可以用货币进行计量。

当然从理论上还有相关性等，我们认为是经营活动就具有相关性。如果经营活动的结果引起经济资源变化，并且这种资源变化可以用货币可靠计量，这样的经营活动就是经济业务，即经济业务是经营活动的一个子类（AKO）。

第七节 会计核算智能化

一、经济业务与会计事项

多数会计理论不区分经济业务与会计事项。从本质上来讲，经济业务是交易，或者是交易的具体形式。从会计角度来看，这样的事物需要进行记录以反映经营状况和控制管理，借此会计体现自身的职能。我们把经济业务视为一类（AKO）会计事项，如图 7-8 所示。这里我们定义会计事项除了经济业务外，还有会计为了反映企业财务信息而进行的其他会计确认[①]。

这里先讲一个补充知识：

针对传统财务会计以价值为计量基础所引起的缺陷，美国乔治·索特（George.H. Sorter）在《论会计基本理论》中提出了事项法会计（Event Approach Accounting）理论。事项法会计的核心是对经济业务采用多种计量属性反映事项各方面的特征，能够多维度地揭示经济事项的价值和非价值方面的信息，因而事项信息具有全面性、完整性及冗余量少的特点，使信息使用者运用决策模型进行决策，满足信息使用者的需求。

事项法会计中的R、E、A分别代表资源（Resources）、事件（Events）和参与者（Agents）。其中，资源是能为企业带来经济价值且受组织所控制的易于辨认的有形实物对象。事件则是引起资源改变的现象，如生产、交换、消费和分配，即在上述过程中发生的影响组织经济资源变化的经营活动。参与者是指参与企业事件或对下级的参与活动负有责任的个人、部门或单位。通过REA模型，揭示了资源-事件关系、事件-事件关系、事件-参与者关系等。

事项法会计实质上是业财融合的一种方式，是财务业务一体化的途径。我们在构建系统的数据结构时会考虑业务和财务的结合问题。

事项法会计的核心是事项。在工作（事项）流方法研究中，比较成体系的研究方法是Petri网[②]。我们不详细讨论Petri网的比较复杂的数学问题，这里只是借用其思想。使用Petri网解释事项法会计。

我们试图用知识表示方法描述经济业务的本质。用元组表示资源与资源来源或拥有的二元关系。

例①：企业用银行存款22 600元从A公司购买10吨原材料草甘膦（含增值税，13%税率）。核算的会计分录为：

借：原材料——草甘膦　　　　　　　　　　　　　　　　　　　20 000
　　应交税费——应交增值税（进项税额）　　　　　　　　　　 2 600
　贷：银行存款　　　　　　　　　　　　　　　　　　　　　　　　　22 600

分析该经济业务：在经济业务的情景中，企业拥有一项"资产"银行存款22 600元，A公司有10吨原材料草甘膦，二者进行交换。

我们用元组表示该经济业务：

初始态：（（［银行存款22 600元］，企业），（［10吨草甘膦］，A公司））

变迁：履行交易

目标态：（（［10吨草甘膦，应交增值税（进项税额）］，企业），（［银行存款20 000元，应交增值税（销项税额）］，A公司））

➤从企业的角度来看，企业用"资产"银行存款22 600元换来了另一项资产——10吨草甘膦和应交增值税（进项税额）。

➤从A公司的角度来看，A公司用价值22 600元（含税）原材料得到22 600元银行存款，其中20 000元作为收入和2 600元作为应交增值税（销项税额）。

---

① 本文不深入讨论理论问题。
② Petri网是对离散并行系统的数学表示。Petri网是20世纪60年代由德国科学家卡尔·A·佩特里发明的，适合于描述异步的、并发的计算机系统模型。Petri网既有严格的数学表述方式，也有直观的图形表达方式。

例②：企业信用购买10吨原材料草甘膦，合同约定3个月内付款22 600元（含增值税，13%税率）。该业务核算的会计分录为：

借：原材料——草甘膦 20 000

应交税费——应交增值税（进项税额） 2 600

贷：应付账款 22 600

分析该经济业务，企业承诺3个月履行一项履约责任，对价22 600元（含税），兑付A公司的10吨草甘膦原材料。

我们用元组表示该经济业务：

初始态：（（［None］，企业），（［10吨草甘膦］，A公司））

变迁：履行交易

目标态：（（［10吨草甘膦，应交增值税（进项税额），应付账款22 600元］，企业），（［应收账款22 600元，应交增值税2 600元］，A公司））

➤ 从企业的角度来看，企业用承诺"履约责任"（未来3个月支付22 600元）换来了另一项资产——10吨草甘膦和应交增值税（进项税额）。

➤ 从A公司的角度来看，A公司用价值22 600元（含税）的原材料得到一项企业未来22 600元支付承诺。

注意以上问题：会计分录只是记录了企业经济资源的变化，并不关联A公司的事务。但是从业务层面来看，A公司的事务也很重要（重要性不深入讨论），也是乔治·索特指出的原有会计核算的问题——会计与业务脱节。

会计核算问题讨论：

（1）会计记录抽取这一事项的资源数据——货币化的数值；"交易事项"以非结构化的摘要出现。

（2）会计记录是单方面的，对于交易对方的数据无从得知。

（3）会计数据是单向的，会计本身通过凭证得到，从凭证再回溯业务本身，需要额外的技术支持。

二、经济业务的表示

1.交易状态表示①

如果经济业务的本质是交易，那么交易本身指的是交易双方进行经济资源的对价并履约。对交易的一方而言，履约前的状态我们用二元组表示：

企业交易前的状态：

$('E, 'm)$

$'E$表示大于等于0项会计要素的数组（向量），$'m$表示对应的货币计量的数值向量。

在例①中：

$('E, 'M) = ((银行存款,), (22\,600,))$

在例②中：

$('E, 'M) = ((None,), (NaN,))$

---

① 在Petri网中，用库锁表示状态，分为前集库锁和后集库锁，为了简化理论术语，我们不引入Petri网的有关词汇。

我们在学习会计原理时，向量组就是会计事项所指的"来龙"。我们将其定义为"来源"。不一样之处在于，这里出现了空值，这种空值值得去研究。在这里我们不去深入讨论。

在例①中：

(E′, m′) = ((原材料——草甘膦，应交增值税（进项税额）)，(20 000，2 600))

在例②中：

(E′, m′) = ((原材料——草甘膦，应交增值税（进项税额），应付账款)，(20 000，2 600，22 600))

2.交易过程表示

前文讲过经济业务就是交易双方履行业务兑现承诺，各方会计要素前集 ('E, 'm) 变迁为会计要素后集 (E′, m′)。这种变迁实质上是业务执行，即业务流程中的某一项活动或若干活动的组合，形成一项经济业务，可以抽象为一个操作或算子，用字母 a 表示，如图7-9所示。

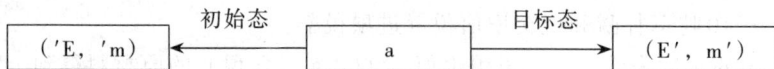
图7-9　交易（一方）过程表示

对于交易的另一方，同样也有这样的过程。

这里面还有一个潜在的问题，如何去控制经济业务的发生？这是事项法会计没有解决的问题。通过以上解释，可知事项法会计实质上是原子项经营活动的反映方法，能够记录单一会计事项的数据，也可以扩展开来记录企业一切业务事件（财务和非财务的）相关的内容，即事件的内容、时间、地点及其相关资源、参与者的有关属性数据。

但是，经济业务本身具有动态性（流关系），活动触发具有条件或使能，这些不是事项法会计记录的范围，需要借助 Petri 网的一个概念 Token。

3.交易控制表示①

交易进行受控于执行方（Agent），属于经营活动控制的范围，是企业控制、协调、调度的指令（Token），这种指令是基于管理或其他事项的一种安排次序。对例①和例②而言，控制一般来源于客户合同的相关条款。控制可能是时间要素、空间要素和其他事项等。因此，完整的经济业务表示如图7-10所示。

三、经济业务的会计初始确认

1. 会计初始确认的Token

会计事项、原始凭证和记账凭证的关系如图7-11所示。经济业务要通过会计初始确认进行记录，这一记录也可以转换成下一个经济业务的 Token，对其施以控制。经济业务产生的信号（如原始凭证等）作为会计业务（会计初始确认）的 Token；会计初始确认完成会计记录后，也可以发送给业务流程新的信号，作为经济业务的 Token，对业务本身施以控制。我们这里先讨论前者。

---

① 在 Petri 网中，用托肯表示点火或触发。

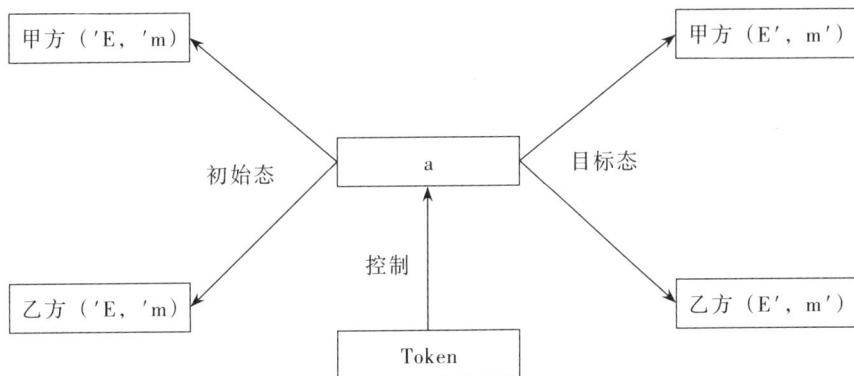

图 7-10 交易（双方）过程表示（含 Token）

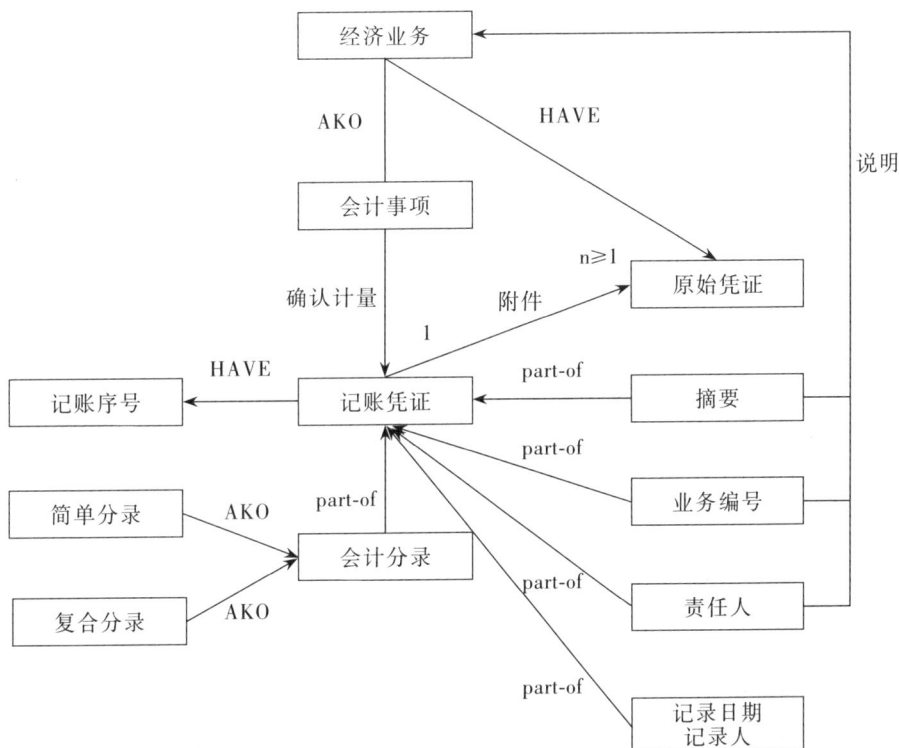

图 7-11 会计事项、原始凭证和记账凭证的关系

会计初始确认基于经济业务的流程，Token 表现在：

（1）会计确认是对已发生事项的记录，因此一个必要条件是已经发生——过去的交易事项所形成的。

（2）如何确定已经发生，因此引入"原始凭证"的概念，即会计的所有记录都是基于已发生经济业务或会计事项的凭据作为出发点。

"原始凭证"有两类：

①经济事务产生不可更改的且可追溯的证据，如发票、出库单、入库单、收款单等；

②有决策权授权的可追溯责任的凭证，如客户合同、费用分摊表、利润分配方案、盘亏损失处理等。

（3）当会计记录完成后，会输入记账结果，既会影响经营活动的状态，也会影响经营活动流程的触发或控制，产生新的 Token。

2. 会计初始确认的结果——记账凭证

记账凭证是会计记录的形式，是会计初始确认的结果。

记账凭证包括基本信息和会计分录两个部分。其基本信息包含凭证号、日期、摘要等，会计分录记录的是经济业务（交易）前后会计要素的"来龙去脉"，即来源和去向——借项、贷项和金额。

会计分录分为简单分录和复合分录两种。简单分录也称"单项分录"，是指以一个账户的借方和另一个账户的贷方相对应的会计分录。复合分录也称"多项分录"，是指以一个账户的借方与几个账户的贷方，或者以一个账户的贷方与几个账户的借方相对应的会计分录。

3. 会计初始确认

我们来解释一下图7-12。经济业务的会计初始确认在本质上是记录交易前后的经济资源变化，并把涉及经济资源的来源和去向用货币计量。经济资源的来源和去向归类于会计要素，出于管理等因素考虑，对会计要素进行设置子类（如会计账户或明细科目）记录。

我们用元组 E 表示来源和去向，为什么不能用单一的量表示？这里我们是可以用单一的项目表示一项会计记录，但是为了强调会计确认的目的是服务于经济业务，这样必须把经济业务设定为最小单元。

一个完整的经济业务可能涉及多个会计账户作为经济资源的来源和去向，因此这里 E 也是元组，M 为一个向量。根据会计核算方法（借贷记账法），不同类型的会计要素采用"借"或"贷"作为增减变动。图7-12中表述的是各种情况的组合，我们以蕴含式 ANTE（1-1）为例，明细科目 $'e$ 作为来源属于资产或费用，意味着资产或费用减少，则 CONSE（1-1）"贷" $'e$，金额为对应的 $'m$。图中 ANTE 代表蕴含关系的前件，CONSE 代表蕴含关系的后件。

（1）经济业务事实描述。

首先我们用一个框架描述已经发生的经济业务：

框架<经济业务>

框架名：<a>

编码：经济业务（a）的编码

事项：用专业术语描述经营活动，有限可列集中一个元素

激活条件：<Token>

初始态：（$'E$，$'M$），$'E$ 为会计要素序列，序列元素 $'e$，$'e \in$ {明细科目}，$'M$ 是会计要素序列对应取值序列

目标态：（E'，M'），E' 为会计要素序列，序列元素 e'，$e' \in$ {明细科目}，M' 是会计要素序列对应取值序列

原始凭证：合同、发票等

发生时间：应该早于当前记录时刻，体现为已经发生的事件

约束条件：合同单元，资本单元

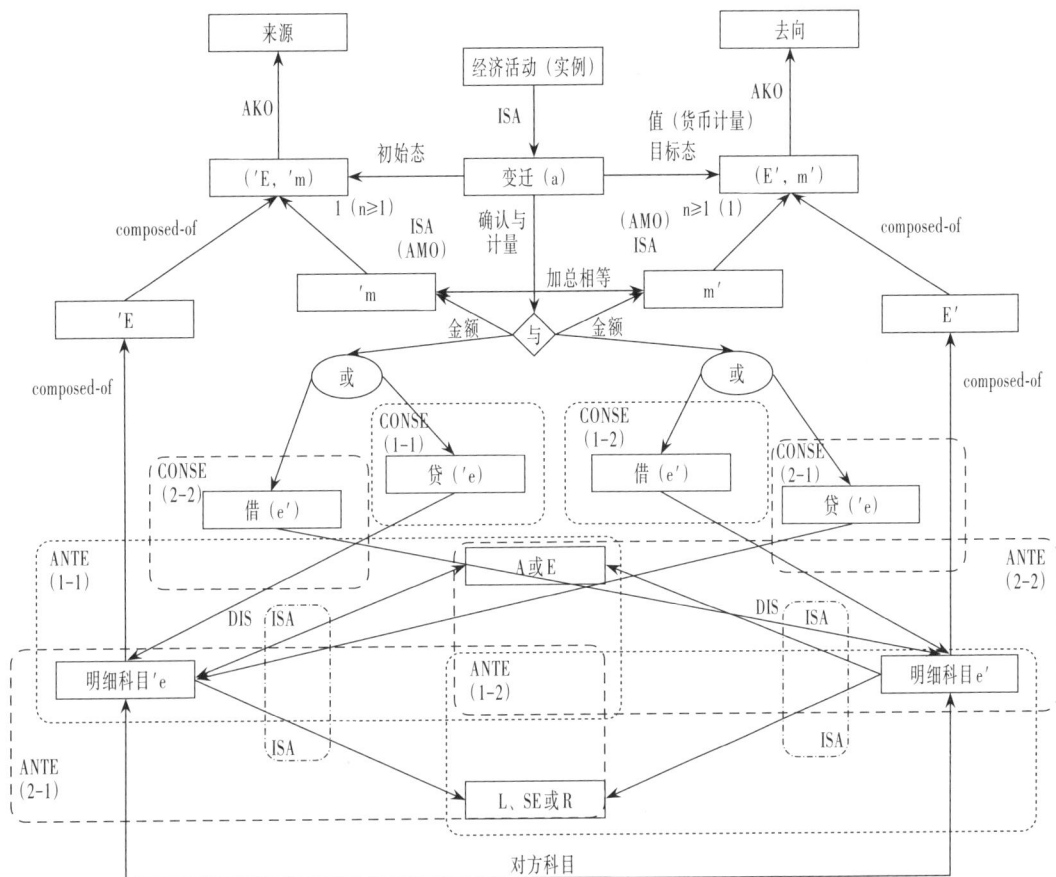

图7-12　会计初始确认语义网络[1]

约束条件中 $\sum{'M} = \sum{M'}$[2]，这里我们简略表示初始态和目标态中经济资源的总量没有变化。

（2）初始确认规则描述。

产生式规则：

谓词表示：

➤ e科目映射的会计要素是资产，A（e）。

➤ e科目映射的会计要素是负债，L（e）。

➤ e科目映射的会计要素是所有者权益，SE（e）。

➤ e科目映射的会计要素是费用，E（e）。

➤ e科目映射的会计要素是收入，R（e）。

➤ DR（e）表示借方增加，CR（e）表示贷方增加。

以上e为明细科目，e∈{'e, e'}。

函数 value（e），表示e确认的货币金额。

规则表示：

➢ IF A（'e）∨ E（'e）THEN CR（'e）∧ value（'e）= 'm

➢ IF L（'e）∨ SE（'e）∨ R（'e）THEN DR（'e）∧ value（'e）= 'm

➢ IF A（e'）∨ E（e'）THEN DR（'e）∧ value（e'）= m'

➢ IF L（e'）∨ SE（e'）∨ R（e'）THEN CR（e'）∧ value（e'）= m'

（3）经济业务类型举例。

➢ 资金进入企业

（L（'e）∨ SE（'e）∨ R（'e））∧ A（e'）→ DR（e'）∧ CR（'e）

➢ 资金在企业内部循环与周转

某些资产减少，另一些资产增加：

（A（'e）∧ A（e'））→（DR（e'）∧ CR（e'））

某些资产减少，另一些资产减少：

A（'e）∧ E（'e）→ DR（e'）∧ CR（e'）

E（'e）∧ A（'e）→ DR（e'）∧ CR（e'）

➢ 资金退出企业

A（'e）∧（L（e'）∨ SE（e'））→ DR（e'）∧ CR（'e）

➢ 企业资金来源渠道的相互转化

L（'e）∧ SE（e'）→ DR（'e）∧ CR（e'）

【思考题与实践】

一、思考题

1.根据你掌握的会计知识，给出在会计专业领域演绎推理和归纳推理的实例。

2.讨论演绎推理与归纳推理得出的结论，这些结论有何不同？思考在演绎推理与归纳推理中，事实（数据）的不同作用。

3.根据以下陈述，请尝试构建收入确认的谓词逻辑，并给出"与或树"。

"收入是指企业在日常活动中形成的会导致所有者权益增加的与所有者投入资本无关的经济利益的总流入。"

"收入只有在经济利益很可能流入，从而导致企业资产增加或者负债减少且经济利益的流入额能够可靠计量时，才能予以确认。"

二、实践

"对账"是盘存类会计账户的属性，请选择一个盘存类的会计一级科目，设计它的类属性和方法，并编写代码。

第七章智能测评

第八章

企业数字化与智能化

【本章知识结构】

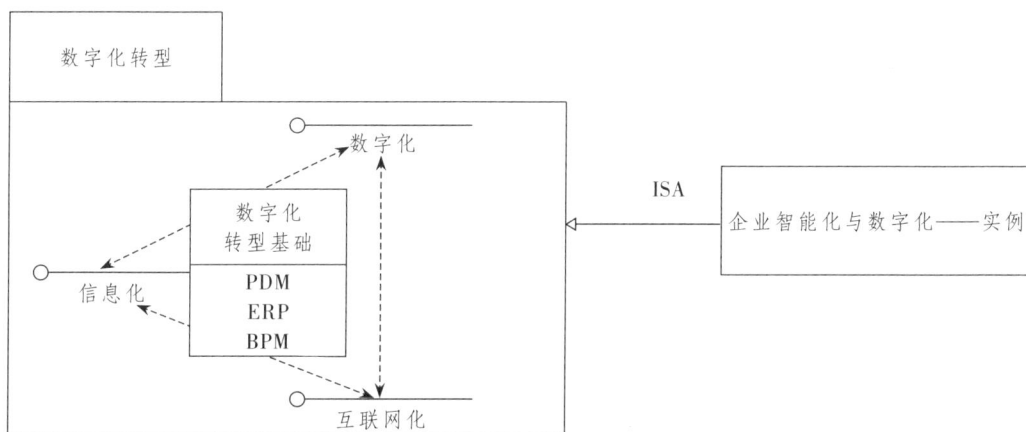

第一节　企业数字化转型

一、数字化与信息化、互联网化

1. 数字化与信息化

广义的数字化与互联网化和信息化息息相关。<u>**信息化可以被理解为：信息技术高度应用，信息资源高度共享，从而使得人及社会物质资源潜力被充分发挥，个人、组织和社会运行趋于信息充分利用。信息化是信息技术在社会经济各部门扩散，从而不断改造传统的经济、社会结构的持续过程。**</u>

因此，信息化是信息技术应用和普及的过程。而数字化是更一般化的概念，是一种方式或范式。数字化是信息化一种表现，全面的信息系统建设和广义数字化互为前提。从技术领域理解，数字化更专业，内容更清晰，也更具有操作性。而信息化则是应用和管理命题。

2. 数字化与互联网化

从企业的角度，<u>**互联网化是指企业利用互联网（包含移动互联网）平台和技术从事的内外部商务活动**</u>。互联网平台实现了资源整合与互动。随着云计算和互联网（包括移动互联网）的发展，企业在业务的拓展和发展中，正逐步将内部的业务流程和外部的商务活动与互联网结合起来，从而有效提升企业整体的核心竞争力，这一趋势称为企业互联网化发展趋势。

数字化与互联网化高度交融，但两者不完全一致。互联网化的大多数技术理念、管理理念、组织运作理念，都和数字化高度相通；但是互联网化是信息化的一种形式，是一种具体化的信息化。之所以互联网化成为一段时间的热点，是因为互联网在相当一段时间对社会的方方面面影响巨大，而且剧烈。当社会技术进步，人们对互联网习以为常，这个概念会渐渐消失。

数字化和互联网化具有高度的相关性，甚至有很多观点认为，互联网企业都是"原生数字化企业"，具备数字化的天然基因。因此，互联网化的相关特点也体现了数字化的相关特点，如基于数据驱动，技术和业务深度融合等。

二、数字化与元宇宙、数字孪生

狭义上的数字化，要求将现实世界中有价值的人、事、物全部转变为数字存储的数据，而现代科技的发展，已经具备了其实现的能力。从传感器/GPS/摄像头等 IoT 的大规模数据采集，到 5G 的大规模数据传输，再到云计算的大规模数据存储；进而到语音识别/视觉识别/语义识别的大规模数据智能计算，我们生活中的一切，都可以被"数字化"存储、使用。

"一切有价值的人、事、物"，意味着未来的数字化是全领域的，即社会进入一个新的时代——元宇宙时代。**元宇宙（Metaverse）是利用科技手段进行链接与创造的、与现实世界映射与交互的虚拟世界，具备新型社会体系的数字生活空间。**人们提出元宇宙的概念，本质上是对数字化概念的延伸，是现实世界的虚拟化、数字化过程形成的"预期"结果。

元宇宙的"预期"是在共享的基础设施、标准及协议的支撑下，由众多工具、平台不断融合、进化而最终成形，是基于扩展现实技术提供沉浸式体验，基于数字孪生技术生成现实世界的镜像，是基于区块链技术搭建经济体系，将虚拟世界与现实世界在经济系统、社交系统、身份系统上的密切融合，是允许每个用户进行内容生产和世界编辑的"虚拟现实"。

对企业来讲，这些能力的应用，将进一步重构业务运作的模式和商业运转的逻辑。现在的自动售货机，需要你投入纸币，选择商品，完成找零，相对来讲是一个机械性的过程。这里给出一个元宇宙售货机的无人货柜，应该是通过人脸识别打开柜门，拿出商品，机柜通过 RFID 识别商品，自动结算。人和货都已被数字化，并且联通在一起，实现了更加纯粹的自动化、智能化。

在讨论元宇宙时，出现了一个概念，即"数字孪生"。**数字孪生是充分利用物理模型、传感器更新、运行历史等数据，集成多学科、多物理量、多尺度、多概率的仿真过程，在虚拟空间中完成映射，从而反映相对应的实体的全生命周期过程。数字孪生本质上是针对物理实体，通过数字化的形式来动态呈现其过去和目前的行为或流程。**

数字孪生是一种超越现实的概念，数字孪生是个普遍适应的理论技术体系，可以在众多领域应用，在产品设计、产品制造、医学分析、工程建设等领域应用较多。在国内应用最深入的是工程建设领域，关注度最高、研究最热的是智能制造领域。

这里我们给一个大家熟知的实例。早在2011年，特斯拉推出"设计工作室"，就初步探索数字孪生技术。特斯拉针对汽车制造的特点，借助美国NASA的数字孪生技术，将数字孪生体模型作为所有数据的载体，并以此来进行分析、改进，从而为汽车提供数字化的解决方案。

三、企业数字化转型

1.数字化原生

数字化企业分为两类：第一类是数字化原生企业；第二类是数字化重生企业，即传统企业用数字化重新设计企业发展。

数字化原生是指企业创立之初就完全用数字化的方式来运营和管理的企业，如互联网公司。这里的"原生"是与生俱来的含义。现在很多学者和业界人士普遍认为，未来企业都会是数字化原生企业。

2.数字化转型

数字经济的发展及其阶段的转变，意味着所有企业都面临向数字化转型的抉择，转型时间和速度的差异也将成为影响企业生存和发展的关键因素。澎湃在线发布《2022年企业数字化技术应用10大趋势》[①]，技术侧的突破和产品创新是过去几年中国企业转型的核心驱动力。因为多数企业的数字基建仍未完成，亟须依靠成熟的技术组织发起创新，推动探索和实验，经历反复试错，才能在一些局部实现数字化升级。

企业是国家经济的最基本组成单位，因此"数字经济"的基础设施建设核心就是"数字化企业"，全力发展数字化企业是构建中国数字经济底层最关键的一步。传统企业完成数字化转型可能促进经济发展的内在动力。

由于企业存在异质性，每个企业对数字化转型的需求都是各不相同的。再加上企业数字化转型涉及企业的文化、技术体系、组织结构等全方位的变革，企业不可能在一夕之间完成所有，这就要求企业要依据自身需求及特点从不同的价值环节和业务流程切入。

数字化转型主要表现在：

（1）企业自身转变。

随着移动互联网、物联网、3D打印、云计算、智能技术等的蓬勃发展，当前商务管理的环境正在发生巨大的变化。在数字化背景下开展商务活动，企业面临与以往截然不同的经营环境。身处全新的经营环境，受到数字化相关技术的影响，企业商务活动主体的行为特征、产品属性以及产品的创造过程等都发生了巨大的变化。

数字化对企业产生了深远的改变：

●商业模式。数字化与互联网化一脉相承，在某些领域实现了充分的商业模式创新，甚至颠覆了传统业务模式。例如，电商、P2P、在线教育等。

●业务模式。在企业内部，数字化通过技术驱动内部业务模式的升级和重构。一方面，新技术让企业的生产、制造、运营流程发生了显著变化；另一方面，全新的管理模式，让技术带来的变化更加迅速，并且可以自下而上发起变革。

---

① https://m.thepaper.cn/baijiahao_16337205

● 企业组织。除了技术本身，企业自身的组织形态、企业文化等都需要产生相应的调整和变化，才能在企业内部产生自发性的创新驱动力量，促进技术驱动的变革发生。

（2）产业链的重塑。

数字化本质是信息空间的扩展，是企业从有形、可见的空间延伸到无形和虚拟空间。企业的业务随着这一扩展，实现对外扩张。例如，企业本身的仓配体系，在完善的数字化系统支撑下，可以轻易地转型为对外的第三方物流服务。业务模式发生，将自身的成本中心能力外化输出，变成利润中心，从而改变了供应链体系。这种企业自身的业务能力被模块化，企业就变成了一个灵活的有机体，而整个产业链条上下游，在数字化能力的支持下，产生了创新和变革的空间。

这样，企业的价值链体系被颠覆重构，任何价值环节，都可能与其他企业进行协同和打通，甚至共生在一个更加庞大的平台和网络下。

（3）产品创造过程变化。

产品的创造过程也受到数字化进程的影响，表现在越来越多的消费者参与到产品的设计中来。产品创造过程中数字化后，企业获得了更多的消费端数据，可能是遍布于网络的消费者评价数据，也可能是消费者在使用智能互联产品时产生的实时数据。企业对这些数据的分析，既能获得消费者作为整体的群体行为特征，也能在个体层面上更精准地刻画消费者行为，从而设计出更加贴近用户需求的产品，而且实时数据分析，使企业能更敏捷地对消费者的变化做出响应。

第二节　企业数字化转型基础

一、PDM

产品数据管理（Product Data Management，PDM）是将所有与产品相关的信息和所有与产品有关的过程集成到一起进行管理的技术。产品有关的信息包括任何属于产品的数据，如CAD/CAM/CAE的文件、物料清单（BOM）、产品配置、产品订单、生产成本、供应商状态等。产品有关的过程包括任何有关的加工工序、加工指南和有关批准、使用权、安全、工作标准和方法、工作流程等所有过程处理的程序。

首先，工程部门人员需要把产品结构描述成BOM形式，逐层界定，最终将达成一致认可的物料清单反映到ERP系统，并对其进行定期维护。其次，企业的一切生产设备、生产人力资源、生产布局等情况，需要以资源清单的形式在ERP系统中进行详尽的定义。所有产品的生产工艺，也需要详尽和全面地在ERP系统的工艺路线资料（工艺清单）中进行定义。这样，所有的物料清单、资源清单、工艺清单都将在ERP系统中得到共享，各个业务环节的相关人员都可以进行分析查询，以决定生产发展策略、销售策略、市场运营策略，以及生产计划调整等关键问题。

计划人员也是BOM的主要关注人员，MRP计算是根据BOM资料得到零部件的生产计划和原材料的采购计划。

对按单生产或者按单装配的企业，销售人员在制作销售订单时，可以即时根据客户要求得到配置的BOM，并以此指导后续的计划制订和生产执行以及选配件的补货计划。生产完成入库后，系统在仓库直接对该产品进行了批次管理，销售人员可根据该客户的BOM进行发货，避免发错货物。

生产人员要根据BOM给定的资料进行生产，BOM给定的是工程设计数据、额定用量，应严格据此生产，如有生产报废、补料等异常情况发生可以得到有效监控。如果发生工程变更，需要非常清楚生产中受其影响的业务，以便及时进行调整，以适应变更后的计划要求。

财务人员根据BOM资料分析标准成本的构成，以便进行材料成本分析，作为实际生产材料耗用绩效的评比标准。也可根据业务需求进行相似产品之间BOM成本构成的差异分析。

二、ERP

1.ERP的概念

企业资源计划（Enterprise Resource Planning，ERP），是指建立在信息技术基础上，以系统化的管理思想，为企业决策层及员工提供决策运行手段的管理平台。ERP整合了企业管理理念、业务流程、基础数据、人力和物力、计算机硬件和软件于一体的企业资源管理系统。其主要宗旨是对企业所拥有的人、财、物、信息、时间和空间等综合资源进行平衡和优化管理，协调企业各管理部门，围绕市场导向开展业务活动，提高企业的核心竞争力，从而取得最好的经济效益。

2.计划与控制

ERP的核心内容为计划与控制。企业成功实现经营目标是以做好计划与控制为前提。计划与控制是不可分的，对计划不加控制，没有反馈计划执行的信息，计划会落空。把企业看作一个经营系统，计划与控制的作用体现在四个方面：

➢ 输出设置：使企业的产出（包括产品和服务及其数量和时间）满足市场和客户的需求。

➢ 输入设置：提供设计图纸、材料、装备、人力需求数量和需用时间信息。

➢ 运行控制：有效地利用企业的各种资源，协调各部门运作，合理组织各类产品生产。

➢ 效率控制：使投入能以最经济的方式转换为产出。

控制的作用是使企业系统计划执行的结果不超出偏差范围，利用系统反馈信息，使系统按照计划的路径运行。也就是说，使客户或市场对产出数量、时间和费用能够承受的偏差，同时把执行情况反馈给计划编制部门，完成信息系统的闭环。

ERP是优化整个供需链计划的信息化管理系统，计划与控制是整个供需链的核心。抓住计划与控制这条主线，协调企业各项经营生产活动以实现企业的经营战略目标，如图8-1所示。

企业的计划必须是现实的、可行的，否则，再宏伟的目标也是没有意义的。任何一个计划层次都包括需求和供应两个方面，对制造业来说就是需求计划和能力计划。每个层次进行不同深度的供需平衡，并根据反馈的信息，运用模拟方法加以调整或修订。

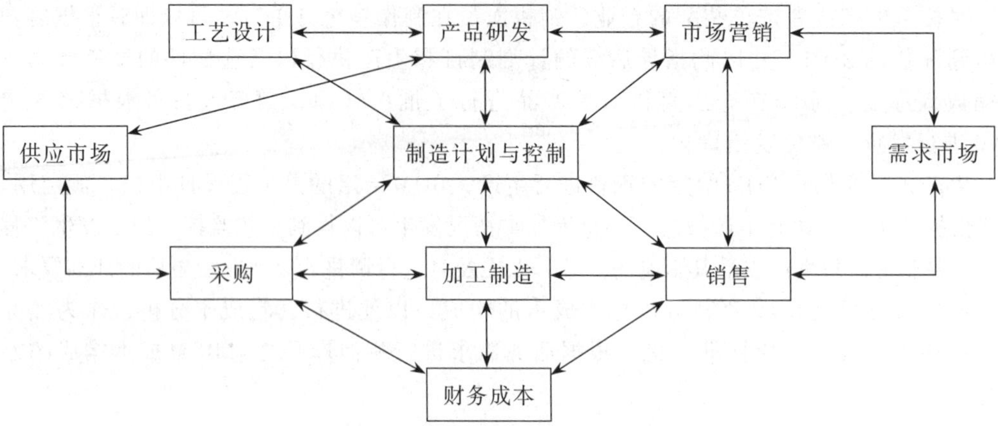

图8-1　计划与控制同各项核心业务的关系

每个计划层次都要回答3个问题：

➤ 生产什么？生产多少？何时需要？也就是物料、品科和需用期量。

➤ 需要多少能力资源？

➤ 供需有无矛盾？如何协调？

换句话说，每一个层次都要处理需求与供应的矛盾，平衡需求与供应，做到计划既积极可行，又不偏离经营规划的目标。上一层计划是下一层计划的依据，下层计划要符合上层计划的要求。如果下层计划偏离了企业的经营规划，即使计划执行得再好也是没有意义的。整个企业遵循和集成在一个统一的计划下，即"一体化计划"，既有宏观与微观计划的统一、产品发展规划与经营规划的统一，又有"销—产—供"计划的统一、物料与资金计划的统一或业务与财务的统一，这是ERP计划管理的核心精神。

企业资源规划（ERP）就是通过信息技术等手段，实现企业内部资源的共享和协同，克服企业中的官僚制约，使得各业务流程无缝平滑地衔接，从而提高管理的效率和业务的精确度，提高企业的盈利能力，降低交易成本。

三、BPM和BPR

从系统角度来看，企业是一个"投入—产出"的转换系统，它将多种输入换为多种输出。企业的有效运行实际上就是其物流、资金流、人流与信息流合理流动的过程。这种过程有一个显著的特征，就是按照一定的逻辑顺序，由一个阶段向另一个阶段变换，这种变换过程实际上就是一种流程。企业就是依赖各式各样的流程而运作的，如生产流程、会计业务流程、产品研发流程、采购流程等。

业务流程（Business Process，BP）是指企业为实现经营目标或战略目标而进行的一系列活动，包括数据、组织单元和逻辑时间顺序等在内的一系列相关作业。业务流程通常是由一些经济事件引发的，并且被清楚地定义了开始点和结束点。例如，"客户订单管理"流程是由收到客户的采买订单引发的，整个流程以销售订单的生成为起点，中间经历一系列有序的业务活动，然后以收到客户的货款为终点。

1. BPM

Michael Hammer 和 James Champy 在《公司再造》中的核心观点——重新设计公司的

流程、结构和文化能够带来绩效上的显著提高。如今，业务流程改造有了新名字——业务流程管理（BPM）。公司把业务流程管理——这种通过分析、建模和监控持续优化业务流程的实践，当作一种解决业务难题和帮助公司实现自己财务目标的系统方法（如图 8-2 所示）。

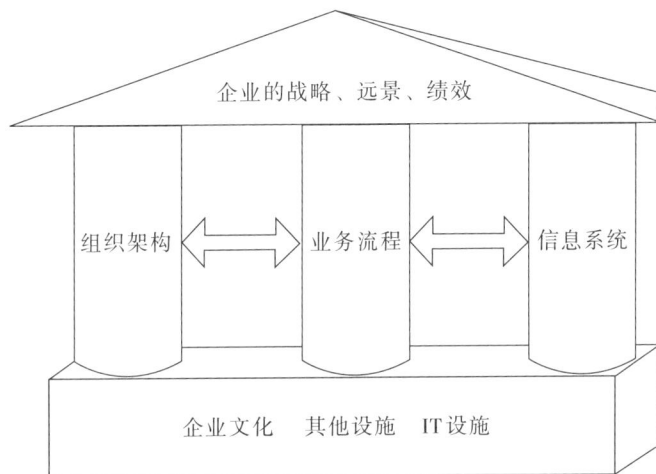

图 8-2　流程在企业目标支持架构

业务流程管理（Business Process Management，BPM），是一种以规范化构造端到端的卓越业务流程为中心，以持续提高组织业务绩效为目的的系统化方法，包括业务流程确立、业务流程优化和业务流程重组等内容。业务流程管理是实现企业各业务环节整合的全面管理，其涵盖了人员、设备、业务处理信息系统、企业级后台办公应用等内容的优化组合，从而实现跨应用、跨部门、跨合作伙伴与客户的企业运作。业务流程管理的作用如下：

➢承上启下，保障和加速公司战略的有效落实。

➢构建虚拟企业，加强工作一体化设计，打破职能分工，提高效率，加速成果固化和经验移植，降低变革风险。

➢提升经营绩效和企业竞争力。

➢规范业务操作，保障企业正常运营，提升执行力，支撑其他管理职能履行。

2. BPR

业务流程重组（Business Process Reengineering，BPR）或业务流程再造，是利用信息技术对企业业务流程作根本性的再思考和彻底的重设计，以达到成本、质量、服务和速度等现代关键业绩指标的巨大提高。

BPR 的内涵是指基于信息技术的、为更好地满足顾客需要服务的、系统化的企业组织工作流程及相关活动，它突破了传统劳动分工理论的思想体系，强调企业组织形式以"流程导向"替代原有的"职能导向"，为企业经营管理提出了全新的思路。业务流程重组的核心是彻底重新设计企业流程，使得企业在成本或时间上获得显著的改善。

第三节 企业智能化与数字化实例

一、智能制造简介

1.智能制造

智能制造作为建设强国战略的主攻方向，在"十四五"期间是制造业高质量发展的关键途径，其本质是以我国超大规模的制造业消费市场和完备的制造业工业体系的战略优势，以智能制造核心技术的创新研发和战略新兴产业的培育发展为战略目标，整体提高我国在新时代的制造业科学技术的创新能力。所以，我们国家要夯实基础，创新驱动，加快实现智能制造高质量发展。我们每个人都应为此做好准备。

智能制造是基于新一代信息技术，贯穿设计、生产、管理、服务等制造活动各个环节，具有信息深度自感知、智慧优化自决策、精准控制自执行等功能的先进制造过程、系统与模式的总称。智能制造以产品、生产、管理与服务等产品全生命周期的智能化为标志，涉及机器人、物联网、大数据、云计算等新一代信息技术领域，包含智能装备、智能研发、智能工厂、智能服务等先进发展理念，具有以智能工厂为载体，以网络互联为支撑，以制造智能化为核心等特点。智能制造具有四个典型特征，见表8-1。

表8-1   智能制造典型特征

状态感知	准确泛在感知外部输入的实时运行状态
实时分析	对获取的实时运行状态数据进行快速、准确分析
精准执行	对外部需求、企业运行状态、研发和生产等做出快速应对和准确执行
自主决策	按照设定规则，根据数据分析结果，自主做出判断和选择，并具有自我学习能力

在智能制造系统中，智能工厂依托信息物理系统，实时获取产品、生产、管理与服务数据，经实时分析和数据归并，形成大数据系统，在进行可视化和交互式处理后，实时向智能工厂反馈产品和工艺优化方案，并为用户提供实时在线监测、控制和优化的智能服务。与传统制造业相比，智能制造可以显著缩短产品研制周期、降低运营成本、提高生产效率、改善产品质量并降低资源损耗。

2.智能制造转型升级

智能制造成为我国传统制造业转型升级的必然趋势。

（1）制造业工资水平逐年上涨，企业人力成本压力显著提升。

劳动密集型企业严重依赖人口红利，人口红利的消失使得低成本劳动力成为稀缺资源，传统制造业正在面临人力成本日益提升的难题。目前，我国非私营单位制造业人均年平均工资已经从2010年的3.09万元快速提升至2018年的近7.21万元，人力成本的快速提升已经成为制约我国制造业发展的重要因素。

（2）新一代信息技术快速发展，与制造业深度融合成为可能。

物联网、人工智能、大数据、云计算等新一代信息技术的不断突破为传统制造业的转型升级创造发展契机，信息技术与先进自动化技术、传感技术、数字制造等技术融合，通过对数据的全面深度感知和大数据分析相结合进行合理决策，实现智能控制、优化运营，推动制造业逐步走向自动化、信息化、互联化，并最终实现高度智能化。

（3）政策密集出台，推动智能制造切实落地。

2015年，国务院发布《中国制造2025》，部署全面推进制造强国战略，强调通过政府引导、整合资源，重点推进国家制造业创新中心建设、智能制造、工业强基、绿色制造、高端装备创新五项重大工程的建设；2016年，工信部印发《智能制造发展规划（2016—2020年）》。智能制造相关政策的不断出台，有力推动制造业走向智能制造升级之路。世界各国发展制造业强国兴衰的历程和事实，不断重复地告诉人们，发展制造业与强国兴衰之间的真理："制造业强，国家强；制造业弱，国家弱；制造业空，国家衰"。党的二十大报告也指出，要"加快建设制造强国、质量强国……推动制造业高端化、智能化、绿色化发展。"目前，我国制造业规模稳居世界第一。

二、智能化制造企业案例——HG公司

1.HG公司业务与产品

HG公司主要从事汽车线束的研发、制造及销售，主要产品包括成套线束、发动机线束及其他线束，产品涵盖整车客户定制化线束、新能源汽车高压线束、仪表板线束、发动机线束、车身线束、门线束、顶棚线束及尾部线束等。汽车线束是汽车电路的网络主体，是为汽车各种电器与电子设备提供电能和电信号的电子控制系统。公司的线束产品主要应用在整车制造领域，下游客户主要为汽车整车制造商。

2.HG公司行业

HG公司目前主要从事汽车线束的研发、制造及销售，根据中国证监会《上市公司行业分类指引（2012年修订）》，公司所处行业属于"C36汽车制造业"；根据国家统计局发布的《国民经济行业分类》（GB/T4754-2017），公司所处行业属于"C3670汽车零部件及配件制造"。

汽车线束产品属于汽车零部件，处于整个汽车产业链的中游，其上游产业为钢材、橡胶、塑料、电线线材等，下游则主要为汽车整车制造商及部分零部件配套供应商，如图8-3所示。

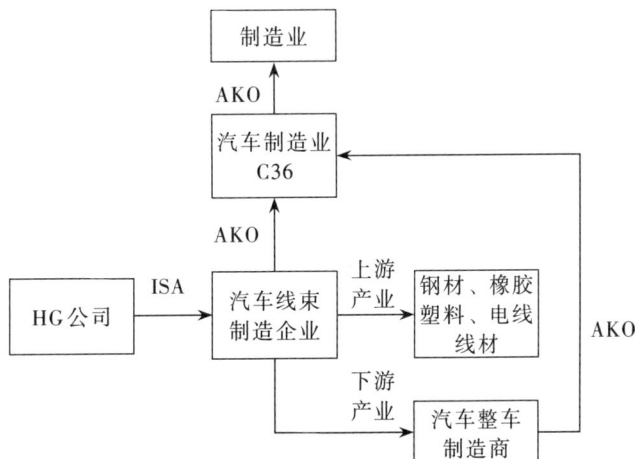

图8-3　HG公司上下游行业

3.HG公司生产工艺

HG公司线束类产品根据生产要求在个别加工环节可能存在差异，但生产工艺基本相似，具体流程如下：

（1）设计流程（如图8-4所示）。

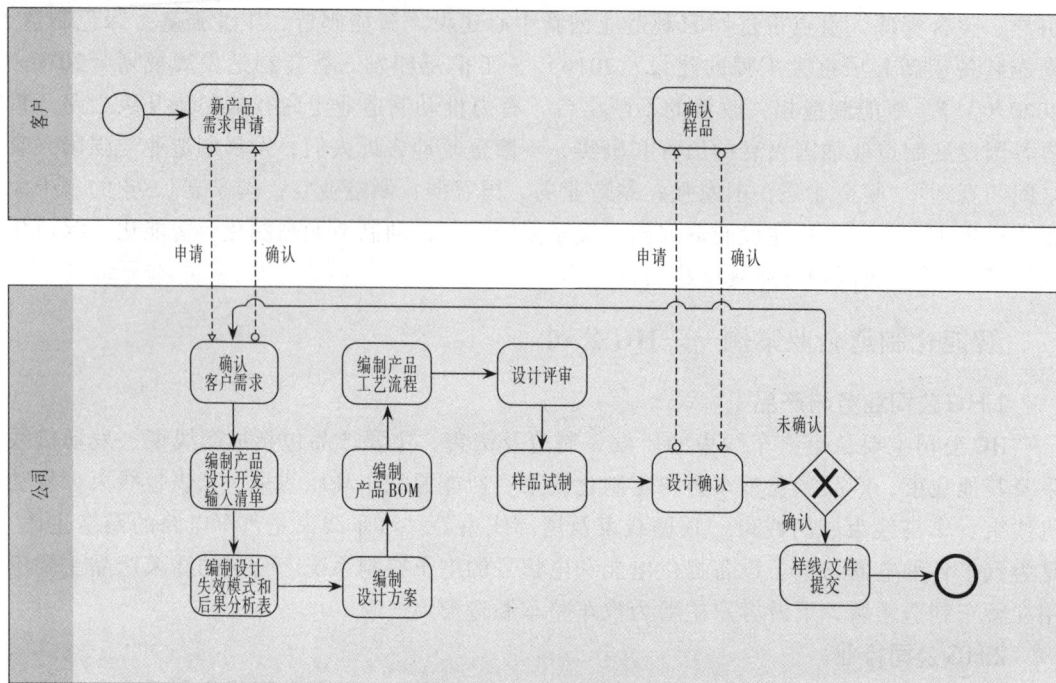

图8-4　HG公司设计流程

（2）生产工艺流程（如图8-5所示）。

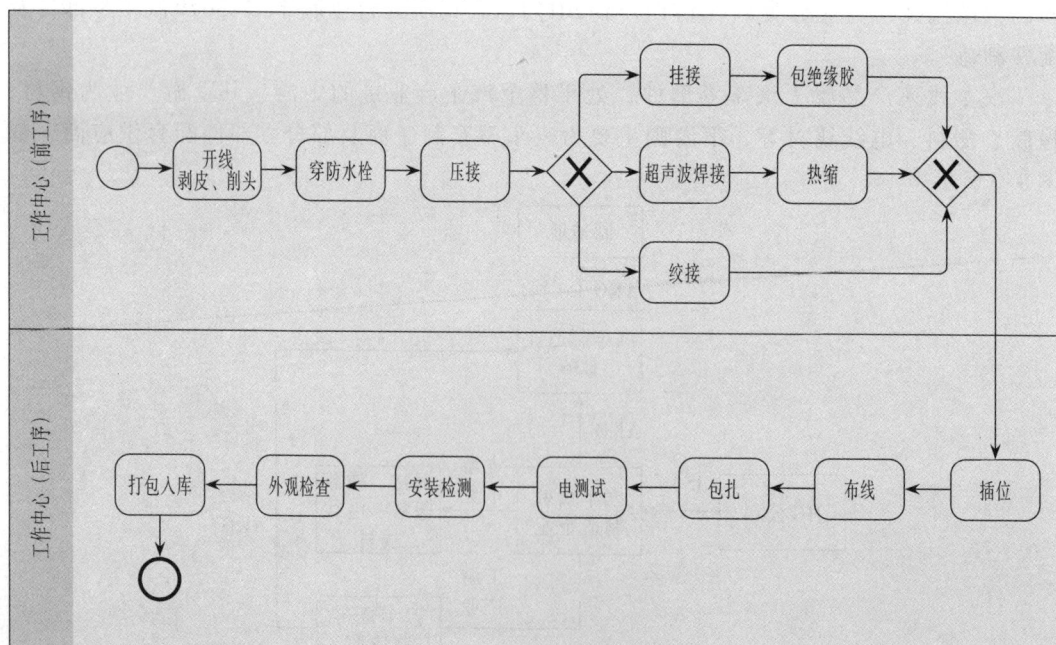

图8-5　HG公司生产工艺流程

4.HG智能制造模式

（1）HG智能制造的理念。

HG公司以智能辅助设计平台及设计工程工艺制造数据一体化的技术领先策略为指导，以建设智慧化工厂为突破口，力争一举解决成本、质量问题，并降低海外建厂的劳务用工风险，在全球范围内为客户提供贴近式的研发设计及制造服务。HG公司以信息化改造与自动化生产的集成为基础，通过自主设计、研发及合作验证，逐步改变传统线束工厂的生产模式，在生产规模有保证、产品变更可管控的前提下，建立起在全球范围内可复制、成本可控、质量可靠的智能制造模式，如图8-6所示。

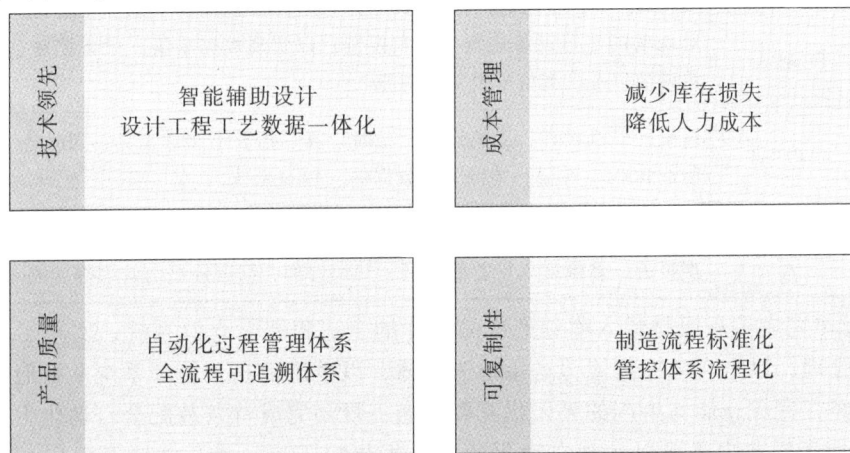

技术领先	智能辅助设计 设计工程工艺数据一体化	成本管理	减少库存损失 降低人力成本
产品质量	自动化过程管理体系 全流程可追溯体系	可复制性	制造流程标准化 管控体系流程化

图8-6　HG智能制造模式（概念框架）

（2）HG信息化软件系统。

HG公司以智能装备、智能物流、智能控制、智能绩效为支撑，以研发、管理、制造、物流、协同、决策六大平台的信息化建设为手段，制定并逐步推进信息化建设顶层设计方案，推动系统间数据的互联、互通，启动贯通设计、工程、工艺、制造的技术平台建设。HG信息化软件系统建设一览表，见表8-2。

表8-2　　　　　　　　　　　　　HG信息化软件系统建设一览表

序号	系统名称	实现目标
1	PLM	实现对产品研发过程、项目信息、产品数据的管理，同时作为ERP系统运行及基础数据的来源
2	ERP	实现企业内部运行管理，满足财务核算要求，实现企业的物流、财流及信息流集成一体化管理
3	MES	1.质量、人员、工作中心/设备管理、工具工装管理 2.项目看板管理、生产调度、生产过程控制 3.制造数据管理、集成分析、数据分解协助生产调度
4	WMS	通过扫码出入库、扫码调拨等功能，实现批次管理、物料对应、库存盘点、质检管理、虚仓管理和即时库存管理等功能，有效控制并跟踪仓库业务的物流和成本管理全过程

序号	系统名称	实现目标
5	物料自动化配送系统	实现物流作业过程的设备和设施自动化,包括运输、装卸、包装、物流自动化、分拣、识别等作业过程
6	SRM	供应商协同平台,实现订单的下达与变更协同、财务对账、公告、供应商考核、采购招投标等功能
7	BPM	实现业务流程系统化管理,实现流程执行的规范、高效管理
8	SCADA	对现场的运行设备进行监视和控制,以实现数据采集、设备控制、测量、参数调节以及各类信号报警等功能
9	CAPITAL	线束的二维设计、工艺设计、工时计算、指导书制作工具,同时将工程BOM、制造BOM、看板、指导书的数据输入PLM系统
10	PORTAL	实现行政流程系统化管理,具有高级会议系统、内部沟通APP、培训管理、数据报表、多维度人员智能管理、知识管理、问题提报与管理等功能

HG公司完成了从原材料入库到产成品出库的全流程智能仓储系统,实现了仓储体系的无人化管理;以全自动的物流传送系统为载体,以生产信息化管理系统及智能仓储系统为中枢神经,完成仓储与生产的无人化互联互通;规划完成首条装配全自动化生产线,攻克了线束加工环节中最难以实现自动化的后工程装配环节,并开创性引入LED电子面板实现从工程设计数据到生产线的直接传输,极大地改善了生产效率,提升了产品质量。

5.智能制造系统框架

HG公司利用工业机器人、定制自动化生产设备和软件等实现汽车线束产品从仓储、物流、前工程到装配的全流程自动化、智能化生产与管理,打造了集仓库管理、生产执行、数据采集与分析系统、工程设计于一体的智能生产制造平台,如图8-7所示。

(1)智能研发系统。

HG公司从研发阶段即进行了智能化改造,建立了面向设计过程、产品数据、新材料、新工艺等不同研究方向的智能研发系统。

产品设计验证平台:使用三维模拟仿真系统,在虚拟环境中模拟不同参数对产品性能的影响,并通过自主研发的设备进行数据采集、实物验证,大幅度缩短了开发周期。

智能工程平台:定制化的开发方式形成了一套标准化的柔性工程平台,能够适应和满足不同客户的产品需求,并打通设计、工程、工艺、制造的数字化通道。设计过程中必要的设计点设置了自动提示功能,自动采集数据进行数理统计分析并生成电子报告,在设计完成后自动根据设计规则进行检验排错,降低对设计人员的依赖,保证设计的有效性。

(2)智能仓储系统。

立体化、全自动的智能仓储系统功能:

①无人化仓库:智能仓储系统的启用大幅度减少了仓库管理、存货出入库管理所需的人工数量,在每年营业收入超过10亿元的情况下,仅需不到10人即可完成仓储系统的全流程管理。

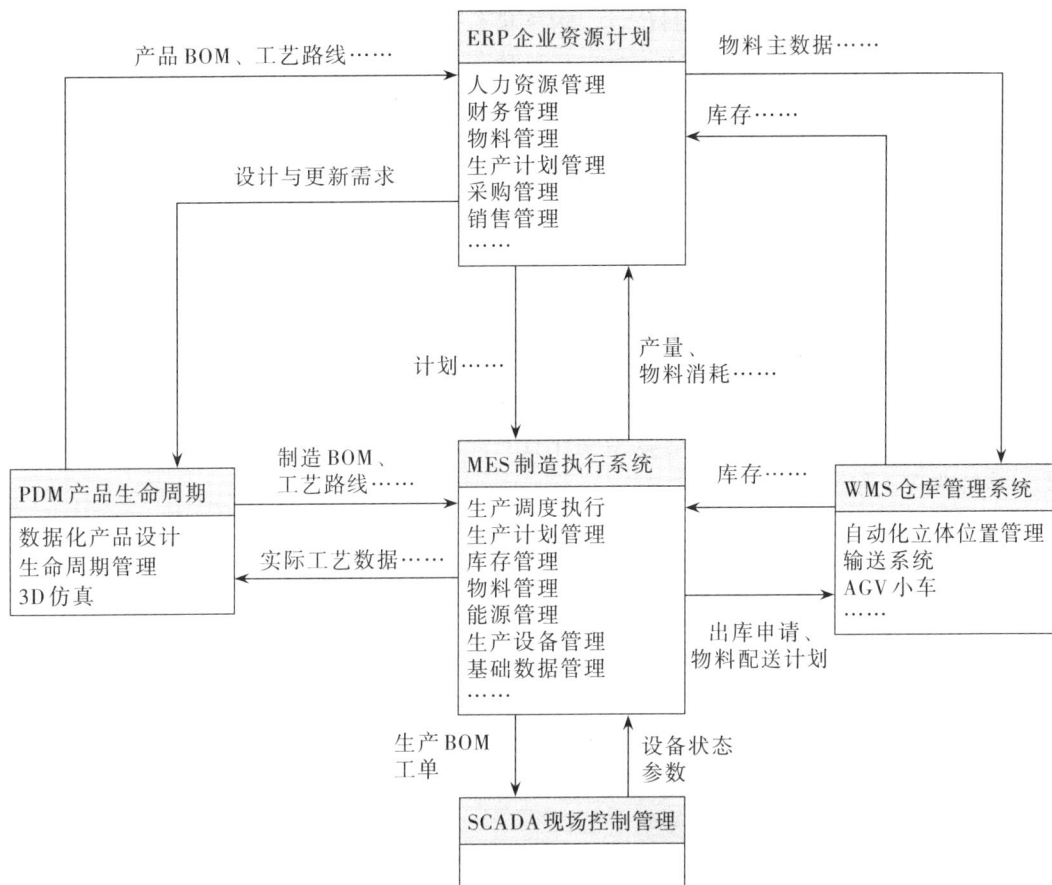

图 8-7　HG 智能制造系统框架

②自动化先进先出：原材料、半成品、产成品的入库、出库实现全流程可追溯、条码

③条码识别：利用条码识别及扫描系统对物料进行全生命周期管理，实现物料全流程可追踪、数据可管理。

标签化，自动实现先进先出，满足下游整车制造厂商及公司内部精细化管理的要求。

④自动接受生产指令：生产部下达生产指令后，仓库根据指令自动抓取所需要的料件送至仓库码头，并经由智能物流系统传送至生产区域，大幅度减少仓储、生产区域内的人员数量及传送时间。

⑤自动分拣：产品完工后进入自动分拣库，由分拣机器人根据标签类别以及分拣库的库位状态，自动分拣归类入库。

（3）智能物流系统。

针对汽车线束行业生产环节独立、不同工艺阶段生产设备区分度高、物料运送耗时等特点，公司以全自动 AGV 小车、传送带及悬挂系统作为输送网络，结合智能仓储系统，实现了从原材料入库、出库，半成品入库、出库至成品入库、出库的全流程自动化。

①准时制（just in time）及时供货系统：利用生产信息化管理系统进行订单物料分解，并生成实时决策所需的各项数据，发送至智能仓储系统自动配置设备与物料流程，通过智能化的调度、决策及运送，以系统调配的方式实现及时、准确供货。

②自动排序：通过系统对物料位置、物流状态、生产设备状态等信息的实时监控，自动对生产过程中的物料运送及制造工序进行科学、合理的规划与排序。

③全流程可追溯：智能仓储系统、智能物流系统及生产信息化管理系统对物料实现全生命周期可追溯，便于及时进行现场质量控制、生产效率监控等。

④自动包装：实现成品的全自动无人化包装、装车。

（4）智能生产及装配系统。

HG公司智能制造贯穿于生产过程的所有环节，定制化实现了从开线、绞线、压接、插位、包胶到成品包装等环节的全自动化智能生产及装配系统。

6.数据管理及分析应用

重视基础数据对研发、生产流程的改造及优化作用，通过持续的数据系统建设，实现人、机、料数据交互贯通，并结合数据管理与分析，形成智能决策，降低研发周期、指导生产系统改造工作。

（1）研发的大数据应用。

在基础数据架构建设及标准化的基础上，打通了设计、工程、工艺、制造数据的一体化，形成了兼容性强、高度可复制的研发系统。

提前进行虚拟仿真设计，并收集虚拟仿真数据，将数字化产品与实物化产品进行对比，在研发设计阶段及时发现产品可能存在的问题，缩短设计周期，显著提升了正向同步研发能力，市场竞争力进一步强化。

（2）生产的大数据应用。

①生产数据实时采集与分析系统。

生产数据实时采集与分析系统（SCADA），实现设备运行状态、产量、生产效率、良率数据的可视化，及时掌握运营情况，进行时效评估，指导生产计划安排。SCADA可与企业网络内经授权的终端进行直接互联，便于不同部门协同工作。

将生产信息化管理系统（MES）与SCADA连接，数据在项目管理系统、资源管理系统、仓储系统中自动传输，实现了设计、工艺、采购、生产的全流程贯通，形成了全过程受控、数据可追溯的智能制造系统。全过程数据的可追溯性进一步提高了售后服务质量，取得市场认可，增强客户黏性。

②设备运维数据采集分析系统。

在传统的生产设备上定制化加装在线监测模块，提前感知和判断设备异常情况，便于灵活应对生产中可能出现的各类突发状况。同时，通过对设备使用的全过程数据留痕、分析，及时地发现生产过程中的优化方案。通过在线生成产品二维码的方式进行追踪记录，以实现对产品质量、工艺、材料及能源数据的精确追溯，进一步加强了生产管控。

【思考题与实践】

一、思考题

1.讨论企业数字化对会计工作的影响？

2.在企业数字化生态中，讨论"数字孪生"会计的应用场景。

3.讨论企业业务、技术、财务如何在数字化转型中融合。

4.企业大数据、人工智能应用为什么与PDM有关？

二、实践

在A股科创版上市公司中，下载一家现代制造业企业的IPO招股书，调研其智能制造现状，了解其会计工作如何与企业业务相融合的。

第八章智能测评

参考文献

［1］甄阜铭，刘媛媛. 会计信息系统——EPR 基础［M］. 2 版. 大连：东北财经大学出版社，2021.

［2］丁世飞. 人工智能［M］. 3 版. 北京：清华大学出版社，2022.

［3］李航. 统计学习方法［M］. 2 版. 北京：清华大学出版社，2019.

［4］吴卿，骆诚，韩建平. Python 编程：从入门到精通［M］. 北京：人民邮电出版社，2020.

［5］吕晓玲，黄丹阳. 数据科学统计基础［M］. 北京：中国人民大学出版社，2021.

［6］厄兹代米尔，苏萨拉. 特征工程入门与实践［M］. 庄嘉盛，译. 北京：人民邮电出版社，2019.

［7］企业会计准则编审委员会. 企业会计准则详解与实务：条文解读+实务应用+案例讲解［M］. 北京：人民邮电出版社，2020.